김나지움 논리학입문

Hegels *propädeutische Logik für die Klassen des Gymnasiums*

김나지움 논리학입문

F. 헤겔 지음 · 위상복 옮김

용의 숲

개정판 머리글에 부쳐

F. 헤겔의 『김나지움 논리학 입문』(용의숲, 2008)이 번역 출간된 지도 어언 8여 년이 지났다. 갑자기 개정판을 내게 되었고, 그에 따른 보완적인 교정 내지는 수정 작업을 미처 충분히 살피지 못한 채 다시 출간하게 되었다. 본문의 번역은 물론 여러 각주들에 대해서도 교정, 또는 수정 작업을 다시 해야 할 텐데 그럴 여유를 갖지 못한 것이다. 단지 인쇄에 따른 오류나 글자의 표기가 잘못된 곳을 찾아 교정하거나 수정한 것이 고작이다.

헤겔의 논리학에 대한 전반적인 검토가 언제 이루어질지는 우리의 형편으로는 아직도 요원한 실정이지만, 그러나 끊임없는 연구를 통해 언젠가는 좀 더 유려한 변증법적 논리학의 개념어들이 정착될 것이라고 믿는다. 가령 헤겔은 어디에선가 '모순'의 개념과 관련하여 '지양(aufheben, Aufhebung)'이란 개념에 대해 그 독특한 의미를 설명하고 있으며, 우리도 이 개념을 어떻게 번역해야 할지 무척 혼란을 겪기도 했던 것 같다. 물론 오늘날은 일본으로부터 유입되어 들어온 '지양(止揚)'이란 말로 정착되기에 이르렀지만, 그럼에도 불구하고 여전히 낯선 언어로서 잘 사용하지 않는 용어로, 또는 그러한 개념어로 남아 있다. 여기 『김나지움 논리학 입문』에서는 '지양'이란 용어를 사용하고는 있지만, 그러나 그에 대한 직접적인 별다른 설명은 없으며, '모순'의 개념에 대해서도

'이율배반론'과 관련하여 간단히 언급하고 있을 뿐 자세한 설명은 없다. 『김나지움 논리학 입문』에서는 형식논리학이나 칸트의 선험논리학의 틀을, 한편으로는 일정하게 따라가면서 끌어들이는가 하면, 다른 한편으로는 그 틀을 변증법적 논리학으로 전환해가는 과정을 밟고 있는 것이 아닌가 한다. 물론 변증법은 형식논리학이나 선험논리학과는 전혀 다른 새로운 사유의 체계라고 할 수 있으며, 그 새로운 체계가 논리학이라는 한정된 범위에 있어서도 이미 『김나지움 논리학 입문』에서 그대로 드러나 있기도 하다. 뉘른베르크 시절 곧 이어 출간된 『대논리학』과 『김나지움 논리학 입문』과의 관계를 어떻게 정리할 수 있을 것인지는 앞으로의 과제일 것이지만, 그러나 『김나지움 논리학 입문』이 『대논리학』에 이르는 중심적인 논리적 과정의 하나라는 것은 확언할 수 있을 것이다.

이미 주지하는 바와 같이 헤겔은 세상을 뜨기 전 『대논리학』 개정판을 출간하려고 서둘러 작업을 수행했지만 불행하게도 그 제1권인 『대논리학』의 『존재논리학』만 개정판을 출간하는 데 그쳤으며, 제2권 『본질논리학』과 제3권 『개념논리학』은 손도 대지 못한 채 타계하고 말았다. 우리에게는 『존재논리학』 개정판이 아직 번역되지 않았으며, 따라서 『대논리학』 역시 번역이 완성된 것도 아니다. 즉 개정판 『존재논리학』은 아직 번역되지 않은 것이다.

어쨌든 이 『김나지움 논리학 입문』이 헤겔의 변증법적 논리학을 이해하는 데 도움이 되었으면 좋겠으며, 좀 더 깊은 연구를 통해 『대논리학』이나 『소논리학』과 더불어 헤겔의 변증법에 대한 심화된 연구 체계의 정리가 이루어지기를 바란다.

2017년 8월, 무등을 바라보며
위 상 복

옮긴이 서문

헤겔의 『김나지움 논리학입문』

Hegels *propädeutische Logik für die Klassen des Gymnasiums*

1. 이 책은 1970년을 전후하여 20권으로 출간된 독일 프랑크푸르트의 주어캄프 출판사 판 『헤겔전집(Theorie Werkausgabe)』, 그 제4권의 『철학입문(*Philosophische Propädeutik*)』에서 논리학 부분만을 뽑아 번역한 것이다(G. W. F. Hegel, *Nürnberger und Heidelberger Schriften 1808–1817*, in *Werke in zwanzig Bänden*, Bd. 4, hrsg. von E. Moldenhauer u. K. M. Michel, Frankfurt a. M.: Suhrkamp Verlag, 1970). 좀 더 자세히 말하면, 이 『헤겔전집』 제4권은 제목 그대로 헤겔이 뉘른베르크의 에기디엔 김나지움(Ägidien-Gymnasium)에서, 그리고 하이델베르크 대학에서 1808년에서 1817년까지 강의하고 썼던 글들을 모아놓은 것으로, 이 글들에서 뉘른베르크의 김나지움에서 강의했던 『철학입문』에서 논리학에 대한 강의록들만을 뽑아 번역하고, 그 표제를 『김나지움 논리학입문(Hegels *propädeutische Logik für die Klassen des Gymnasiums*)』이라고 붙였으며, 그리고 번역에 이어 해석에 상응하는 많은 각주들로 이루어

진 책이다.

책의 표제를 『김나지움 논리학입문』이라고 붙인 것은 니콜린(F. Nicolin)이 그 강의록 중의 하나인 「5. 하급반을 위한 논리학」(이 번역본에서는 「3. 하급반을 위한 논리학(1809년/10년)」)을 『헤겔연구』 제3권(*Hegel-Studien*, Bd. 3, hrsg. von F. Nicolin u. O.Pöggeler, Bonn: H. Bouvier u. Co. Verlag, 1965) 9~23쪽에 발표하면서 제목을 '헤겔의 김나지움 하급반을 위한 논리학입문(Hegels propädeutische Logik für die Unterklasse des Gymnasiums)'이라고 붙였기 때문에 그로부터 따온 것이다.

물론 주어캄프 판 『헤겔전집』 제4권에 실린 논리학 관련 글들은 모두 헤겔이 뉘른베르크의 김나지움에서 학생들을 대상으로 주로 1808년부터 1811년까지 가르쳤던 강의록이다. 이 『헤겔전집』에서 강의록의 전체 제목은 『철학입문에 대한 텍스트들(*Texte zur Philosophischen Propädeutik*)』이라고 붙여져 있으며, 거기에는 강의 대상을 공지하는 1편의 부록까지 합쳐 모두 11편의 글들이 모아져 있고, 그중에서 5편의 글들이 이를테면 논리학 관련 강의록인 셈이다. 1편의 부록을 뺀 나머지 10편 전체의 강의록은 다음과 같다. 즉, 「1. 상급반을 위한 철학 백과전서(1808년 이후)」, 「2. 중급반을 위한 의식론(1808년/09년)」, 「3. 중급반을 위한 논리학(1808년/09년)」, 「4. 중급반을 위한 의식론(1809년 이후)」, 「5. 하급반을 위한 논리학(1809년/10년)」, 「6. 상급반을 위한 개념론(1809년/10년)」, 「7. 중급반을 위한 논리학(1810년/11년)」, 「8. 하급반을 위한 권리론, 의무론, 종교론(1810년 이후)」, 「9. 중급반과 상급반을 위한 종교론(1811년-1813년)」, 「10. 두 편의 단편들」이 그것들이다. 이들 10편의 강의록 중에서 논리학에 해당되는 1의 '서론'과 '제1부 논리학'(『헤겔전집』 제4권의 9~33쪽), 그리고 3(86~110쪽), 5(124~138쪽), 6(139~161쪽), 7(162~203쪽)의 강의록을 번역한 것이다. 그리고 이 번역본에서는 그 일련번호를 1, 2, 3, 4, 5로 배열하여 차례의 순서를 매긴 것이다.

2. 여기서 번역의 대본으로 삼고 있는 주어캄프 판 『헤겔전집』 제4권의 편집에 따른 주석(604~617쪽)을 참고로 『철학입문에 대한 텍스트들』의 성립 과정에 대해 개략적으로나마 좀 더 자세히 살펴보면 다음과 같다.

이 저서는 원래 헤겔의 직접적인 저작이 아니라 1831년 헤겔이 세상을 떠난 후, 로젠크란츠(K. Rosenkranz)가 1838년 가을 베를린을 여행하면서 발견한 '종이 뭉치들'에서 가려 뽑아 편찬한 것이며, 그는 헤겔 사상의 발전을 개관하는 데 있어 더없이 소중한 계기를 제공하리라는 기대 속에서 편찬하게 된 것이다. 로젠크란츠에 의하면 이 '종이 뭉치들'은 헤겔이 뉘른베르크의 김나지움에서 철학을 강의하면서 1808년 이후부터 썼던 노트의 원본과 그에 곁들여 써놓은 비망록 등으로 이루어진 것들이었다. 그리하여 1840년 그는 『철학입문』이란 제목을 붙여 간스(E. Gans)나 호토(H. G. Hotho) 등이 헤겔을 추모하기 위하여 결성한 '영원한 친구들의 모임(Verein von Freunden des Verewigten)'의 권유로 그들 모임에서 1832년부터 출간하기 시작한 최초의 『헤겔전집』 그 제18권으로 엮어내기에 이르면서 세상에 알려지게 되었다. 이 친우회 판 『헤겔전집』에 보충판으로 로젠크란츠의 『헤겔의 생애(*Georg Wilhelm Friedrich Hegels Leben*)』(Berlin, 1844)라는 최초의 전기가 출간된 것도 그 무렵이었다. 20세기 들어 이 친우회 판을 바탕으로 글로크너(H. Glockner)에 의하여 1931년 헤겔 사후 100년을 전후로 '기념판본(Jubiläumsausgabe)'이라고 부르기도 하는 좀 더 보완된 『헤겔전집』이 출간된다. 그 이전에도 랏손(G. Lasson)에 의하여 연차적으로 펠릭스 마이너(Felix Meiner) 판의 '철학총서(Philosophische Bibliothek)'의 형태로 『헤겔전집』이 개별적으로 출간되고 있었으며, 그것을 이어받아 호프마이스터(J. Hoffmeister)가 그 이후 또다시 새로이 보완하여 『헤겔전집』을 계속 출간하기에 이른다.

그러는 동안 하버드 대학에 소장된 헤겔의 수고본들 및 다른 수고본들도 알려지게 되었고, 로젠크란츠가 출간한 뉘른베르크의 『철학입문』이 그 전부가 아니라는 사실이 밝혀지면서 호프마이스터가 거기에 보다 많은 양을 보완하여 1938년 『헤겔의 뉘른베르크 시대 저술들(Hegels *Nürnberger Schriften*)』이란 표제 아래 '철학총서'의 하나로 다시 편집하여 저서를 편찬하게 된다. 그리고 이 주어캄프 판 『헤겔전집』 제4권에서 편집한 『철학입문에 대한 텍스트들』은 호프마이스터의 편찬본과 내용에 있어서는 거의 동일하지만 체계와 배열이 상당히 큰 차이를 갖는다. 로젠크란츠가 출간한 그 최초의 원본들은 시대적인 순서에 따른 강의의 배열이 아닌 하급반, 중급반, 상급반이라고 하는 학급에 따른 강의 배열을 중심으로 편찬한 것이지만, 그러나 호프마이스터의 편찬본은 뚜렷한 기준이 없이 로젠크란츠의 편찬본에 그 나름의 배열 순서에 따라 보완하여 편찬한 것이었다. 아래 표에서 보는 바와 같이 로젠크란츠의 편찬본은 A~E까지 모두 5개의 강의록이 하급반, 중급반, 상급반의 순서로 배열되어 있는 것을 알 수 있으며, 여기에 5개의 강의록을 보완하여 로마숫자로 표기된 I(a, b)~IX까지 모두 10개의 강의록으로 이루어진 호프마이스터 편찬본은 그 체계적인 배열의 기준을 가늠할 수 없다. 그에 이어 아라비아숫자로 표기된 주어캄프 판본은 호프마이스터의 편찬본을 내본으로 하여 시대적인 강의 순서에 따른 체계와 배열로 이루어져 있다. 이 『철학입문』이란 표제를 달고 있는 세 종류의 강의록 전체의 체계적인 배열을 비교하여 보면 다음과 같다.

『철학입문(*Philosophische Propädeutik*)』

로젠크란츠	호프마이스터	주어캄프 판 제4권
제1강좌. 하급반 :		
A. 권리론, 의무론, 종교론 (1810년 이후)	VI	8
제2강좌. 중급반 :		
정신현상학과 논리학		
B. 제1부 : 정신현상학(1809년 이후)	VII	4
C. 제2부 : 논리학(1810년/11년)	III	7
제3강좌. 상급반 :		
D. 제1부 : 개념론(1809년/10년)	VIII	6
E. 제2부: 철학 백과전서(1808년 이후)	IX	1
로젠크란츠의 편찬본에서 누락된 것 :		
중급반을 위한 의식론(1808년/09년)	I(a)	2
중급반을 위한 논리학(1808년/09년)	I(b)	3
중급반을 위한 논리학(1809년/10년)*	II, V b	5
중급반과 상급반을 위한 종교론 (1811년–13년)	IV	9
두 편의 단편들	V a, c	10

(*역자: 이 도표는 위의 『헤겔전집』 제4권의 편집 주석 605쪽에서 인용한 것으로, 거기에는 '로젠크란츠의 편찬본에서 누락된 것'의 하나로 「5. 중급반을 위한 논리학(1809년/10년)」으로 되어 있다. 그러나 그것은 원본 124쪽에 「5. 하급반을 위한 논리학(1809년/10년)」으로 되어 있는 것이다. 즉, 이 도표에서 '중급반(Mittelklasse)'으로 되어 있는 것은 '하급반(Unterklasse)'에 대한 착오가 아닌가 하며, 이 번역본에서는 「3. 하급반을 위한 논리학(1809년/10년)」이 그것이다.)

이와 같은 10개의 강의록에서 여기의 번역 대상은 논리학 관련의 5개이며, 곧 1, 3, 5, 6, 7의 강의록이 그것들이다. 그리고 각각의 강의록들에 대한 출처와 편찬 배경은 해당 강의록의 '각주'에서 밝히고 있기 때문에 그것들을 참고하면 될 것이다.

우리도 이 뉘른베르크의 김나지움에서 강의한 『철학입문』에 대한 번역서가 한 권 있기는 하다(G. W. 헤겔 지음, 박전규 옮김, 『철학입문』, 삼일당, 초판: 1983 / 재판: 1984). 그러나 이 번역 책은 전거를 밝혀주고 있지 않기 때문에 어느 원전을 번역 대상으로 한 것인지 알 수 없다. 아마 그 내용으로 보아 로젠크란츠의 편찬본을 번역한 것이겠지만 어느 판본을 대본으로 한 것인지 역시 전거를 알 수 없는 것이다. 그 '머리말'에 "그러나 이 단편들이 체계로 굳어지기 전에, 헤겔은 『정신현상학』을 썼고, 이 젊은 시절의 작품이 마르크스와 키르케고르에게 자극을 주어 역사적으로 더욱 중요하게 되었으며, 우리나라에서도 객관적으로, 주관적으로 연구되고 있고, 번역도 나왔으며, 수준 높은 학위 논문을 내기까지 많이 읽히고 있다"(위의 책, 2쪽)고 한 것을 보면 다른 나라, 예컨대 일본이나 프랑스 등 독일 이외의 나라들에서의 연구를 그렇게 언급하고 있는 것이나 아닌지 모르겠다. 우리나라에서는 헤겔의 뉘른베르크의 저작들이 아직 번역되어 있지 않을 뿐만 아니라, 특히 그의 논리학에 대한 별다른 연구도 없었기 때문이다.

3. 헤겔이 예나에서의 생활을 마치고 밤베르크에서 몇 달 동안 신문시 일을 하다가 '왕의 칙령'에 따라 뉘른베르크에 있는 에기디엔 김나지움의 교수 겸 교장으로 부임한 것이 1808년 11월이었다. 그리하여 1816년 가을 하이델베르크 대학으로 떠날 때까지 뉘른베르크에서의 8년 동안은 헤겔에게 더없이 소중한 시기이기도 했다. 개인적인 생활뿐만 아니라 그의 학문 생활에서도 매우 중요한 시기였으며, 특히 이 시기 헤겔의

논리학적인 저서가 완간되기에 이르렀다는 것은 주목할 만한 일이 아닐 수 없다. 1812년에서 1816년까지 그의 『대논리학』이 출간되며, 그리고 1817년 하이델베르크에서 『대논리학』의 압축판이라고 할 수 있는 『소논리학』이 출간된 것도 뉘른베르크에서의 논리학에 대한 연구가 토대가 된 것이었다. 물론 뉘른베르크 시기 이전에 예나에서도 논리학에 대한 헤겔의 연구는 계속되었으며, 그 일단을 그의 『예나 시대의 논리학, 형이상학, 자연철학(*Jenenser Logik, Metaphysik und Naturphilosophie*)』(hrsg. von G.Lasson, Hamburg : Verlag von Felix Meiner, 1967)에서 읽을 수 있다. 또한 이 예나 시기 헤겔의 논리학 관련 저서로는 주어캄프 판 『헤겔전집』 제2권에 실려 있는 『피히테와 셸링의 철학체계의 차이(*Differenz des Fichteschen und Schellingschen Systems der Philosophie*)』(in *Werke in zwanzig Bänden*, Bd. 2, *Jenaer Schriften 1801–1807*, hrsg. von E. Moldenhauer u. K. M. Michel, Frankfurt a. M. : Suhrkamp Verlag, 1970)를 들 수도 있다. 그러나 헤겔의 논리학적인 저서에서 우리에게 흔히 간과되고 있는 것은 이 『김나지움 논리학입문』일 것이다. 만일 헤겔의 논리학적 저서의 3부작이라고 한다면 『대논리학』과 『소논리학』에 이어 『김나지움 논리학입문』을 들 수 있을 것이며, 비록 그 당시 이 저작이 단행본으로 출간되지는 않았다고 하더라도 헤겔의 『대논리학』이나 『소논리학』의 연구에는 물론이고 전반적인 헤겔의 철학과, 특히 그의 논리학에 대한 성립사나 발전사적 연구에 매우 중요한 계기를 제공하리라는 것은 분명하다. 이미 이 저서를 읽어보면 알 수 있겠지만, 헤겔이 그의 『대논리학』을 저술해가는 동안 부단히 김나지움에서 학생들을 대상으로 논리학을 강의하고 있었으며, 바로 이 저서는 그와 같은 헤겔의 논리학 연구에 대한 족적을 잘 보여주고 있는 것이다. 그럼에도 불구하고 우리에게는 이 저작과 관련된 별다른 연구는 없으며, 아직은 거의 언급조차도 하고 있지 않는 형편이 아닌가 한다.

4. 헤겔의 다른 저서들도 난해하기는 마찬가지지만, 특히 그의 논리학적인 서술은 독특할 뿐만 아니라 문장 하나하나가 많은 내용들을 함축하고 있어서 그 의미를 이해하고 해석하기가 어렵기만 하다. 이 저서를 번역하는 데 있어서도 그와 같은 곤란과 역자 자신의 역량에 따른 두려움으로 무척 당황스럽기만 했다. 그러나 그동안 『대논리학』과 『소논리학』을 틈틈이 읽으면서 아직 우리에게 충분히 소개되지 않은 이 저작을 번역하고 싶었고, 그에 대한 독해를 통해 개인적으로는 헤겔의 논리학에 대한 이해에 많은 도움을 받을 수 있었다.

이 저작은 헤겔의 『대논리학』이나 『소논리학』과는 또 달리 매우 압축적인 서술 형태를 띠고 있으며, 문장과 문장은 물론 문단과 문단 사이의 의미 연결마저도 어렵고 난해하기만 하다. 더욱이 이해하기 어려운 난외의 여백에 덧붙인 글들은 번역의 한계에 맞닥뜨리게 한다. 그것이 번역에 있어서 직역을 하게 된 중요한 이유이기도 하다.

이 번역은 불가피한 경우가 아니라면 지나치다 싶게 직역을 원칙으로 했으며, 그러다보니 우리말의 표현에 있어서 생경하고 서툰 표현도 적지 않으리라 생각된다. 그럼에도 불구하고 직역을 고집한 이유는 오역과 그에 따른 오해를 줄이고자 하는 의도에서였으며, 또한 원문을 대조해서 읽을 수 있는 다른 전문적인 연구자들에게 조금이라도 도움이 되었으면 하는 바람에서였다. 아울러 역자 자신의 논리학에 대한 연구를 토대로 적지 않은 각주를 달아 그 해석과 이해를 돕고자 했다. 물론 논리학적인 개념어들은 기왕에 출간되어 있는 임석진의 번역본인 헤겔의 『대논리학』을 주로 참고했으며, 그로부터 개념어들을 비판적으로 차용하였다.

일본에서는 지난 1930년대 초부터 『헤겔전집』이 출간되기 시작했으며, 『대논리학』이나 『소논리학』이 몇몇 사람들에 의해 수차에 걸쳐 개역되었다는 것을 감안하면, 우리에게는 아직도 헤겔의 많은 논리학 관련

저작들이 번역되거나 연구되지 않고 있을 뿐만 아니라 번역과 연구에 대한 비판적 계승성도 논의되고 있지 않는 실정이다. 이 헤겔의 『김나지움 논리학입문』은 물론 뉘른베르크 시대의 『철학입문』의 일역본을 나로서는 아직 찾아보지 못했으며, 그 내용이 어떻게 번역되어 어떤 형태로 출간된 것인지도 확인하지 못했다. 다만 20권 30책으로 이루어진 일역본 『헤겔전집』에는 뉘른베르크 저작들이 들어 있지 않기 때문에, 아마 개별적인 번역으로 출간되었으리라고 짐작할 따름이다.

이미 잘 알려진 바와 같이 헤겔의 논리학적 용어들이나 문장들은 무척 딱딱할 뿐만 아니라 생경하기 그지없기 때문에 앞으로 시간이 허락한다면 좀 더 매끄러운 우리말로 개역이 이루어졌으면 싶고, 본의 아니게 저지르고 만 오역이나 해석에 대한 오류도 수정했으면 싶다. 연구자들의 많은 충고와 질정을 바란다.

5. 앞에서도 잠깐 언급했지만 이 책에서 꽤 많은 역자의 각주를 덧붙여야 했다. 통상적인 단순한 각주만은 아니고 오히려 『대논리학』이나 『소논리학』에 주로 의거하여 주석이나 해석에 가까운 것들이 많은 것이다. 따라서 그만큼 염려도 없지 않으며, 오역이나 기타 다른 잘못된 주석이나 해석이 있다면 그것은 전적으로 역자 자신의 책임이다. 그에 대해서도 기회가 된다면 좀 더 세련된 주석과 해석으로 수정될 수 있었으면 하는 생각도 없지 않으며, 그에 따른 다른 사람들의 연구서도 출간되었으면 싶다. 번역의 직접적인 계기가 된 것은 대학원 학생들과 함께 읽어가면서 생각한 것이며, 번역과 그 검토에 있어 이경배 박사, 김현 박사, 유신 선생이 많은 수고를 해주었다. 또한 송명철 박사, 황순철, 이회진 군 등이 그 번역과 독해에 참가하여 노력해주었다. 이들 모두의 노고를 진실로 고맙게 생각하며, 이 미욱한 번역을 흔쾌히 받아준 '용의 숲' 출판사에도 고마움을 표한다.

6. 끝으로, 역자가 그 주석과 해석에 따른 각주를 다는 데 주로 참고하였던 위의 『헤겔전집』 제4권과 헤겔의 『대논리학』이나 『소논리학』 및 기타, 직·간접적으로 참고하였던 다른 저서들은 다음과 같다. 다만 아쉬운 것은 개인적인 사정으로 1960년대 이후부터 노르트라인 베스트팔렌(Nordrhein-Westfalen) 학술 아카데미의 헤겔 위원회(Hegel-Kommission)와 보쿰 대학의 헤겔 문서 연구소(Hegel-Archiv)가 합동으로 출간하기 시작한 『헤겔전집(Gesammelte Werke)』을 참고하지 못했다는 것이다. 이 『헤겔전집』 제10권(*Nürnberger Gymnasialkurse und Gymnasialreden*(*1808-1816*), Bde. 10-1, 2, hrsg. von Klaus Grotsch, Hamburg: Felix Meiner Verlag, 2006)이 보다 방대한 뉘른베르크 시대의 김나지움 강의록들을 담고 있는 저서일 텐데, 참고할 수 있는 여유를 갖지 못한 것이다.

G. W. F. Hegel, *Nürnberger und Heidelberger Schriften 1808-1817*, in *Werke in zwanzig Bänden*, Bd. 4, hrsg. von E. Moldenhauer u. K. M. Michel(Frankfurt a. M.: Suhrkamp Verlag, 1970). 이하에서는 'NHS'로 약칭함.

_____, *Differenz des Fichteschen und Schellingschen Systems der Philosophie*(*1801*), in *Werke in zwanzig Bänden*, Bd. 2, *Jenaer Schriften 1801-1807*, hrsg. von E. Moldenhauer u. K. M. Michel(Frankfurt a. M.: Suhrkamp Verlag, 1970).

_____, *Wissenschaft der Logik I*, hrsg. von G. Lasson(Hamburg: Felix Meiner Verlag, 1975). 이하에서는 'Logik I'로 약칭함.

_____, *Wissenschaft der Logik II*, hrsg. von G. Lasson(Hamburg: Felix Meiner Verlag, 1975). 이하에서는 'Logik II'로 약칭함.

_____, *Wissenschaft der Logik I*, in *Werke in zwanzig Bänden*, Bd.

5, hrsg. von E. Moldenhauer u. K. M. Michel(Frankfurt a. M.: Suhrkamp Verlag, 1969).

_____, *Wissenschaft der Logik II*, in *Werke in zwanzig Bänden*, Bd. 6, hrsg. von E. Moldenhauer u. K. M. Michel(Frankfurt a. M.: Suhrkamp Verlag, 1969).

_____, *Enzyklopädie der philosophischen Wissenschaften I*, in *Werke in zwanzig Bänden*, Bd. 8, hrsg. von E. Moldenhauer u. K. M. Michel(Frankfurt a. M.: Suhrkamp Verlag, 1970). 이하에서는 'Enz. I'로 약칭함.

_____, *Enzyklopädie der philosophischen Wissenschaften III*, in *Werke in zwanzig Bänden*, Bd. 10, hrsg. von E. Moldenhauer u. K. M. Michel(Frankfurt a. M.: Suhrkamp Verlag, 1970). 이하에서는 'Enz. III'로 약칭함.

_____, *Die Vernunft in der Geschichte*, hrsg. v. J. Hoffmeister(Hamburg: Felix Meiner Verlag, 1955).

Hegel-Studien, Bd. 3, hrsg. von F. Nicolin u. O. Pöggeler(Bonn: H. Bouvier u. Co. Verlag, 1965).

I. Kant, *Kritik der reinen Vernunft*, hrsg. von R. Schmidt(Hamburg: Felix Meiner Verlag, 1956). 이하에서는 'KrV'로 약칭함.

ヘーゲル, 武市健人 譯, 改譯 大論理學, 上卷の一(ヘーゲル全集 6a, 岩波書店, 1994)/改譯 大論理學, 上卷の二(ヘーゲル全集 6b, 岩波書店, 1994)./改譯 大論理學, 中卷(ヘーゲル全集 7, 岩波書店, 1994)/改譯 大論理學, 下卷(ヘーゲル 全集 8, 岩波書店, 1995).

F. 헤겔, 임석진 역, 『대논리학(Ⅰ), -존재론-』(지학사, 1983/벽호, 1994)./

『대논리학(II),-본질론-』(지학사, 1982/벽호, 1994). /『대논리학(III), -개념론-』(지학사, 1982/벽호, 1994). 이하에서는 각각 '『대논리학, -존재론-』', '『대논리학, -본질론-』', '『대논리학, -개념론-』'으로 약칭함.

G. 헤겔, 임석진 역, 『역사 속의 이성』(지식산업사, 1992).

G. 헤겔, 임석진 역, 『피히테와 셸링 철학체계의 차이』(지식산업사, 1989).

G. W. 헤겔, 박전규 옮김, 『철학입문』(삼일당, 초판: 1983/재판: 1984).

2008년 1월
무등을 바라보며, 위상복

일러두기

1. 이 책은 다음과 같은 프랑크푸르트의 주어캄프 판 『헤겔전집』 제4권을 대본으로 논리학 관련 강의록을 『김나지움 논리학입문(Hegels *propädeutische Logik für die Klassen des Gymnasiums*)』이란 표제로 번역하였다.

G. W. F. Hegel, *Nürnberger und Heidelberger Schriften 1808–1817*, in *Werke in zwanzig Bänden*, Bd. 4, hrsg. von E. Moldenhauer u. K. M. Michel(Frankfurt a. M.: Suhrkamp Verlag, 1970).

2. 이 번역본의 '차례'와 원래의 번역 대본에서의 순서에 따른 배열의 차례와는 약간 다르다. 즉, 전체 10개의 강의록에서 논리학 관련 강의록은 1, 3, 5, 6, 7이지만 그대로 번호를 좇아 배열하여 차례의 일련번호를 매긴 것이 아니고, 그 순서는 동일하면서도 1, 2, 3, 4, 5로 차례의 일련번호를 수정하여 매긴 것이다. 다시 말해 원래의 번역 대본에서 3은 이 번역본에서는 2로, 5는 3으로, 6은 4로, 7은 5로 일련번호를 바꾸어 단 것이다. 그리고 번역 대본에서의 2, 4, 8, 9, 10은 논리학에 대한 강의록이 아니기 때문에 여기 번역에서는 빠진 것이다. 또한 간혹 알파벳의 배열이 한결같지 않은 경우도 있는데, 그것은 헤겔의 원본을 그대로 옮긴 것이며, 그 이외의 역자가 자의적으로 변경하거나 잠정적인 편의를 위해 수정한 부분은 없다.

3. 번역 본문의 고딕체로 강조한 표기는 헤겔의 원문에서 이텔릭체로 표기된 부분이며, 원문에서의 각주는 그리 많지는 않으며 '원주'라고 표기하여 그대로 번역하였다. 그러나 아무런 표기가 없는 많은 각주들은 역자가 본문의 이해를 돕기 위하여 따로 단 각주들이다. 다만 '원주'에 이어 그에 대한 각주를 달 경우는 그 '원주' 아래에 '역주'라고 표기하였다.

4. 번역본의 체계나 형식은 가능한 한 원문의 체계와 형식을 그대로 좇았으며, 특별히 다르게 표현해야 했던 체계나 형식에 대해서는 그때마다 각주에서 그 필요성을 언급하였다. 또한 마침표를 비롯한 필요한 문단, 문장의 부호들이 종종 빠진 경우도 있으며, 그것은 원문의 표현을 그대로 좇아 번역하고 표기하였다.

5. 『대논리학』의 독일어본은 주로 랏손이 편집하여 출간한 펠릭스 마이너 판본을, 즉 'G. W. F. Hegel, *Wissenschaft der Logik* (*I*, *II*) (hrsg. von G. Lasson, Hamburg : Felix Meiner Verlag, 1975)'을 사용하였으며, 주어캄프 판본을 함께 사용하기도 하였지만 특별히 대조하여 참조하지는 않았다.

6. 헤겔의 논리학에 대한 우리말 표현은 『대논리학』, 그리고 그것을 좀 더 구체적으로 표기하면서 임석진의 번역본에 따를 때는 『대논리학, -존재론-』, 『대논리학, -본질론-』, 『대논리학, -개념론-』 등으로, 그러나 그에 개의치 않을 때는 『존재 논리학』, 『본질 논리학』, 『개념 논리학』 등으로 표기하였다. 물론 독일어로 약칭할 때는 위의 랏손이 편찬한 대본을 『대논리학』은 'Logik I', 'Logik II' 등으로 표기하였으며, 『철학백과전서』 속의 논리학에 대해서는 우리말로는 『소논리학』으로, 그리고

독일어로 약칭할 때는 'Enz. I'로 표기하였다. 물론 『철학 백과전서』는 앞서 언급한 주어캄프 판 『헤겔전집』을 참조하였다.

차례

4. 상급반을 위한 개념론(1809년/10년)

5. 중급반을 위한 논리학(1810년/11년)

1

상급반을 위한 철학 백과전서[1)] (1808년 이후)

서론

§1

백과전서[2]란 여러 학문들의 전체 영역을 저마다 각기 학문들의 대상에 따라, 그리고 그러한 대상의 근본개념에 따라 고찰하지 않으면 안 된다.

§2

일반적인 대상에 대한 경험들의 다양성을 보편적인 표상들의 통일로

....

1) (원주)이 원문은 로젠크란츠(K. Rosenkranz)에 의하여 편찬되었으며(제3강좌, 제2부; 『헤겔전집』 제18권, 146쪽 이하), 괄호 안의 문장들은 헤겔의 구술로부터 받아쓴 것을 로젠크란츠가 첨가한 것이다.
(역주)이 강의록은 앞서의 '옮긴이 서문'에서도 이미 언급한 것처럼 헤겔 사후 결성된 '영원한 친구들의 모임'에서 1832년부터 편찬하게 된 최초의 『헤겔전집』에서 그 제18권으로, 그리고 상급반을 대상으로 한 제3강좌의 제2부에 해당된 것으로 출간된다. 물론 친우회의 권유로 로젠크란츠가 그 편찬에 참여하여 출간하게 된 것이다. 그러나 호프마이스터(J. Hoffmeister)는 배열을 달리하여 편찬하며, 여기 주어캄프 판에서는 호프마이스터의 편찬본을 바탕으로 시대적인 순서에 따라 이 「1. 상급반을 위한 철학 백과전서」를 맨 처음의 강의록으로 배열하여 편찬하게 된다(참조, NHS, 604쪽 이하).

통합해감으로써, 그리하여 대상 그 자신의 본질을 고찰하는 가운데 산출된 사상들이 그들 자신의 결합 속에서 어떤 특수한 학문을 형성하게 된다.

§3

만일 이와 같은 결합에 어떤 경험적인 소재가 그 근거로 놓여 있으며, 또한 그 결합이 경험적인 소재에 의하여 한낱 통합적인 보편성을 형성하는 것이라고 한다면, 그것은 보다 **역사적인** 성격을 띤 학문(die Wissenschaft mehr *historischer* Art)[3]일 것이다. 그러나 만일 보편자가 근거규정들과 개념들의 형식 속에서 우선하게 되고, 그리고 그와 같은 보편자로부터 특수자가 도출되어야 하는 것이라면, 그것은 보다 본래적인 의미의 **학문적인** 성격을 띤 학문(die Wissenschaft mehr eigentlich *wissenschaftlicher* Art)일 것이다.[4]

....

2) 'Enzyklopädie'는 헤겔의 경우 통상적인 의미의 '백과사전'은 아닐 것이며, 그의 저서 *Enzyklopädie der philosophischen Wissenschaften im Grundrisse*를 『철학강요』라는 표제로 번역하기도 했었다. 그러나 여기서는 'Enzyklopädie'를 '백과전서'라고 번역한다. 그리고 이때부터, 즉 헤겔은 뉘른베르크 시대의 『철학입문』에서 '백과전서'란 말을 좀 더 의식적으로 사용하게 되었으며, 그 이후 베를린 시대에 흔히 '정신의 집(Haus des Geistes)'이라고 일컫기도 하는 『철학적 학문의 백과전서』가 완간되기에 이른다. 이하에서는 이 저서를 『철학 백과전서』라고 부르기로 한다.

"예나 시대의 체계 기획, 뉘른베르크 시대의 철학입문, 하이델베르크 시대의 1817년 백과전서, 그리고 그 제2판과 제3판(1827년과 1830년)에서의 획기적인 변환과 확장 ─ 그것은 체계적 사유로 이해되면서도 『철학 백과전서』 속에서 '정신의 집'이 축조되는 그러한 철학함의 가장 중요한 정류장들인 것이다."(Enz.Ⅲ, 421쪽, 편집후기).

3) 이와 같이 원문의 이텔릭체는 이하의 번역에서는 강조의 의미에서, 또는 그 나름의 특별한 의미를 갖는 것으로서 고딕체로 표기하기로 한다.

§4

어떠한 학문의 특수자가 형성해야만 하는 인식들의 범위에 있어 절대적인 한계들이란 존재하지 않는다. 왜냐하면 저마다의 보편적인 대상이나 구체적인 대상은 그 대상의 종류들로, 혹은 부분들로 분할될 수 있기 때문이며, 그리고 저마다의 그와 같은 종류란 다시금 어떤 특수한 학문의 대상으로 간주될 수 있기 때문이다.

§5

통상적인 백과전서에 있어서 학문들이란 그대로 드러나 존재하고 있는 것처럼 경험적으로 수용된 것이다. 그들 학문은 거기에서 그 모습이 완전하게 드러나기 마련이며, 더 나아가 그 유사한 것이나 공통적인 규정들 아래 모아질 수 있는 것이 동류의 친소성에 따라 편성됨으로써 어떠한 배열을 갖추게 된다.

§6

그러나 **철학적** 백과전서는 개념을 통해 규정된 필연적인 연관관계에 관한 학문이며, 학문들의 근본개념들과 근본 원칙들의 철학적인 발생 기원에 관한 학문이다.

....

4) 이 문단에서 '*historisch*'란 말은 '*wissenschaftlich*'란 말과 강조되어 대비적으로 사용하고 있으며, 따라서 'historisch'란 말은 통상적인 역사학의 의미에서보다는 경험적인 학문이란 의미에서, 그리고 'wissenschaftlich'란 말은 보다 추상적이고 논리학적인, 또는 철학적인 학문이란 의미에서 사용되고 있는 말이다. 이 저서에서도 헤겔이 역사를 '사화적인 역사(die historische Geschichte)'와 '철학적인 역사(die philosophische Geschichte)'로 구분하고 있는 것을 읽을 수 있으며, 이때도 역사를 경험에만 고착되어 있는 역사와 좀 더 추상적이면서도 학문적인 철학적 역사, 곧 역사철학으로 구분하고 있다(참조, NHS, §201~§202, 64~65쪽).

§7

철학 백과전서는 그 본래적인 의미에 있어서 철학의 보편적인 내용에 대한 서술이다. 왜냐하면 여러 학문들에 있어서 이성에 근거하고 있는 그것이란 바로 철학에 의존해 있기 때문이다. 그와는 달리 여타의 학문들에 있어 자의적이고 외면적인 규정들에 기인하고 있는 것이거나, 혹은 흔히 그렇게 일컫듯이 한낱 경험적인 것과 같은 실증적이고 고착적인[5] 것이란 철학의 외부에 놓여 있는 것이다.

§8

학문들이란 그들 인식 방법에 따라 **경험적** 학문이거나, 아니면 **순수 이성적** 학문이다. 그 양자는 절대적으로 고찰했을 때, 동일한 내용을 지니지 않을 수 없다.[6] 한낱 경험적으로 알게 된 것을 보다 참된 것으로, 곧 개념으로 지양하여 이성화하는 것, 그리고 그러한 과정을 통해 그것이 이성적 학문과 일체를 이루도록 하는 것이 학문적 탐구의 목적이다.

§9

학문들은 한편으로는 경험적인 측면에 따라, 다른 한편으로는 이성적인 측면에 따라 **확장된다.** 후자, 곧 이성적 측면은 본질적인 것이 더욱 강조되면서 보편적 관점에서 파악되며, 그리고 한낱 경험적이던 것이 개념화함으로써 나타나게 된다. 학문들의 이성적 확장은 동시에 철학 그 자체의 확장이기도 하다.

....

5) '실증적이고 고착적인(positiv und statutarisch)'이란 말은 '한낱 경험적인 것(das bloß Empirische)'이란 말과 관련하여 '경험에 매달리는'이란 의미이다.

6) 그 두 학문, 즉 '경험적 학문'과 '순수 이성적 학문'을 '절대적으로 고찰했을 때(absolut betrachtet)'란 말은 '그 두 학문을 고찰했을 때 궁극적으로는 동일한 내용을 갖는다'는 의미이다.

§10

학문 전체는 세 주요 부분들로 나누어진다. 즉 **논리학**, 2. **자연**의 학문, 3. **정신**의 학문이 그것이다.[7]—이를테면 논리학은 순수 개념 및 추상적 이념의 학문이다. 이념의 실재성은 자연과 정신을 형성하며, 전자, 즉 자연은 외면적 현존재라는 점에서, 그리고 후자, 즉 정신은 자기 자신을 아는 것(sich wissend)이란 점에서 그러하다. (또는 논리적인 것이란 자기 자신 속에 깃들어 있는 영원히 단순한 본질이다. 자연은 이 본질의 외화이다. 정신은 이 본질의 외화로부터 자기 자신으로의 복귀이다.)

§11

자연의 학문과 정신의 학문은 순수학문 혹은 논리학과는 구별된다. 그들 학문은 **응용적인** 학문으로, 곧 **실재적인** 혹은 **특수한** 학문들의 체계로 간주될 수 있다. 왜냐하면 그들 학문은 자연과 정신의 형태 속에 깃들어 있는 순수학문의 체계이기 때문이다.[8]

....

7) 이때 '학문 전체(das Ganze der Wissenschaft)'란 말은 통상적인 의미의 모든 학문을 지칭하는 것은 아니며, 철학적으로 추상화된 모든 학문을 지칭한다. 곧 논리학, 자연철학, 정신철학을 지칭한다. 또한 '논리학' 앞에 일련번호 '1'이 빠져 있다.

8) 자연의 학문이나 정신의 학문이 순수학문으로서의 논리학에 대해서는 응용적인 학문이다. 그렇다고 통상적인 의미의 응용적인 학문은 아니며, 그것들은 오히려 논리학의 측면에서 자연이나 정신 속에 깃들어 있는 논리학이기도 하다. 물론 이때 자연의 학문이나 정신의 학문은 헤겔의 『철학 백과전서』에서는 자연철학이나 정신철학을 지칭한다.
"자연의 생성운동은 정신을 향한 생성운동이다." (NHS, §96, 33쪽).

제1부[9] 논리학

§12

논리학은 순수 오성의 학문이고 순수 이성의 학문이며, 그 고유한 규정들과 그들 규정의 법칙들의 학문이다. 그에 따라 논리적인 것은 다음과 같은 세 측면들을 지닌다. 즉, 1. 추상적인 또는 오성적인 측면과, 2. 변증법적인 또는 부정 이성적인 측면, 3. 사변적인 또는 긍정 이성적인 측면이 그것들이다.[10] **오성적인 것**이란 개념들의 경우 그들 개념 자신의 고착적인 규정성 속에, 그리고 다른 개념들과의 구별성 속에 그대로 머물러 있다. **변증법적인 것**은 개념들을 그들 자신의 이행과 해소 속에서 드러내 밝혀준다. **사변적인 것**, 또는 **이성적인 것**은 개념들을 그들 자신의

....

9) §10에서 이미 언급한 것처럼 이 「1. 상급반을 위한 철학 백과전서」는 제1부 논리학, 제2부 자연의 학문, 제3부 정신의 학문으로 구성되어 있으며, 여기서는 제1부 논리학만을 번역한 것이다.

10) 헤겔은 '논리적인 것'이 세 측면을 지닌다는 것을 『소논리학』에서 다음과 같이 언급한다.
"**논리적인 것**이란 그 형식에 따른다면 다음과 같은 세 측면을 지닌다. 즉, α)**추상적인**, 또는 **오성적인** 측면, β)**변증법적인**, 또는 **부정 이성적인** 측면, γ)**사변적인**, 또는 **긍정 이성적인** 측면이 그것이다."(Enz. I, §79, 168쪽).

상호대립 속에 그 통일을 포착하는가 하면, 해소와 이행 속에서 긍정적인 것을 포착한다.

§13

이때 오성과 이성이 사유라는 점에 있어 자기의식에 속하는 한에서는 통상적으로 주관적인 의미로 받아들여진다. 그리하여 어떠한 현실적인 진리를 성취하지 않으면 안 된다고 할 때, 논리학은 결국 어떤 다른 내용을, 즉 외적인 소재를 필요로 하는 한낱 **형식적인** 학문에 지나지 않다.

§14

논리학은 그 자신의 내용에 따른다면 오성과 이성을 즉자대자적으로 고찰하는가 하면, 절대적인 개념들을 모든 것의 즉자대자적인 참된 근거로서 고찰한다. 또는 오성적이고 이성적인 것이 한낱 의식적인 파악(ein bewußtes Begreifen)에만 머무르는 것이 아닌 한에서 절대적인 개념들을 그와 같은 오성적이고 이성적인 것으로서 고찰한다. 따라서 논리학은 그 자체에 있어 사변철학이다. 왜냐하면 사물에 대한 사변적 고찰 방식이 곧 사물의 본질에 대한 고찰 이외에 다른 것이 아니기 때문이며, 그와 같은 사물의 본질은 사물의 본성이자 그 법칙으로서의 이성에 고유한 순수개념이기 때문이다.

§15

논리학은 다음과 같이 세 부분들로 나누어진다. 즉, 1. **존재론적** 논리학(die *ontologische* Logik), 2. **주관적** 논리학(die *subjektive* Logik), 3. **이념론**(die *Ideenlehre*)이 그것이다. 첫 번째의 논리학은 존재자에 대한 순수개념의 체계이고, 두 번째 논리학은 보편자에 대한 순수개념의 체계이며, 세 번째 논리학은 학문의 개념을 포함한다.[11]

제1편 존재론적 논리학[12)]

Ⅰ. 존재

A. 질

a. 존재

§16

1. 학문의 시원은 **존재**(*Sein*)의 직접적이고 몰규정적인[13)] 개념이다.— 2. 이와 같은 존재 개념은 그의 무내용성(Inhaltslosigkeit)에 있어서 **무**(*Nichts*)와 꼭 마찬가지이다. 또한 그와는 반대로 그러한 공허성의 사유라는 점에서 무는 그 자체 어떠한 존재이며, 존재 그 자신의 순수성으로

---

11) 헤겔의 이와 같은 논리학에 대한 구분은 그 이후 그의 『대논리학』이나 『소논리학』에서의 논리학에 대한 구분과는 사뭇 다르다. 즉, 헤겔은 논리학을 '객관 논리학'과 '주관 논리학'으로 구분하며, 다시 '객관 논리학'으로서의 '존재 논리학'과 '본질 논리학', 그리고 '주관 논리학'으로서의 '개념 논리학'으로 구분한다. 그러나 여기서의 논리학의 구성 체계를 보면 '제1편 존재론적 논리학', 그리고 이 '존재론적 논리학'에서 '존재', '본질', '현실성'을 다루며, '제2편 주관적 논리학'에서 '개념', '판단', '추리'를 다루고, '제3편 이념론'에서 '생명의 이념', '인식의 이념', '절대 이념 또는 지식'을 다룬다.

12) 여기 '존재론적 논리학'은 『대논리학』의 구도에서는 앞서 말한 것처럼 '객관 논리학'으로서의 '존재 논리학'과 '본질 논리학'에 해당한다. 그러나 『대논리학』에서의 구도와 다른 점은 '본질 논리학' 속에서 다루고 있는 '현실성'을 '존재'나 '본질'과 더불어 대등한 구도 속에서 다루고 있다는 것이다. 「5. 중급반을 위한 논리학」에서는 '현실성'이 『대논리학』에서처럼 '본질' 속에 포함되어 다루어지고 있으며, 따라서 '현실성'이 여기에서는 아직 '본질 논리학'의 한 부분으로 확실하게 자리를 잡고 있지는 않다는 것을 알 수 있다(참조, 「5. 중급반을 위한 논리학」 §61〔56〕 이하).

13) 'bestimmungslos'를 '몰규정적'으로 번역한다. 그에 대해 좀 더 빈번하게 사용되는 낱말인 'unbestimmt'는 '무규정적'이라고 구분하여 번역하며, 헤겔 논리학에 있어서 그 두 의미의 특별한 차이는 없다. 다만 '몰규정적'이란 말은 규정이 없는 상태, '무규정적'이란 말은 아직 규정되어 있지 않은 상태의 차이는 있을 것이다.

말미암아 무이기도 한 바로 그 동일한 그것이다. — 3. 따라서 무는 존재와의 어떤 구별도 아니며, 오히려 여기에 남은 그 무엇이라곤 오직 구별된 것들로서의 그들 양자의 정립작용일 뿐이고, 각기 저마다가 그 자신의 반대물 속에서의 소멸작용이며, 혹은 그것은 순수**생성**(das reine *Werden*)이다.[14]

b. 현존재

§17

그러나 생성 속에서 그러한 앞서의 피정립태들(jene zuvor Gesetzten)[15]은 소멸할 뿐이기 때문에, 생성이란 곧 고요한 단순성(eine ruhige Einfachheit) 속으로[16] 그들 피정립태가 붕괴하는 것이기도 하다. 그와 같은 단순성 속에서 그들 피정립태는 아무것도 아닌 것이 아니고, 또한 더 이상 저마다가 그 자체로서 존재하는 것도 아니며, 오히려 지양된 것들로서, 혹은 계기들로서 존재하는 것이다. 이러한 통일이 **현존재**(das *Dasein*)이다.[17]

14) 이 문단에서 언급하고 있는 존재와 무, 그리고 생성의 변증법적인 구도는 매우 압축적으로 서술되어 있으며, 『대논리학』에서는 생성이 '존재와 무의 통일', '생성의 두 계기: 발생과 소멸', '생성의 지양'으로 구분되어 서술되고 있다(참조, Logik I, 66쪽 이하).

15) '그러한 앞서의 피정립태들'이란 생성에 앞서 정립된 '존재와 무'를 가리키며, '존재가 무에 의해서 무가 존재에 의해서 정립된 것들'이란 의미이다.

16) '고요한 단순성 속으로'란 말은 '이제 더 이상 움직이지 않고 고요하게 머물러 있는 단순성 속으로 앞서의 정립된 것들이, 곧 존재와 무가 붕괴되고 만다'는 의미이다. 따라서 생성의 운동이란 우선 그와 같은 존재와 무가 붕괴되는 운동이다.

17) '이러한 통일이 **현존재**이다'란 존재와 무라고 하는 생성 속에서의 '지양된 피정립태들', 또는 '계기들'이 통일을 이루게 되고, 그것이 곧 현존재란 의미이다.

§18

현존재는, 1. 어떠한 존재이며, 이 존재의 개념 속에는 동시에 타자에 대한 관계로서의, 또는 **대타존재**(das *Sein-für-Anderes*)로서의 그 자신의 비존재가 깃들어 있다. 2. 그러나 존재의 계기에 따라보면,[18] 현존재는 타자에 대한 관계라는 측면이 아니고 **즉자적으로**(*an sich*) 존재한다고 하는 측면을 지닌다. 이들 두 규정을[19] 그 자체 속으로 포괄하는 개념으로서의 현존재가 **실재성**(*Realität*)이다.

§19

실재적인 것(Das *Reelle*), 혹은 **어떤 것**(*Etwas*)은 다른 실재적인 것과는 상이한 것으로서 우선은 그와 같은 다른 실재적인 것에 대해서는 무관여적[20]이다. 왜냐하면 실재적인 것, 혹은 어떤 것이 그 자신의 타자존재(Anderssein) 속에 동시에 즉자적으로 깃들어 있는 것이겠기 때문이다. 그와 같은 타자존재와의 상이성은 우선 그들 양자[21] 사이의 중간자로서의 **한계**(*Grenze*) 속에 존재하며, 그 한계 속에서 그들 양자는 존재하는가 하면 마찬가지로 존재하지 않기도 한다.

....

18) '존재의 계기에 따라보면(nach dem Momente des Seins)'이란 말은 '존재라는 계기', 다시 말해 '현존재의 계기로서의 존재라는 측면에서 볼 때'란 의미이다.

19) '이들 두 규정(diese beiden Bestimmungen)'이란 존재로서의 현존재에는 대타존재가 깃들어 있는가 하면, 다른 한편으로는 그와 같은 현존재가 즉자적으로 존재한다고 하는 측면을 지닌다는 점에서의 두 규정을 말한다. 그 때문에 '**대타존재**(*Sein-für-Anderes*)'란 말과 '**즉자적으로**(*an sich*)'란 말이 강조되어 있다.

20) 'gleichgültig', 'Gleichgültigkeit'란 낱말은 헤겔 논리학에 자주 나오는 말로 임석진은 주로 '무관심적인', '무관심성' 등으로 번역한다. 그러나 '관여하고 있지 않는', '관여되어 있지 않는'의 의미일 것이며, 평이하게는 '무관한' 정도의 의미가 아닌가 싶다. 여기서는 '무관여적인', '무관여성' 등으로 번역한다.

21) '그들 양자'란 '실재적인 것과 그 다른 실재적인 것'을 의미한다.

§20

그들 양자는, 1. 한계와는 상이하며, 혹은 그들 양자의 중간자인 그들 자신의 상이성과도 상이하다. 그리고 그들 양자는 그 중간자의 외부에 놓여 있는 어떤 것이다. 그러나 2. 한계는 그들 양자 자체에 속한다. 왜냐하면 그것이 곧 **그들 양자의 한계**이기 때문이다.[22]

§21

따라서 상이성은, 1. 실재적인 것의 고유한 상이성이거나, 혹은 실재적인 것의 **규정성**(*Bestimmtheit*)이다. 그러나 이와 같은 즉자적으로 존재하는 규정성은 역시, 2. 외면적인 현존재이거나, 혹은 **성질**(*Beschaffenheit*)이다. 외면적인 것이기도 하고 마찬가지로 내면적인 것이기도 한 규정성이 **질**(*Qualität*)을 형성한다.[23]

c. 변화

§22

성질이나 외면적 현존재는 어떤 것이 그 자신에 대해 소원하다는 점에서, 또는 그 자신의 타자존재, 그리하여 곧 그 자신의 비존재라는 점에서 그 어떤 것에 속해 있다. 따라서 어떤 것은 그 자신의 자기 자신과의 부등성을 의미하며, **변화**(*Veränderung*)란 그러한 부등성을 통해 정립된다.[24]

....

22) '(……), 왜냐하면 그것이 곧 **그들 양자의 한계**이기 때문이다(……, weil es *ihre Grenze* ist)'란 말은 '실재적인 것과 다른 실재적인 것 그 양자 사이의 중간에 위치한 한계는 결국 그들 양자 자체에 속하며, 그렇게 속하여 있다고 하는 것 그것이 그들 양자의 한계이다'란 의미이다. 또한 그들 양자의 외부에 놓여 있는 어떤 것, 그것이 그들 자신의 한계이기도 하다.

23) 이때의 '외면적인 것(Äußerliches)'이란 그 앞 문장에서의 '외면적인 현존재(äußerliches Dasein)'를 말하며, '내면적인 것(Innerliches)'이란 '**성질**'을 의미한다.

§23

변화는 어떤 것이 그 자체에 있어 지니고 있는 부정자의 부정운동이기 때문에 **대자존재**(das *Fürsichsein*)가 발생하게 된다. 그런가 하면 어떤 것이 즉자적으로 지니고 있는 내면적인 상이성이란 점에서, 규정성이란 그 어떤 것이 자신의 구별 속에서 오직 자기 자신과 맺게 되는 관계인 것이며, 이를테면 그 어떤 것은 곧 대자적으로 존재한다.[25]

B. 양

a. 대자존재(관념성)[26]

§24

대자존재는, 1. 구별이지만, 단지 자기 자신과의 구별일 뿐이며, 또한 어떤 타자에 대한 관계가 아니고 자기 자신에 대한 관계이다. 2. 그러나 구별이 자기 자신 속에 타자존재를 포함하고 그에 대한 관계가 부정적인 한에 있어서, 타자는 대자존재에 **대해서**(*für*) 존재하지만, 그러나 배제된 것으로서 존재한다.[27]

§25

대자존재자(das Fürsichseiende)는 숫자적인 의미의 일(das numerische

....

24) '어떤 것(das Etwas)'은 어떤 것 그 자신이면서 동시에 그 자신의 타자존재, 곧 그 자신의 비존재이기도 하다. 따라서 '어떤 것 그 자신의 자기 자신과의 부등성'이란 어떤 것과 그 어떤 것 자신의 타자존재와의 부등성을 말하며, 이 부등성이 '**변화**'를 정립한다. 우리말로 '변화'라고 옮긴 'Veränderung'이란 말은 '타자화'란 의미이기도 하다. 그러니까 변화란 '타자로 되어감'을 뜻한다.

25) '(……), 이를테면 그 어떤 것은 곧 대자적으로 존재한다(……, oder es ist für sich)'란 말은 이때 '그 어떤 것이 대자적이다'라고 이해할 수도 있다. 대자존재(Fürsichsein)란 어떤 것이 내면적으로 다른 어떤 것과 구별되어 있는 상태에서, 즉 어떤 것이 그 자체 구별을 지니고 있는 상태에서 자기 자신과의 관계를 의미하는 것으로, 이때 어떤 것은 대자적이며, 곧 대자적으로 존재하는 것이기도 하다.

Eins)이다. 대자존재자는 단순하고, 오직 자기 자신에만 관계되어 있으며, 그리고 타자는 그 자신으로부터 배제되어 있다. 대자존재자의 타자존재가 **다수성**(*Vielheit*)[28]이다.

....

26) 이때 왜 '대자존재'를 '관념성(Idealität)'이라고 한 것인지는 이해하기가 쉽지 않다. 물론 직접적으로는 §18에서의 '실재성(Realität)'이란 말과 대비되어 있다. 아마 그것은 일반적으로는 헤겔 철학에서의 '사변성(Spekulation)'의 의미를 표현하고도 있을 것이다. 다만 『대논리학』의 『존재 논리학』 초간본의 '관념성'을 다루고 있는 장에서 "결국 대자적 존재는 그 속에 있는 타자가 지양된 것으로 있음으로써만 오직 이 대자존재가 스스로 자기와 관계한다는 규정을 받는 가운데 관념성을 띤다"는 말이 나온다(참조, 『대논리학, -존재론-』, 159쪽). 그러나 『존재 논리학』 개정본에서는 '제3장 대자존재'를 다루고 있는 곳에서 '관념성'을 따로 다루고 있지는 않으며, 다만 '제2장 현존재'에서 '무한성'을 다루면서 그 주석으로 '관념론'을 다룬다. 물론 이 '제3장 대자존재'를 다루면서, 특히 그 'B. 일자와 다자(Eins und Vieles)'의 곳곳에서 '관념성'에 대해 언급한다.

"**둘째로** 일자는 **일자의 다수성**으로 이행하게 되고,—그것이 **반발**이며, 일자의 어떤 타자존재는 일자의 관념성 속에서 지양되는바,—그것이 **견인**이다." (Logik I, 147쪽).

"따라서 총체성으로서 대자존재의 **관념성**은 무엇보다도 먼저 **실재성**으로 전환되며, 나아가 일자로서의 가장 확고하면서도 가장 추상적인 실재성으로 전환된다." (Logik I, 154쪽).

이와 같은 헤겔의 서술을 참고한다면 다자가 일자로 인력에 의하여 견인되고, 또한 일자가 다자로 이행하게 되는 반발, 곧 척력에 의하여 밀려나게 되는 운동태를 의미하는 것이 '대자존재'인바, 그리하여 '대자존재'는 일자의 타자성이 지양되는 '관념성'을 의미한다.

27) "(……), ist Anderes *für* es, aber als ausgeschlossen."

이 문장이 직접적으로 무엇을 의미하는지는 난해하다. 이 문단에 따르면 대자존재란 자기와의 구별, 자기와의 부정적인 관계 등의 의미에서 사용된 표현이란 것을 알 수 있다. 즉, 대자존재란 타자가 배제되어 있으면서도 자기 자신 속에 포함되어 있는 타자존재, 타자성을 의미한다. 『대논리학』에 따르면, 대자존재란 제한을 초월하여, 곧 그 자신의 타자존재를 초월하여 존립하며, 부정을 통한 무한적인 자기복귀이다(참조, Logik I, 148쪽).

'Führsichsein'을 우리는 일본으로부터 빌려 와 '대자존재(對自存在)', 또는 '대자적 존재', '대자태' 등으로 번역하여왔으며, 그러나 일본에서는 지금은 대부분 '向自有'란 말로 통용되고 있는 것 같다(참조, ヘーゲル, 武市健人 譯, 改譯 大論理學, 上巻の一, 岩波書店, 1994, 189쪽 이하). 그렇다면 우리말로는 '향자존재(向自存在)'라고 번역할 수 있지 않을까 한다. 우리로서는 비록 낯선 표현이기는 하지만 이왕에 '대자존재'로 사용해왔기 때문에 의미상 큰 차이가 없다면 그대로 사용해도 좋을 것이며, 다만 그 의미를 적절하게 구명하고 이해할 필요는 있겠다.

§26

다수의 것들, 즉 다자(多者)는 각기 저마다 동일한 것이다. 따라서 그것들은 일자이다. 그러나 일자는 마찬가지로 또한 다수성이다. 왜냐하면 일자 자신의 배제작용은 그 자신의 반대물의 정립작용이거나, 또는 일자가 그 배제작용을 통해 다수성으로서 정립되기 때문이다. 전자, 곧 일자의 생성이 **견인**(*Attraktion*)이고, 후자, 곧 다수성의 생성이 **반발**(*Repulsion*)이다.[29)]

§27

하나의 생성이 정립되는 것은 그 다른 생성이 정립되는 것과 마찬가지이기 때문에, 그들 두 생성의 진리는 부동의 고요함이기도 하다.[30)] 이 부동의 고요함이란 일자의 탈자존재(das Außersichsein)나 일자 그 자신의 다수성으로서의 자기 정립, 즉 **분리성**(*Diskretion*)인 것이며, 또한 마찬가지로 다자들의 자기 동등적인 관계이거나 그들 다자의 **연속성**(*Kontinuität*)인 것이다. 그것이 순수 **양**(die reine *Quantität*)이다.[31)]

....

28) 'Vielheit'를 '수다성'(數多性)으로, 'Mehrheit'를 '다수성'(多數性)으로 구분하여 번역하지만, 여기서는 그와 같은 구분을 하지 않고 'Vielheit'를 '다수성'으로 번역한다(참조,『대논리학, -존재론-』, 168쪽 이하).

29) 이때 '**견인**(Attraktion)'은 '인력'이라고 할 수 있으며, '**반발**(Repulsion)'은 '척력'이라고 할 수 있다. 다시 말해 다수성으로부터 일자로 끌어들이는 견인, 곧 인력의 운동과 일자로부터 다수성으로 밀쳐내는 반발, 곧 척력의 운동을 의미한다. 물론 역학적인 의미는 아니다.

30) '부동의 고요함(die Ruhe)'이란 말은 직접적으로는 '생성'의 운동이란 말과 관련된 것이며, 물론 생성의 운동은 바로 앞의 §26에서 '견인'과 '반발'의 운동을 의미한다. 따라서 어느 한쪽의 생성 운동이 진리인 것이 아니고, 그 두 운동이 통일된 '부동의 고요함' 속에 진리는 깃들어 있다. 또한 두 운동의 진리로서의 '부동의 고요함'은 일자가 다수성으로 분리되어가는 '분리성'의 운동이며, 다자들의 자기 동등적인 관계로서의 '연속성'을 의미한다. 그것이 '순수 양'이다.

b. 정량

§28

양은 오직 그 자체에 있어 지양된 양으로서만 일자의 부정성을 지니거나, 아니면 대자존재의 자기 동등성(Sichselbstgleichheit)에 있어서 타자존재가 외면적인 한계 이외에는, 또는 어떠한 한계도 아닌 한계 이외에는 직접적으로 어떠한 타자도 아니기 때문에 양은 일자의 부정성을 지닌다. 이와 같은 무관여적인 한계를 지닌 양이 **정량**(*Quantum*)이다.[32]

§29

정량은 한계가 양의 다수성의 계기에 관계되어 있는 한에 있어서는 **외연적 정량**(*extensives Quantum*)이다. 그런가 하면 한계가 자기 동등성의 계기에 관계되어 있거나, 또는 자기 동등성의 규정 속에 존재하는 한에 있어서는 정량은 **내포적 정량**(*intensives Quantum*)이다.[33]

§30

부정성은 정량에 있어 무관여적인 한계로서 존재하기 때문에 대자존재나 절대적 규정은 그러한 정량을 향한 **피안**(*ein Jenseits*)이다.[34] 저마다의 모든 정량을 초월해갈 수 있으며, 그리하여 어떠한 내재적 한계도 아

....

31) 이 문장의 전체 의미를 다시 요약하면 '두 생성운동의 진리는 부동의 고요함, 곧 순수 양이다'라고 할 수 있다. 『대논리학』에서는 '부동의 고요함'과 관련하여 순수 양을 언급하고는 있지 않으며, 규정된 양, 곧 정량이 아닌 순수 양이란 "자기 연속적인 순수한 무한적 통일(gediegene sich in sich kontinuierende unendliche Einheit)" (Logik I, 177쪽)이라고 말하고 있다. 또한 다음과 같이 말한다.
"양은 지양된 대자존재이다. 배제적인 일자에 대립해 단지 부정적으로 관계하면서 그 일자와의 **관계**로 이행해가는 반발적인 일자는 타자와도 동일하게 관계하게 되며, 따라서 그 자신의 규정을 상실하게 된다. 곧 대자존재는 견인으로 이행한다." (Logik I, 179쪽).

닌 또 다른 어떤 한계가 정립될 수도 있다. 그를 통해 **무한자로의 진행**(der *Progreß ins Unendliche*)이,[35] 혹은 **악무한성**(die *schlechte Unendlichkeit*)이 발생한다.

§31

그러나 피안으로서 정립되었던 절대적 규정은 대자존재라는 점에서는 양의 고유한 계기이다. 또한 어떠한 한계도 아닌 한계는 대자존재 속에서 지양된 타자존재 이외의 다른 것이 아니다. 그것이 곧 그 정립작용이 자기 규정이기도 한 규정성이며, **질적 분량**(*qualitative Größe*)[36]이다.

....

32) '정량(定量)'이란 순수 양과는 달리 "규정성이나 한계 일반을 지닌 양"(Logik I, 196쪽)이다. 또한 '어떠한 한계도 아닌 한계(eine Grenze, die keine Grenze ist)'란 말은 '외면적인 한계(eine äußerliche Grenze)'를 지칭하지만, 견인과 반발 사이의 한계라든가 일자와 다수성 사이의 한계란 타자성을 지닌 대자존재의 자기 동등성으로서 통일을 이룬 상태에서의 한계를 의미한다. '이와 같은 무관여적인 한계를 지닌 양(die Quantität mit dieser gleichgültigen Grenze)'이란 대자존재가 지닌 타자성으로서의 한계를 지닌 양이기는 하지만, 그러나 그에 관여되어 있지 않는 양이란 의미에서 하는 말이며, 그것이 '정량'이다. 그러니까 '**정량**'이란 한계를 지닌 양이기는 하지만, 외면적인 한계, 또는 '한계가 아닌 한계를 지닌 양'이다.
"정량은 무관여적인 규정성이며, 자기 자신을 초월해가는 자기부정적 규정성이다"(Logik I, 177쪽).

33) '**외연적 정량**(*extensives Quantum*)', '**내포적 정량**(*intensives Quantum*)'이란 통상적인 의미에서는 '외연량', '내포량'으로 번역해도 좋을 것이다. 형식논리학에서는 오히려 그렇게 사용하고 있는 용어이지만, 그러나 헤겔에 있어서는 그와는 약간 다른 의미도 포함되어 있기 때문에 '외연적 정량', '내포적 정량'으로 번역한다(참조, 5. 중급반을 위한 논리학」 §25).

34) '**피안**'이란 말은 '무관여적인 한계', 또는 '어떤 내재적 한계도 아닌 또 다른 한계'란 말과 관련하여 이해할 수 있다.

35) '**무한자로의 진행**'이란 좀 더 평이하게는 '**무한한 진행**'으로 번역할 수도 있다.

C. 무한성[37)]

§32

질적 분량이란 우선은 단순한 규정이란 점에서는 **비율적** 분량(比率的分量, *spezifische* Größe)이지만, 그러나 스스로를 구별하는 자기규정작용이란 점에서는 분량들의 비율화이다. 그러한 분량들이란 서로 대립해 있는 규정된 분량이며, 동시에 서로 어떠한 질적인 비례 관계를 지닌 분량이다. 그런가 하면 그들 분량의 분모 · 분자(Quotient)는 곧 비례수(Verhältniszahl)이고, 질적으로 상호 관계하는 분수로서 존재하는 그러한 분량들인 것이다. 이때 분량들은 유한적인 분량들로서 지양되어 있을 뿐만 아니라 그들 자신의 지양된 존재 자체가 질적 법칙으로서 정립되기 때문에, 이 지양된 존재가 그들 자신의 참된 현재적인 무한성이다.[38)]

....

36) 여기서 '**질적 분량**(*qualitative Größe*)'이란 번역어가 적절한가는 의문이다. '질적 크기'의 의미도 아닐 것이며, 질과 양이 일정하게 통일을 이루고 있는 상태일 것이다. 일본의 번역이나 임석진은 'Quantität'를 '양'으로, 'Größe'를 일반적으로 '크기', 또는 '양'으로 번역한다(참조, ヘーゲル, 武市健人 譯, 大論理學, 上卷の二, 岩波書店, 1994, 1쪽 이하. / 『대논리학, -존재론-』, 195쪽).
물론 『대논리학』에서 'Quantität'나 'Größe'란 말을 같이 사용하고 있으며, 그때마다 어떻게 구별해야 할지는 뚜렷한 기준은 없다. 이 문단 다음에 이어지는 §32에서 'Größe'를 분수와 비례수 등과 관련하여 사용하고 있기 때문에, 여기서는 그런 의미에서 잠정적으로나마 '분량'으로 번역하기로 한다. 헤겔은 『대논리학』에서 외국어에서 유래한 낱말인 'Größe'에 대해 오히려 '양(Quantität)'이 아닌 '정량(Quantum)'의 의미이며, 수학에서도 그러한 의미로 사용한다고 말하고 있다(참조, Logik I, 178쪽). 물론 통상적인 의미라면 '크기'로 번역해도 될 것이다.

37) 존재를 다루고 있는 이 '존재론적 논리학'은 질, 양, 무한성으로 구성되어 있으며, 따라서 무한성은 형식적으로는 『대논리학』에서의 '도량(Maß)'에 해당한다고 볼 수 있다. 그러나 『대논리학』의 『존재 논리학』에서 무한성은 '현존재' 장에서 다루어지고 있지만, 여기에서는 오히려 '도량'의 의미에서 서술되고 있는 무한성이다(참조, Logik I, 125쪽 이하).

II. 본질

A. 본질의 개념

§33

양적인 또는 외면적인 규정과 자기의 고유한 내적 규정작용 사이의 단순한 삼투작용이 본질이다. 자기규정과 무관여적인 규정성 사이의 삼투작용으로서의 본질은 즉자적으로 **본질성**(*Wesentlichkeit*)과 **비본질성**(*Unwesentlichkeit*)이라는 계기들을 지닌다. 본질적인 것은 자기 규정에 속한 것(das der Selbstbestimmung Angehörige)이지만, 비본질적인 것은 무관여적인 현존재의 계기이다.

§34

생성은 본질의 생성이란 점에서 우선 행위,[39] 곧 현존재의 자유 속으로 본질이 이행하는 것이지만, 그러나 이때 이행은 자기 자신 속에 머무름(ein Insichbleiben)이기도 하다.[40]

---

38) 질적 분량으로서의 비율적인 분량, 즉 분수는 분모와 분자가 서로 양적인 관계와 동시에 질적인 관계도 지닌다. 이와 같은 질적 분량은 유한적인 양적 관계가 지양되고, 이 지양된 존재가 '질적인 법칙'을 의미하는바, 그것이 본질로 이행해가는 참된 무한성이다. 『대논리학』에서는 다음과 같이 말한다.
"질적인 양은 **우선은** 직접적인 **비율적 정량**이다. 이 정량은 **둘째로**, 다른 정량에 관계된다는 점에서 양적인 비율화이고 무관여적인 정량의 지양이다."(Logik I, 342쪽).

39) '행위(das Tun)'란 말은 『대논리학』에서 본질의 개념에 대해 직접적으로 언급하면서는 나오지 않는다(참조, Logik II, 3~6쪽). 물론 §35에서 '행위'를 '정립작용'이라고 말하고 있지만, 그러나 동시에 그것은 사유운동으로서의 반성운동(Reflektieren)을 뜻하는 것이 아닌가 한다.

§35

행위가 본질의 자기 자신과의 구별이고, 현존재나 규정성이 그러한 구별을 통해 산출되는 한에 있어서 행위는 곧 정립작용(Setzen)이다.[41)]

B. 명제[42)]

§36

명제는 자기 자신 속에 머무름, 또는 자기 동등성과 그리고 순수한 구별작용이라는 계기들을 포함한다. 전자, 즉 자기 동등성의 계기는 순수 **질료**이며, 후자, 즉 순수 구별작용의 계기는 순수 **형식**이다. 그러나 순수 형식은 자기 자신 속에 머무르는 행위(das in sich bleibende Tun)이며,

....

40) 'Insichbleiben'을 '자기 자신 속에 머무름'으로 번역한다. 행위로서의 현존재의 자유 속으로의 이행은 또한 다른 무엇으로 옮겨가 버리는 것만이 아니고 그 자체 속에 머무르게 되는 운동이기도 하다는 것을 의미한다. 즉, §36에서는 이를 '자기 동등성(Sichselbstgleichheit)'이라고 하며, 보다 일반적으로는 자기복귀(die Rückkehr in sich)의 운동을 의미한다. 정신 자체의 운동도 마찬가지이다. 약간 다른 맥락이기는 하지만, 헤겔은 그의 『역사 속의 이성』에서 정신의 실체로서의 자유를 언급하면서 정신이란 'Beisichselbstsein'이며, 그것이 곧 자유라고 말한다(참조, G. W. F. Hegel, *Die Vernunft in der Geschichte*, hrsg. v. J.Hoffmeister, Hamburg: Felix Meiner Verlag, 1955, 55쪽). 이 말을 임석진은 '자적 자존하는 존재'라고 번역한다(참조, 헤겔, 임석진 역, 『역사 속의 이성』, 지식산업사, 1992, 85쪽).

41) 반성과 관련하여 '정립작용'에 대해 『대논리학』에서는 다음과 같이 말한다. "반성은 복귀로서의 직접성을 뜻하는 한에서 **정립작용**이기도 하다." (Logik II, 15쪽).

42) 'Satz'를 '명제'로 번역한 것이다. 이 '명제'란 말은 앞의 문단 §35에서 '정립작용'으로 번역한 'Setzen'이란 말과 관련되어 있다. 그러니까 명제란 사유작용이 언어로 표현되어 정립된 것을 뜻하지만, 그러나 여기서 '명제'란 말이 그와 같은 피상적인 의미 속에 있지는 않으며, 오히려 형식논리학에서의 '사유의 근본원리'에 해당한다. 이 '명제'란 말은 「5. 중급반을 위한 논리학」의 §34 이하에서는 '본질의 규정'이란 말로 사용하고 있으며, 헤겔의 논리학적인 의미에서는 '반성규정(Reflexionsbestimmung)'의 개념일 것이다. 여기서는 '반성규정'이란 말을 따로 사용하고 있지 않는 것을 보면 이 개념이 아직 분명하게 확립되었던 것 같지는 않다(참조, Logik II, 23쪽 이하).

따라서 순수 질료라고 부를 수 있는 그와 같은 자기 동등성이기도 하다. 결국 마찬가지 의미이기는 하지만, 그와는 반대로 이때의 순수 질료 또한 무구별적인 상호 외적인 것(das unterschiedslose Außereinander)이며, 순수 형식과도 결코 구별되지 않는다.

§37

그러나 마찬가지로 또한 구별도 정립되지 않으면 안 되며, 형식과 자기 동등성의 통일은 자기 내적 존재(自己 內的 存在, das Insichsein)에 대한 대립에 있어서, 즉 외면적인 현존재의 형식에 있어서 통상적으로 **질료**라고 부르는 바로 그것인 것이다. 질료가 내면적인 존재의 형식 속에 있는 한에서, 질료는 **내용**이지만, 그러나 형식은 이와 같은 상이성의 규정들에 있어서 각기 저마다의 규정 자체이다.

§38

α) 단순한 명제는 **동일성의 명제**(der *Satz der Identität*), 즉 a=a이다. 이 명제는 그 자신의 질료에 대해서는 무관여적이다. 이 명제 자신의 내용은 아무런 규정도 지니지 않는다. 그런가 하면 그 내용은 아무런 내실(內實, Gehalt)도 없으려니와, 따라서 그 형식은 무구별적인 자기 동등성에 지나지 않다.[43]

§39

β) **무관여적인 상이성의 명제**(der *Satz der gleichgültigen Verschiedenheit*)는 무규정적인 구별성 일반을 정립한 것이며, 그리고 서로 완전히 동등

43) 형식논리학에서 사유의 근본원리로서의 동일률을 말하며, 그 자기 동일성에 대해 언급한 것이다. 헤겔에 따르면 이와 같은 자기 동일성은 그 자체로서는 추상적 동일성에 지나지 않다(참조, Logik II, 26쪽 이하).

한 두 사물들은 존재하지 않는다는 것을 언표한다.[44)]

§40

γ) **상호대립의 명제**(der *Satz der Entgegensetzung*)는 다음과 같은 의미를 갖는다. 즉, a는 b이거나 −b이며, 곧 **긍정성**과 **부정성**이 그것이다. 상호대립적인 두 술어들 중에서 어느 하나의 술어만이 사물들에 속하며, 그 두 술어들 사이에 어떤 제3자도 존재하지 않는다.[45)]

§41

δ) **근거의 명제**(der *Satz des Grundes*)는 피정립자의 자기 자신으로의 복귀된 존재(das Zurückgekehrtsein des Gesetzten in sich)를 언표하거나, 혹은 정립 작용 그 자체를 제3자로서(das Setzen selbst als das Dritte) 언표하게 된다.[46)] 이와 같은 제3자 속에서 상호대립적인 규정들은 지양

....

44) 이 '무관여적인 상이성의 명제'는 형식논리학에는 없는 명제이며, 헤겔의 논리학이 전통적인 형식논리학과 구별되는 준거의 하나가 되는 명제이기도 하다. 이때 '무관여적'이란 말은, 예컨대 상이한 두 사물들 사이에는 아무런 관계가 없는 자립성을 갖는다는 의미이다(참조, Logik II, 34쪽 이하).

45) '상호대립의 명제'란 형식논리학적인 의미에서는 배중률을 말한다. 「5. 중급반을 위한 논리학」 §37〔36〕에서는 상이성의 명제와 상호대립의 명제를 함께 다루며, 『대논리학』에서는 배중률을 모순의 개념 속에서 다루고 있다(참조, Logik II, 56쪽 이하).

46) 형식논리학의 충족 이유율, 또는 근거율을 말하는 것으로 '모든 것은 그 자신의 충분한 근거를 갖는다'는 말로 언표된다. 물론 헤겔은 여기에서도 충족 이유율을 그와는 다르게 이해하며, 헤겔에 있어 근거란 반성규정으로서의 '본질의 자기규정'이다(참조, Logik II, 63쪽).
이 문장에서 근거의 명제가 '정립작용 그 자체를 제3자로서 언표한다'는 것은 근거 그 자체가 제3자인 것이며, 이와 같은 근거가 곧 정립작용 자체를 의미한다는 것이다. 『대논리학』에서는 다음과 같이 말한다.
"따라서 **근거**는 그 자체 본질의 **반성규정들에 있어 하나의 반성규정**이면서도, 그러나 최종적인 반성규정인 것이며, 오히려 지양된 규정이란 점에서의 규정이기도 하다."(Logik II, 63쪽).

되며, 단순한 것으로서의 제3자는 다양한 현존재로서의 피근거자[47]에 대립된 규정이다.

C. 근거와 피근거자[48]

1. 전체와 부분들

§42

본질은 그 자신의 현존재의 근거이다. 이와 같은 현존재 없이는 본질 그 자체도 있을 수 없으려니와, 본질은 먼저 전체와 부분들이다. 전체는 그 자신의 부분들을 정립하며, 또한 그 반대로 전체는 부분들로 구성된다. 그 두 측면들은 하나의 동일한 것을 형성한다. 전체는 오직 부분들의 통합과, 즉 전체와 동등하다는 점에 있어서만 부분들과 동등한 것이며, 그리고 부분들은 부분들로 나누어진 것, 즉 부분들과 동등하다는 점에 있어서 전체와 동등한 것이다. 그런가 하면 그 두 측면들은 상호 무관여적이며, 형식의, 곧 전체의 활동성은 질료를 그 제약으로 지니게 된다.

47) 이때 'das Begründete'를 '근거 지어진 것'이란 의미에서 '피근거자'로 번역한다. 임석진은 '근거가 주어진 것'으로 번역하며, 일본에서도 마찬가지로 '근거가 주어진 것', '근거가 부여된 것'으로 번역한다(참조, 『대논리학, -본질론-』, 115쪽/ ヘーゲル, 武市健人 譯, 大論理學, 中卷, 岩波書店, 1994, 89쪽). 이 '피근거자'와 관련하여 헤겔은 다음과 같이 말하고 있다.
"이때 근거로서의 본질이 지니는 **규정성**은 이중적인 규정성으로, 곧 **근거**의 규정성과 **피근거자**의 규정성으로 나타난다."(Logik II, 66쪽).

48) '*Grund und Begründetes*'를 앞의 각주에서 이미 언급한 것처럼 '**근거와 피근거자**'로 번역하며, 물론 『대논리학』에서는 '근거'라는 제목 아래 서술되고 있을 뿐 '피근거자'를 따로 서술하고 있지는 않다. 이 첫 문단 이하에서 서술하고 있는 '전체와 부분들', '힘과 그의 발현', '내적인 것과 외적인 것'은 『대논리학』에서는 '본질적인 상호관계'에서 다루고 있으며, 그에 이어 '현실성'으로 이행해간다(참조, Logik II, 136쪽 이하).

2. 힘과 그의 발현

§43

그러나 부분들은 단지 전체를 통해 정립된 것으로서의 부분들일 뿐이다. 이 부분들의 관계는 근거의 통일을 통한 규정성이다. 그런가 하면 현존재의 질은 형식으로서의 근거의 활동성을 통해 정립되며, 그리고 현상의 질료는 현존재 자신의 고유한 내용이다. 따라서 그와 같은 내용이 스스로를 발현하는 힘인 것이다.

§44

힘이란 규정된 질로서의 그 자신의 현존재, 곧 그것에 대한 자기 정립작용(das Selbstsetzen)이다. 현존재가 여전히 대타존재(Sein-für-Anderes)이거나 외면성에 머물러 있다는 그러한 측면에서 힘은 동시에 현존재로부터 자유로운 것이며, 그리고 이와 같은 힘 그 자신의 현상이 소멸하게 된다고 해서 힘이 멈추게 되는 것도 아니다. 힘은 이러한 측면에 따른다면 물론 힘 그 자신의 내용이자 힘이 거기에 내재적으로 속해 있는 질료를 더 이상 그 제약으로 지니는 것이 아니지만, 그러나 힘은 여전히 힘을 유발하는 활동성을 지닌다.

§45

유발적인 활동성(die sollizitierende Tätigkeit)은 그 자체 힘이며, 유발되는 그곳으로 유발되어가지 않으면 안 된다. 그 두 활동성들[49]의 상호적인 관계는 그 관계가 지닌 규정들의 이와 같은 상호적인 교환작용[50]이기 때문에, 그 각각의 활동성은 활동성의 근거이거나, 또는 그 다른 활동성에 있어서 발현의 근거이다. 따라서 근거의 개념이 발생하는바, 곧 이와 같은 근거란 그 자신의 고유한 활동성의 근거를 의미하면서도 이

때의 활동성을 자극하는 또 다른 활동성의 근거이기도 하다.[51]

3. 내적인 것과 외적인 것

§46

본질은 자기 자신을 자극하는 활동성이란 점에서 본질 그 자신의 현존재에 대한 근거이다. 또한 본질은 그 자신의 현존재에 있어서 그 어떤 소원한 것도 아니려니와, 근거 그 자체를 통해 정립되지 않은 그 어떤 것도 아니다. 따라서 본질과 그의 현존재는 동일한 것이다. 전자는, 곧 본질은 내적인 것으로서의 자기 자신을 외적인 것으로서의 자기 자신에 관계시키며, 이때 외적인 것은 단지 내적인 것의 서술에 지나지 않을 뿐이다.

§47

근거는 이와 같은 상호관계라는 점에서 무제약자이고 내적인 것인가 하면, 고요히 머물러 있는 부동적인 자기 동등성으로서의 질료와 그리

....

49) 이때 '그 두 활동성들'이란 '유발하는 활동성'과 '유발되는 활동성'을 의미한다. 『대논리학』에서는 다음과 같이 말한다.

"따라서 힘이란 **그 자신의 개념에 있어서는** 먼저 자기 지양적인 동일성으로 규정되며, **그 자신의 실재성에 있어서는** 두 힘 중 하나의 힘은 유발하는 것으로, 다른 하나의 힘은 유발되는 것으로 규정된다."(Logik II, 148쪽).

"이를테면 하나의 힘은 우선 **유발하는** 힘으로 규정되며, 다른 하나의 힘은 **유발되어지는** 힘으로 규정된다."(Logik II, 148쪽).

50) 'dies wechselseitige Austauschen ihrer Bestimmungen'을 '그 관계가 지닌 규정들의 이와 같은 상호적인 교환작용'이라고 번역한다. 물론 '그 관계가 지닌 규정들'이란 말은 두 활동성이라고 하는 규정들의 상호적인 관계를 의미한다.

51) 이 원문은 다음과 같다.

"Es ist damit der Begriff des Grundes entstanden, welcher Grund seiner eigenen und der anderen diese erregenden Tätigkeit ist."

고 대립의 통일로서의 형식, 그 양자의 통일인 것이다. 근거는 그 자신의 현존재 속에서 질료 그 자신의 힘들이 고요히 머물러 있는 그러한 질료로서 드러나 서술되는가 하면, 또한 스스로를 자극하면서 상호적으로 활동하는 힘들의 대립과 유희(Spiel)[52]로서 드러나 서술된다. 따라서 본질은 곧 **현실성**이 된다.

III. 현실성[53]

§48

현실성은 자립적인 상호관계(das selbständige Verhältnis)이다. 현실성은 그 자신의 현상의 계기나, 또는 자기 자신과의 상호관계인 그 자신의 현존재의 계기를 지닌다. 또한 현실성은 그 현존재의 즉자존재나 본질로서의 그 자신의 가능성의 계기를 지닌다. 현실적인 것 그 자체는 그 자

....

52) 이때 '유희(Spiel)'란 말은 일반적인 의미에서 '유동적인 운동', 또는 '충돌'의 의미가 아닌가 한다. 그러나 분명한 것은 아니기 때문에 잠정적으로 '유희'로 번역한다. 다른 곳에서도 이 말을 특별한 의미로 자주 사용하는 것 같지는 않으며, §49에서는 '현존재적인 유희(daseiendes Spiel)'란 말을 사용하고 있다. 『소논리학』에서는 개념의 운동과 관련하여 '유희'란 말을 매우 특이하게 사용한다.
"─개념의 운동은 이를테면 어떠한 유희로서 간주되지 않으면 안 된다. 즉, 이 운동을 통해 정립된 타자는 실제로는 어떠한 타자도 아니다."(Enz.I, §161, 보론, 309쪽).
예컨대 기독교의 교의에서 신은 그 자신에 대립한 타자로서의 세계를 창조하는가 하면 신 그 자신이 영원히 함께하는 타자 아닌 타자인 그의 아들을 산출하기도 한다. 즉, 이때 타자 아닌 타자를 산출하는 운동을 '유희'라고 한다. 개념의 운동은 신과 마찬가지의 이와 같은 운동인 것이며, 그것을 '유희'라고 하고 있다(참조, Enz.I, §161, 보론, 309쪽).

53) 여기 '현실성'에 대한 서술은 이하에서 보는 바와 같이 '1. 실체', '2. 원인', '3. 상호작용'의 구도로 이루어져 있다. 「5.중급반을 위한 논리학」에서도 '제3편 현실성'이 그와 동일한 구도로 이루어져 있다는 것을 알 수 있으며, 다만 좀 더 자세히 서술되고 있을 뿐이다(참조, 「5. 중급반을 위한 논리학」 §61〔56〕~§76〔68〕). 이 부분이 『대논리학』에서는 '절대적인 상호관계'에서 '실체성의 상호관계', '인과성의 상호관계', 그리고 '상호작용'을 다루면서 서술해가고 있으며, 그리하여 '개념'으로 이행해간다(참조, Logik II, 184쪽 이하).

신의 가능성과 그 자신의 현존재와의 통일이다.[54)]

1. 실체

§49

현실적인 것은 **실체**이다. 현실적인 것은 본질이며, 이때 본질은 그 자신의 현존재의 규정들을 단순한 속성들(einfache Attribute)[55)]과 법칙들로서 자기 자신 속에 포함한다. 또한 본질은 이들 규정을 현존재적인 유희나 본질 그 자신의 우유적인 것들(Akzidenzen)로서 정립하게 된다. 그리고 이 우유적인 것들의 지양은 실체의 소멸이 아니라, 오히려 실체의 자기 자신으로의 복귀이다.[56)]

§50

실체는 그 자신이 지닌 우유적인 것들의 필연성이다.[57)] 이 우유적인

....

54) '현실성'이란 '자립적인 상호관계'에 있는 두 계기들, 즉 그 자신의 현존재의 계기와 그 자신의 가능성의 계기를 지닌다. 그리고 이 두 계기의 통일이 '현실적인 것'이다.

55) 여기서 '속성들(Attribute)'이란 말은 헤겔이 그의 『대논리학』에서도 실체와 관련하여 사용하기 때문에 그와 비슷한 의미를 갖는, 주로 사물이나 현존재와 관련하여 사용하고 있는 '특성(Eigenschaft)'이란 말과는 그때마다 구분하여 번역한다(참조, Logik II, 160쪽 이하).

56) "(……), deren Aufheben nicht ein Verschwinden der Substanz, sondern ihr Zurückkehren in sich selbst ist."
본질의 현존재가 지니고 있는 우유적인 것들이기도 한 그 규정들을 지양한다는 것은 실체의 소멸을 의미하는 것이 아니라, 실체 그 자신의 자기복귀를 의미한다. 이때 'deren Aufheben'은 다음 문단, 즉 §50과 관련하여 '우유적인 것들로 정립된 규정들'을 의미하며, 따라서 직접적으로는 '우유적인 것들의 지양'으로 이해할 수 있다.

57) 이 말은 "실체에 있어서 우유적인 것들의 연관은 실체 그 자신의 **필연성**이다"(「5. 중급반을 위한 논리학」 §67〔61〕)란 말로 바꾸어 표현할 수도 있다. 다시 말해 실체란 그 자신이 지니고 있는 우유적인 것들의 연관관계가 필연성이란 것을 의미한다.

것들은 그들 자신의 자유로운 현존재 속에서 어떤 타자에 대한 그들 자신의 본성과의 관계를 지니며, 그 관계란 그들 자신에 있어 내적이고 은폐되어 있는 관계인 것이다. 또한 이 우유적인 것들은 그들 자신의 자립성을 외면적인 우연과 어떤 소원한 위력(eine fremde Macht)을 통해서 상실하게 되는 것처럼 보이지만, 그러나 그것은 실제로는 오직 그들 자체에 있어 일어났던 분리를 다시금 자기 자신으로 환수하게 된 전체의 회복에 지나지 않을 뿐이다.[58)]

2. 원인

§51

실체는 그것이 필연성의 대립 속에서 서술되는 한에서 인과성의 상호관계로 접어들게 된다. 자유로이 작용하는 절대적 원인은 그 활동성이 자기 자신 속에서 발원하는 운동자(das Bewegende)로서의 실체일 뿐만 아니라, 또한 그러한 원인에 의하여 산출되면서 그 결과로서의 현존재를 갖추게 되는 전체적인 내용을 자기 자신 속에 지니는 운동자로서의 실체이기도 하다.[59)]

§52

이와 같은 활동성은 따라서, 활동성과 그 작용을 받게 되는 것(das

58) 이 문단에서 다시금 앞에 언급한 실체의 자기복귀를 부연하고 있는 것처럼 보인다. 즉, 우유적인 것들이 그들 자신의 자유로운 현존재 속에서 자립성을 상실하게 되는 것처럼 보이지만, 그러나 전체, 곧 실체가 다시 회복되는 필연성으로 전환되기에 이른다.

59) "(……), sondern das auch den ganzen Inhalt in sich hat, den sie hervorbringt und der als Wirkung Dasein erhält." 즉, 실체가 인과성의 필연성 속에서 서술되는 한에 있어서 그 절대적 원인은 결과에 이르기까지의 모든 내용을 포괄하는 운동자(das Bewegende), 곧 운동하는 그것이다.

Bewirkte) 사이의 대립에 따른다면, 그 상호대립된 것으로의 이행운동이다. 그러나 그 내용에 따른다고 하더라도 하나의 동일한 이행운동(ein identisches Übergehen)에 지나지 않다.[60]

3. 상호작용

§53

따라서 실체는 원인으로서 오직 자기 자신으로, 그리고 자기 자신의 내부로(nur auf und in sich selbst) 활동하는 것이며, 곧 자기 자신과의 상호작용 속에서만(nur in Wechselwirkung mit sich) 존립한다.[61] 또한 그러한 실체는 보편자이다.[62]

....

60) 이때 '하나의 동일한 이행운동'이란 앞 문단과 관련하여 이해해야 할 것이다. 즉, 실체 그 자체 속에서 발원하여 활동하게 되는 운동자가 지니는 활동성은 그로부터 '작용을 받게 되는 것'과의, 곧 결과와의 대립 속에서 결과에 이르게 되는 이행운동에 지나지 않지만, 그러나 그 전체적인 내용이란 측면에서도 그러한 이행운동은 원인에 의하여 산출된 내용이 그 결과로서의 현존재로 드러나게 되는 것과 동일한 이행운동에 지나지 않는다는 것을 의미한다.

61) 'nur auf und in sich selbst tätig'란 'nur in Wechselwirkung mit sich'란 말과 함께 이해해야 될 것이다. 원인으로서의 실체가 작용하게 되는 그 활동 영역으로서의 자기 자신을 의미하는 표현이며, 따라서 '자기 자신을 향하게 되는 활동'이며, 그리고 '자기 자신의 내부로 향하는 활동'으로서 상호작용을 의미하지 않을까 싶다. 『대논리학』에서는 다음과 같이 말한다.
"따라서 상호작용은 단지 인과성 그 자체일 뿐이다. 원인은 어떠한 결과를 **지니는** 것뿐만 아니라 결과 속에서 **원인**은 원인으로서 자기 자신과의 관계 속에 존립한다."(Logik II, 203쪽).
그렇다면 원인으로서의 실체는 그 결과 속에서 자기 자신으로부터 벗어나 현존재로 정립되기에 이른가 하면, 또 한편으로는 자기 자신의 내부로 향하게 되는 활동인 것이며, 그것이 상호작용이다.

62) 이때 '실체가 보편자이다'란 말은 실체가 상호작용으로부터 보편자로서의 개념으로 지양된다는 의미이다. 그리하여 주관 논리학으로서의 개념으로 이행하게 된다.

제2편 주관 논리학

Ⅰ. 개념

§54

개념은 규정들의 전체, 즉 그들 규정의 단순한 통일로 총괄되기에 이른 전체이다.[63)]

§55

개념은 보편성, 특수성, 그리고 개별성이라는 계기들을 지닌다.

§56

보편성이란 그 규정에 있어 개념 그 자신의 자기 자신 속에 존재하는 통일성이다.[64)] — 특수성은 보편성이 관통하고 있는 단순한 규정으로서의 부정자이거나, 혹은 특수성은 징표이다. — 개별성은 자기를 자기 자신에 관계시키는 순수한 부정성(reine sich auf sich beziehende Negativität)[65)]으로서의 부정자이다.

....

63) 개념이 '규정들의 전체'란 말은 앞 문단에서 실체가 곧 보편자란 말과 관련해서 하고 있는 말이며, '규정된 전체적인 보편자'라는 의미이다(참조, 「2. 중급반을 위한 논리학」 §〔57/89〕).

64) "Die Allgemeinheit ist seine in sich seiende Einheit in der Bestimmung." 즉, 개념의 계기로서 규정된 보편성이란 그와 같은 규정에 있어 개념 그 자신의 자기 자신 속에 존재하는 통일성을 의미한다.

65) '자기를 자기 자신에 관계시키는 순수한 부정성'을 '자기 관계적인 순수한 부정성'으로 옮겨도 될 것이다. 헤겔의 논리학에서 '부정성'이란 주로 '자기 관계적인 부정성', 또는 '자기 부정성'이며, 이 말은 '자기를 자기 자신에 관계시키는 부정성'이란 의미이다. 이 문단에서 보편성에 대한 부정으로서의 특수성, 그리고 부정의 부정으로서의 개별성이 '자기 부정성'이기도 하다.

§57

개별성은 자기관계적인 몰규정적 부정성(die sich auf sich beziehende bestimmungslose Negativität)이란 점에서 그 자체에 있어 무관여적인 현존재로서의 규정을 그 특성(Eigenschaft)[66]으로 지니게 된다. 그러나 이 때의 현존재는 자립적인 현존재가 아니고 지양된 현존재이다. 그리고 그러한 개별성이 주어(*Subjekt*)이다.[67]

II. 판단

§58

판단이란 주어와 주어 그 자신의 규정이나 특수성과의 분리인가 하면, 주어와 주어 그 자신의 술어인 규정이나 특수성과의 관계이다. 주어와 술어는 개별자들과 그리고 특수자들이나 보편자들로서 상호 관계되며, 또한 주어와 술어는 특수자들과 보편자들로서 상호 관계된다.[68]

....

66) 앞에서도 잠깐 언급했지만, 이때 '특성(Eigenschaft)'이란 말은 '속성(Attribut)'과는 구별하여 번역하는 것이 좋을 것이다. 『대논리학』에 따르면 '특성'은 '사물'과 관련하여, '속성'은 '실체'와 관련하여 다룬다. 여기에서도 앞의 §49에서 실체를 다루면서 '속성'을 언급하고 있다(참조, Logik II, 160쪽 이하./「5. 중급반을 위한 논리학」 §41).

67) 이 문단을 좀 더 쉽게 이해하자면, 개별성이 '자기관계적인 몰규정적 부정성'이란 것은 앞 문단에서 언급하고 있는 '순수한 자기관계적 부정성'이란 의미이다. 즉, 그러한 '개별성은 그 자체에 있어 특성으로서의 무관여적인 현존재라는 규정을 지니지만, 그러나 그 현존재는 자립적인 현존재가 아니라 지양된 현존재이며, 그리하여 개별성은 **주어**이다'라는 의미이다. 이 문단에서 '현존재(Dasein)'란 말은 개념에서 판단으로 나아가는 데 있어 그 계사 '이다(ist)'와 관련되며, 그와 같은 '현존재의 판단'에 있어 개별성은 '**주어**(*Subjekt*)'로서 나타난다.

68) 판단이란 말의 'Urteil'은 원래 '근원적인 분할(ursprüngliche Teilung)'이란 의미이다. 즉, 판단이란 주어와 술어와의 분리인가 하면, 주어와 술어와의 관계이기도 하다. 그리하여 우선 형식적으로는 판단에 있어서 주어는 개별자들, 술어는 특수자들이나 보편자들로서, 또는 주어는 특수자들, 술어는 보편자들로서 상호 관계된다.

§59

판단은 주어를 보편성으로 확장시키며, 동시에 주어 그 자신의 제한들[69]을 정립한다. 술어는 동시에 이를 통해 주어를 초월해가면서도, 주어 속에 포함되어 있는가 하면, 또한 술어는 동시에 특수적이고 보편적이다.[70]

a. 판단의 질, 또는 술어의 규정

§60

판단은 술어의 주어에 대한 관계이기 때문에, 1. 판단의 내용과 그 표현은 먼저 다음과 같다. 즉, 개별자는 보편적이다. 이것이 **긍정**판단이다. — 2. 그러나 개별자는 보편적이 아니다 — 즉, **부정**판단 — 이며, 그리고 개별자는 특수자이다. — 3. 개별자는 특수자가 아니다 — 즉, **무한**판단 — 이며, 그를 통해 모든 규정 및 보편적 영역과 함께 술어 일반이 지양되기에 이른다.[71]

....

69) 여기 '제한들'이란 말은 약간 어색하지만, 'Schranken'을 그렇게 번역한 것이며, 임석진의 번역을 따른 것이다. 임석진은 『대논리학, -존재론-』에서 'Schranke'를 '제한(制限)'으로, 그리고 그와 비슷한 말로 'Grenze'를 '한계(限界)'로, 'Begrenzung'을 '한정(限定)'으로 번역하고 있다(참조, 『대논리학, -존재론-』, 119쪽 이하).

70) 이 한 문단에서 '동시에(zugleich)'란 말이 반복적으로 나온다. 즉, 각 문장마다 '동시에'란 말이 반복적으로 나오는바, 그것은 판단에서 주어가 보편성으로 확장되고 그 주어의 제한들을 정립하는 것이 동시에 일어나는 것이며, 또한 그와 동시에 술어가 주어를 초월해가면서 주어 속에 포함된다고 하는 것도 동시적으로 일어난 사태라는 것을 의미한다.

71) 무한판단이란 '개별자는 특수자가 아니다', 곧 '개별자는 개별자이다'를 의미하는 부정의 부정을 통한 판단의 지양이며, 그리하여 반성의 판단으로서의 판단의 양으로 이행한다(참조, Logik II, 284쪽 이하).

b. 판단의 양, 또는 주어의 규정

§61

무한판단은 개별자로서의, 혹은 **이것**[72]으로서의 개별자를 포함하며, 그리하여, 1. "이것은 그러한 성질이 있다"는 판단이 발생한다. 즉, **단칭**판단이 발생한다. ― 2. 술어는 동시에 주어에 대해 어떤 보편적인 것을 언표하는 것이기 때문에, 이때 판단은 다음과 같이 말하지 않을 수 없다. 즉, "**몇몇의 것**은 그러한 성질이 있다." 이것이 **특칭**판단이며, 그와 같은 판단 속에는 다음과 같은 그 대립적인 판단이 직접적으로 포함되어 있기도 하다. 즉, "몇몇의 것은 그러한 성질이 있지 않다." ― 3. 이와 같은 무규정성은 다음과 같은 판단을 통하여 지양된다. 즉, "**모든 것**은 그러한 성질이 있다." 이것이 **전칭**판단이다.[73]

C. 판단의 관계, 또는 관계의 규정[74]

§62

질적 판단과 양적 판단을 통하여 술어와 마찬가지로 주어 또한 개념의 모든 규정들 속에 정립되었던 것이며, 이를 통해 개념은 **즉자적**으로 현존한다. 그리고 이제 판단은 개념에 대한 현존재자의 관계를 포함한다. 이때의 그 고유한 판단이 곧, 1. **정언적**(定言的, *kategorisch*)이다. 그러

72) 개별자를 지칭하는 '**이것**(*dieses*)'이 강조된 것은 곧이어 언급되고 있는 단칭판단과 관련하여 그러하다.

73) 전칭판단은 특칭판단에 있어서의 무규정성을, 즉 몇몇이 그렇다든가 그렇지 않다든가 하는 무규정성을 지양하게 되는 판단이다. 이때 특칭판단에 있어 무규정성이란 '몇몇 개의 것이 그러한 성질이 있다'고 한다면 그것은 동시에 '몇몇 개의 것은 그러한 성질이 없다'란 의미를 담지하기 때문에 규정성을 지니지 못한다는 것이다.

나 현존재에 대한 개념의 저와 같은 관계는 처음에는 단지 어떠한 내면적인 연관에 지나지 않기 때문에, 정언판단은 동시에 **실연적**(實然的, *assertorisch*)일 뿐이다.[75]

§63

2. "만약 a가 있다면, b가 있다"는 이 **가언**판단(das *hypothetisch* Urteil) 판단은 연관 그 자체를 언표하는 것이며, 따라서 현존재에 대한 확언이나 단언을 하지 않음으로써 그 판단이 **개연적**(*problematisch*)이라는 것을 언표한다.[76]

§64

3. "a는 b이거나, c이거나, d이다"라고 하는 **선언**판단(das *disjunktive* Urteil)은 술어 속에 보편성과 보편성의 특수화를 포함한다. 주어는 이 규정들에 보편자로서 관계되어 있는가 하면, 마찬가지로 또한 이들 규정은 상호 간에 배제적, 배척적이며, 그리고 주어에 이들 규정 중의 어느

74) 여기에서는 『대논리학』과는 달리 판단의 관계에 판단의 양상을 포함시켜 다루고 있다. 즉, 판단의 양상을 따로 구분하지 않고 판단의 관계를 다루고 있는 §62, §63, §64에서 정언판단에 실연판단을, 가언판단에 개연판단을, 선언판단에 필연판단을 포함시켜 다루고 있는 것이다. 『대논리학』에서는 판단을 판단의 질로서 현존재의 판단, 판단의 양으로서 반성의 판단, 판단의 관계로서 필연성의 판단, 판단의 양상으로서 개념의 판단으로 구분하며, 필연성의 판단에 정언판단, 가언판단, 선언판단이, 그리고 개념의 판단에 실연판단, 개연판단, 필연판단이 속하는 것으로 구분한다(참조, Logik II, 264쪽 이하).

75) 질적 판단은 술어의 규정이며, 양적 판단은 주어의 규정이다. 이제 판단의 관계에 있어서는 그 계사가 문제로 되는 것이며, 즉 주어 및 술어의 개념과 계사로서의 현존재와의 관계가 다루어진다.

76) 이 가언판단에서는 a와 b의 연관 그 자체가 언표될 뿐이며, 연관으로서의 현존재성은 실연적이 아니고 개연적이다. 『대논리학』에서는 다음과 같이 말한다.
"**만약 A가 있다면, B도 있다. 또는 A의 존재는 A 그 자신의 존재가 아니고 어떤 타자의, 곧 B의 존재이다.** — 이 판단에서 정립된 것은 정언판단에서는 아직 정립되어 있지 않은 직접적인 규정들의 **필연적인 연관**이다"(Logik II, 295쪽).

한 규정만이 부가될 수 있을 뿐이다. 이 판단은 **필연적**(*apodiktisch*)이다.[77]

III. 추리

§65

추리란 개념 그 자신의 계기들에 있어서 개념의 서술이다. 개별성, 특수성, 그리고 보편성은 추리에 있어 계기들이란 점에서 구별되며[78], 마찬가지로 또한 양극들, 즉 양 항들(die Extreme)이란 점에서 그 양극의 통일이라고 할 매개념(die Mitte)에 의하여 통합된다.[79]

77) 선언판단에서 그 선언지는 상호 간에 비교착적이고 배제적, 배척적이지만, 또한 그 어느 한 선언지만이 주어에 귀속될 수 있다고 하더라도 그렇게 확정되어 있는 것은 아니기 때문에 '반박할 수 없는 것이' 아니다. 다른 한편으로는 그 선언지의 어느 하나만이 보편자로서의 주어에 귀속되는 것이기 때문에 그와 같은 의미에서 '필연적'이라고 할 수 있으며, 선언지 전체는 반드시 주어와 동일한 외연을 지니지 않으면 안 되기 때문에 '필연적'이기도 하다(참조, Logik II, 297쪽 이하).

78) 이하에서 Einzelheit를 '개별성' 이나 '개별' 로, Besonderheit를 '특수성' 이나 '특수' 로, Allgemeinheit를 '보편성' 이나 '보편' 으로 번역하며, 곧 이어 언급되고 있는 das Einzelne, Einzelnes는 '개별자' 나 '개별' 로, das Besondere, Besonderes는 '특수자' 나 '특수' 로, das Allgemeine, Allgemeines는 '보편자' 나 '보편' 으로 그 때마다 적절하게 번역하기로 한다.

79) 형식논리학의 추리, 곧 삼단논법을 상기해본다면, 그것을 구성하는 개념들, 이를테면 대개념(P)과 소개념(S), 그리고 매개념(M)을 지칭하고 있으며, 이때 '양극들(die Extreme)', 또는 '양 항들'은 대개념과 소개념을 의미한다. 물론 헤겔은 형식논리학의 추리 형식을 그대로 답습하고 있는 것은 아니며, 오히려 전혀 다른 추리 형식을 개진하고 있다(참조, Logik II, 311쪽 이하).

또한 'Mitte'란 'medius terminus', 즉 형식 논리학에서는 '중개념' 또는 보다 일반적으로는 '매개념(媒槪念)'이라고 부른다. 물론 일반적으로는 '중간자' 또는 '매개자'라고 번역할 수도 있지만, 여기서는 '매개념'으로 번역한다. 헤겔도 그렇게 부르고 있는 것 같다.

"**매개념**(**Mitte**, *medius terminus*)이란 표현은 공간적인 표상으로부터 취해진 것이며, 그것은 규정들 **상호 간의 외부**(**Außereinander**)에 머무름으로써 그 역할을 수행하게 되는 것이다."(Logik II, 310쪽).

§66

추리는, 1. 먼저 매개념으로서의 **특수성**을 통한 개별성과 보편성의 결합이다. 이 추리의 의미는 다음과 같다. 즉, a)개별자는 그 자신의 규정성을 통한 보편자이거나, 혹은 현존재 일반을 지닌다. b)개별자는 그 자신의 직접적인 규정성을 통해 그러한 규정성을 자기 자신 속에 포괄하는 어떤 또 다른 규정성을 지닌다.[80)]

§67

이 추리의 형식, 곧 E－B－A[81)]는 어떤 규정된 내용이 보편적인 규정으로 포섭되는 일반적인 **포섭의 규칙**(*Regel der Subsumtion*)이다. 만일 이 때의 보편적 규정이 동일적인 명제들에 있어서처럼 그 내용의 측면에서 직접적으로 술어화되는 그 규정보다 더욱더 보편적이지는 않다고 하더라도, 그러나 이 보편적 규정은 주어로서의 다른 보편성의 형식과는 대립적인 술어로서의 보편성의 형식을 지니게 된다.[82)]

....

80) 이 문단은 현존재의 추리에 대해 언급하고 있을 것이다. 이하의 문단들에서 헤겔은 추리의 형식에 대해 언급하고 있지만, 그러나 그의 『대논리학』에서의 추리의 구분과는 약간 다르며, 그에 따르면 추리는 현존재의 추리, 반성의 추리, 필연성의 추리로 구분된다. 그리고 현존재의 추리에는 네 개의 형식이 있는바, 그 제1격(erste Figur)은 E－B－A, 제2격(zweite Figur)은 B－E－A, 제3격(dritte Figur)은 E－A－B, 제4격(vierte Figur)은 A－A－A의 형식이 그것이다. 반성의 추리에는 전일성의 추리(E－B－A), 귀납추리(A－E－B), 유비추리(E－A－B)가 있으며, 필연성의 추리에는 정언추리, 가언추리, 선언추리가 있다(참조, Logik II, 308쪽 이하).

81) (원주)E(Einzelnes)－B(Besonderes)－A(Allgemeines). 즉, 'E'는 '개별자'를, 'B'는 '특수자'를, 'A'는 '보편자'를 뜻한다.

82) E(개별)－B(특수)－A(보편)라는 추리 형식에서 개별은 특수에, 특수는 보편에 포섭되며, 따라서 개별은 보편에 포섭된다. 또한 특수는 보편일 수도 있고, 개별일 수도 있다. 왜냐하면 특수는 개별에 대해 보편이며, 보편에 대해 개별일 수 있기 때문이다(참조, Logik II, 313쪽). 따라서 개별－특수－보편의 추리 형식을 동일적인 명제들의 진행에서 볼 때 술어는 언제나 더욱더 보편적인 개념으로 확대되지 않는다고 하더라도 보편성의 형식을 지니는 것이다. 개별과 특수의 관계가 그러하며, 특수와 보편의 관계가 그러하다.

§68

양적인 규정들에 있어 추리의 계기들은 형식의 상호관계를 지니는 것이 아니고, 동등성의 상호관계를 지닌다. 그 때문에 **수학적** 추리(der *mathematische* Schluß)는 다음과 같다. 즉, 어떤 제3자와 동등한 것은 서로에 대해 동등하다.[83)]

§69

추리 속에 포함되어 있는 계기들이 어떤 위치를 갖는가 하는 데 있어 추리들은 위에서 언급한 모든 추리의 일반적인 규칙인 바의 형식으로 환원될 수 있다.[84)]

§70

추리에 있어 그의 규정된 계기들에 따라 고찰했을 때, 매개념은 특수성이며, 그 다수성이 구체적인 것으로서의 개별자를 자기 자신 속에 포함하는 어떤 규정성이다. 따라서 또한 개별자는 상호적으로 제한하면서도 지양될 수 있는 또 다른 보편적 규정들과도 결합할 수 있는 것이다. — 마찬가지로 특수자는 그 자체에 있어 다른 보편적 규정들과 관계될 수도 있다. 그와 반대로 보편자는 다른 규정성들과 또한 다른 개별성들을 자기 자신 속에 포괄한다. 따라서 이때 결합된 개별자와 보편자는 상호간에 우연적인 내용에 지나지 않는다.[85)]

83) 『대논리학』에서 '수학적 추리'는 현존재의 추리의 하나로서 그 제4격, 즉 A－A－A의 추리 형식이다. 이 수학적 추리에 대해 **"두 사물이나 두 규정들이 어떤 제3자와 동등하다면, 그때 양자는 서로 동등하다."**(Logik II, 326쪽)고 말한다.

84) 추리에 대해 '위에서 언급한 형식'이란 §67에서 언급한 형식, 곧 E－B－A의 형식을 의미한다. 그러니까 모든 추리는 그 일반적인 포섭의 규칙인 E－B－A의 형식으로 환원될 수 있다. 그것은 마치 형식논리학에서 추리의 제1격이 그러한 것과 마찬가지이다.

§71

계기들의 관계를 고려했을 때, 추리에는 두 개의 직접적인 관계들, 혹은 그와 같은 판단들이 존재한다.[86] 이를테면 개별자의 특수자에 대한 관계와 특수자의 보편자에 대한 관계가 그것이며, 그리고 매개된 관계, 곧 결론이 존재한다. 오직 매개된 관계만이 그 결합된 것들의 통일을 포함하게 되고, 그에 따라 형식의 측면에서는 그들 관계의 필연성을 포함하는 것이기 때문에 그 두 직접적인 관계들은 매개들로서 서술되지 않으면 안 된다. 그러나 만일 이런 일이 추리의 그 동일한 방식을 통해 일어나는 것이라고 한다면, 악무한자(das schlecht Unendliche)로 나아가는 진행이 발생하고 말 것이다.[87] 왜냐하면 저마다의 그러한 삽입된 추리들은 그와 동일한 결합을 지니게 될 것이기 때문이다.[88]

85) 앞에서 이미 언급한 것처럼, E－B－A에서 매개념으로서의 특수성은 개별자와 보편자를 통합하게 되는 것이지만, 그와 같이 통합된 개별자와 보편자는 우선은 우연적인 내용을 지니는 것일 수밖에 없다. 물론 이때 특수성로서의 매개념 속에 포함된 개별자들은 다른 보편적 규정들과도 결합될 수 있으며, 그와는 달리 보편자가 다른 매개념으로서의 특수성과 다른 개별성을 포괄할 수도 있다.

86) '두 개의 직접적인 관계들, 혹은 판단들'이란 대개념과 매개념의 관계, 소개념과 매개념의 관계를 의미하며, 그와 같은 관계를 통한 판단들, 즉 대전제와 소전제를 지칭한다.

87) '그 두 직접적인 관계들이 매개들로서 서술되지 않으면 안 된다'는 말은 두 전제가 매개들로서 서술되어야 하며, 그것은 대전제가 다시 또 두 개의 전제들로부터 매개되는 것이고, 소전제 역시 두 개의 전제들로부터 매개된다. 그리하여 두 개의 전제들은 네 개의 전제들을 필요로 하며, 네 개의 전제들은 여덟 개의 전제들을, 그와 같이 무한한 소급이 뒤따르고 말 것이다. 즉, 매개들을 따라 전제들이 무한하게 소급되어야 하는 '기하학적인 무한의 진행'이 일어나게 된다는 것을 말하고 있다(참조, Logik II, 318쪽).

88) '추리의 그 동일한 방식을 통해(durch dieselbe Art des Schlusses)'란 말은 앞에서 언급한 것처럼 매개들을 통해 서술되어야 하는 전제들의 무한한 소급을 의미하며, 그와 같은 전제들의 무한한 소급에 있어서는 결국 '악무한자로 나아가는 진행이 발생하고 만다.' 그리하여 '저마다의 그러한 삽입된 추리들은 그와 동일한 결합을 지니게' 된다는 말은 그때마다 전제의 전제로, 다시 또 전제의 전제로 무한하게 소급되어가면서 삽입되는 추리가 또다시 그와 같은 추리의 전제들을 요구하게 되는 동일한 결합들을 지니지 않을 수 없다는 것을 말하고 있다.

§72

따라서 개별자의 특수자에 대한 직접적인 관계들, 그리고 특수자의 보편자에 대한 직접적인 관계들은 우선 추리 일반의 보편적인 형식에 따라 매개되지 않으면 안 된다. 그러나 그것들은 매개념의 어떤 다른 규정성을 통해 매개되어야 한다. 2. 그리하여 두 번째의 보편적 추리는 특수자가 **개별성**을 통해 보편자와 결합되는 것이다.[89] — 그러나 현존재자로서의 개별자는 그것이 매개념이어야만 하는 한에 있어서 **전일성**(*Allheit*)이지 않으면 안 된다. 즉, **귀납**을 통한 추리가 그것이다.[90] 귀납은 현존재적인 개별자가 자유로운 우연성에 속하기 때문에 완전할 수 없으며, 따라서 이와 같은 추리는 그러한 한에서 또한 아무런 내적인 필연성도 갖추고 있지 못한 채 불완전한 상태로 머무를 수밖에 없다.

§73

그러나 매개념으로서의 개별성은, 그 개별성이 개념의 **보편적인** 계기인 한에 있어서 특수자와 보편자를 참다운 방식으로 결합한다. 이 개별성은 부정적 통일인바, 생성과 활동성으로서의 그러한 부정적 통일 속에서 현존재의 구별된 다양성 및 그 제약으로서의 특수성이 하나로 통합되기에 이르며, 그리하여 단순한 보편적인 통일로 고양되는가 하면,

89) 여기 '2.두 번째의 보편적 추리'란 §66에서, 그리고 §67에서 언급한 제1격 E(개별)－B(특수)－A(보편)에 이어 제2격인 B(특수)－E(개별)－A(보편)의 추리 형식을 말한다.

90) 이때 '전일성'이란 말과 '귀납의 추리'란 말을 함께 언급하고 있는 것은 '반성의 추리'로서의 전일성의 추리와 귀납의 추리를 그 연관에서 다루고 있다는 것을 의미한다. 즉, 매개념으로서의 개별자가 곧 전일성을 의미하며, 그리하여 무수히 많은 개별자로서의 매개념이 특수와 보편을 결합하게 되는 귀납의 추리 형식인 것이다(참조, Logik II, 337쪽).

91) 이 문단에서 서술하고 있는 것은 B－E－A의 추리 형식에서 특수에서 개별을 매개로 보편으로 나아가며, 그 반대로 보편으로부터 개별을 매개로 특수로 나아가는 과정이다.

또한 그 반대로 보편자가 개별화되면서 현존재의 다양성으로 나아가게 된다.[91)]

§74

3. 마지막으로 개별성의 특수성에 대한 관계는 매개되지 않으면 안 되며, 그를 위해 보편자가 존재하는 것이다. 곧 **유비**추리(Schluß der *Analogie*)가 그것이다.[92)] 이와 같은 추리에 있어 매개념은 특수성의 항에 대립하여 개별성의 규정을 지니며, 그리고 **개별자와 보편자**로 분화되기에 이른다. 왜냐하면 그것은 단지 개별자에게만 타당한 것이 보편적으로 받아들여지기 때문이다. 따라서 이 추리는 원래 네 개의 규정들(**네 개의 명사들**, *quaternio terminorum*)을 포함하게 되며, 그리하여 결함을 지닌 추리인 것이다.[93)]

....

92) 여기 '3.마지막으로'란 말은 §66에서의 '1'과 §72에서의 '2'에 이어지는 것으로, 제3격의 추리 형식으로서 E(개별)－A(보편)－B(특수)를 언급하면서, 그것을 유비추리라고 말한다. 물론 헤겔의 『대논리학』에 따르면 §72에서 언급하고 있는 귀납추리나 여기에서의 유비추리 등은 현존재의 추리가 아닌 반성의 추리에 해당한다(참조, Logik II, 333쪽 이하).

93) 이와 관련하여 헤겔은 『대논리학』에서 다음과 같이 말하고 있다.
"유비추리의 형식을, **만일 두 개의 대상들이 하나의 속성이나 또는 몇 개의 속성들에 있어서 일치한다면 그 하나의 대상에 그 다른 대상이 지닌 보다 넓은 속성도 속하게 된다고** 하는 그 대전제의 언표 속에서 고찰했을 때, 이 추리는 **네 개의 규정들**, 즉 **네 개의 명사들**(*quaternionem terminorum*)을 포함하는 것으로 나타날 수 있으며, — 곧 유비를 형식적인 추리 형식으로 가져오게 될 때의 어려움이 드러나게 되는 상황이 벌어질 수도 있다." (Logik II, 341쪽).
"이러한 측면에 따라 **네 개의 명사들**(die *quaternio terminorum*)이 유비를 불완전한 추리로 만드는 것은 아니다. 그러나 다른 측면에서는 유비를 통해서 불완전한 추리가 되고 만다." (Logik II, 341쪽).
그 이유는 유비추리의 한 예로 들고 있는 "**지구**는 주민을 갖는다. 달은 **하나의 지구**이다. 따라서 달은 주민을 갖는다" (Logik II, 339쪽)에서 지구와 달이라고 하는 두 주어 사이에 필연적인 동일한 속성을 갖는다고 하는 것이 분명하지 않기 때문에 불완전한 추리이기도 하다. 즉, '지구가 천체 일반으로서 주민을 갖는지 아니면 이와 같은 특수한 천체로서 주민을 갖는 것인지가 분명하지 않다'는 것이다.

§75

그러나 참된 매개념으로서의 **보편성**은 내적 본성이자 전체적인 개념이다. 그 전체적인 개념 속에는 부정적 통일이, 곧 주관성 및 객관성이, 현존재의 내용과 그 특수성이 삼투되어 있으며, 그리고 이 매개념이야말로 자기 내적 존재(自己 內的 存在, Insichsein)와 현존재의 절대적 근거이자 그 연관이다.[94]

§76

제1의 추리, 곧 특수성을 통한 개별성과 보편성의 매개의 추리인 E–B–A는 두 개의 이어지는 관계들을 **전제로**(*voraus*) 하며, 이들 관계를 통해 추리 그 자신의 두 직접적인 관계들이 매개된다. 그러나 그와 반대로 이와 같은 두 관계들은 상호적으로 전제가 되면서 또한 제1의 추리를 전제한다.[95] 직접적인 것은 매개를 필요로 하고, 오직 매개에 의해서만 출현하게 되며, 또한 그 반대로 매개는 직접적인 것에 의해서 출현하는 것이기도 하다. 앞서의 저와 같은 여러 추리들은 상호적인 전제의 원환(圓環, Kreis)을 형성하게 되며, 이때 전체적인 것으로서의 원환운동은 자기 자신과 결합되면서, 중심점(Mittelpunkt) 속에서, 곧 직접적이기도 한 단순한 매개 속에서 통합되기에 이른다.[96]

94) 유비추리의 형식, 곧 E–A–B에 있어서 보편성으로서의 매개념의 의미를 규정하고 있다. 물론 현존재 추리의 제3격의 형식과 동일한 형식이기도 한 유비추리의 진정한 의미는 보편성으로서의 매개념에 있으며, 『대논리학』에서는 이로부터 필연성의 추리로 이행한다(참조, Logik II, 343쪽).

95) 형식논리학의 삼단논법에서 대전제와 소전제를 상기하면 좋을 것이다. '두 직접적인 관계들'이란 대전제와 소전제를 말하며, 이 두 전제가 특수성으로서의 매개념을 통해 서로 이어져 연결되는 관계를 이루게 되며, 그를 통해 두 전제는 매개된다. 또한 이들 두 전제는 상호적으로 전제가 되는 것이며, 추리의 제1의 형식을 전제로 하여 성립하게 된다.

§77

서로에 대해 상호적으로 전제가 되면서도 그런 가운데 단순한 직접성이기도 한 매개의 이와 같은 전체는 앞서의 저 원인과 그 활동성을 매개 자신의 전제로 삼게 되는 현존재를 산출한다. 그러나 또한 그 반대로 산출된 것이 활동성과 산출 작용 자체의 근거가 되기도 한다. 따라서 이때의 **매개**(*Vermittlung*)는 이행하는 것(das Übergehende)이 그 자신의 대립물 속에서 해소되고 마는 존재 일반의 생성운동과 같은 **이행운동**이 아니다. 또한 이와 같은 이행운동은 단지 직접적일 뿐인 근거의 **현상운동**과 같은 **산출운동**도 아니며, 그 활동성이 제약되어 있는 힘의 **발현**(die *Äußerung* der Kraft)도 아니다. 마찬가지로 그 활동성이 결과 속에서 소멸해버리는 원인의 작용과 같은 그러한 어떤 **작용의 운동**(ein *Wirken*)도 아니다.[97]

§78

A. **목적**은, 보다 자세히 고찰했을 때 실재적이고도 자기 자신을 실현하는 개념이며, 부분들에 있어서도 그러하지만 전체라는 점에 있어서도 전체적인 추리(der ganze Schluß)이다.[98] 목적은 먼저 주관적인 것으로서 전체적인 추리이다. 목적은 이를테면, 1. 자기 자신 속에 존재하는 직

....

96) 앞서의 추리 형식들, 즉 E－B－A, B－E－A, E－A－B 등은 그 전제들이 상호적으로 원환을 형성하게 되고, 자기 자신과 결합되면서, 또한 그 중심점이라고 할 매개념으로 통합된다. 다시 말해 전제들이 상호적인 관계 속에서 원환을 이루면서, 그와 같은 원환운동은 곧 자기 자신과의 결합인가 하면, 또한 직접태이기도 한 매개념으로 통합되어간다. 이와 같은 과정을 통해 '주관성'은 '객관성'으로 이행한다.

97) 앞에서 원인과 결과를 다룬 §51~§52를 참조하면 좋을 것이다. 이제 추리에 있어서 매개념이 의미하는 직접성이자 매개인 보편성이 어떻게 그 현존재로 나아가는가를 서술하고자 한다. 그것은 존재 일반의 생성운동도 아니고, 현상운동이나 힘의 발현도 아니며, 그것은 기계론과 화학론을 거쳐 목적론에 이르게 되는 운동이며, 그리하여 목적론으로부터 이념으로의 지양운동이다.

접적인 보편자이다. 이와 같은 보편자가, 2. 자기 자신을 규정하거나 특수화하며, 3. 자기 외부로 나아감(Außersichgehen)을 향해, 곧 현존재로 추동되는 것이다.[99)]

§79

B. 목적의 **실현** 또한 마찬가지로 전체적 추리이다. 이때의 매개는, 1. 작용하는 원인으로서 활동적인 목적이다. 그러나 이 매개는, 2. 한편으로는 주관적인 것에 속하면서 활동성에 의하여 목적과 결합하게 되는

---

98) 여기서도 그러하지만, 『대논리학』에서도 목적론은 그 다음 이념론으로 이행해가는 길목에 위치한다. 이와 같은 목적론의 주제의 하나는 필연과 자유의 문제이며, 그리하여 칸트가 다루었던 이율배반론에서 제3의 이율배반을 헤겔은 그의 목적론에서 다시 다루고 있다(참조, Logik II, 387쪽 이하). 따라서 목적이 '전체적인 추리'란 말은 추리가 최종적으로 귀착하게 되는 매개념으로서의 보편자가 어떻게 객관성으로서의 그 현존재를 실현하게 되는가의 과정의 서술이란 점에서 그렇게 말하고 있는 것이 아닌가 한다. 헤겔은 『대논리학』에서 다음과 같이 말한다.
"그리하여 목적관계(Zweckbeziehung)는 **판단** 이상의 것이다. 목적관계는 객관성을 통해 자기 자신과 결합하는 자립적이고도 자유로운 개념의 **추리**이다." (Logik II, 390쪽).
"따라서 이와 같은 전체적인 매개념은 그 자체 추리의 총체성이며, 그 속에서 추상적 활동성과 외적 수단이 양극을 형성하게 되고, 그 매개념은 객관이 곧 수단이 되는 객관의 규정성을 목적을 통해 형성하게 된다." (Logik II, 396쪽).
또한 『소논리학』에서도 다음과 같은 말을 하고 있다.
"목적론적 관계는 추리이며, 그 추리 속에서 주관적인 목적은 그에 대해 외면적인 객관성과 매개념을 통해 결합하게 된다. 이때 매개념은 그 양자의 통일이며, **합목적적 활동성**이란 점에서, 그리고 목적에 있어서 **직접적으로** 정립되는 객관성이란 점에서 **수단**이기도 하다." (Enz.I, §206, 363쪽).

99) 헤겔은 『대논리학』의 목적론에서 '주관적인 목적', '수단', '성취된 목적'을 다룬다. 따라서 이하 §79, §80 등에서도 그와 같은 문제들이 서술되고 있으며, 이 문단에서도 주관적인 목적으로서의 보편자, 수단으로서의 특수화, 성취된 목적으로서의 그 현존재를 언급하고 있는 것이겠다. 이에 대해 『소논리학』에서는 좀 더 분명하게 서술하고 있다.
"목적의 이념으로의 전개는 세 단계를 통해 이루어진다. **첫째**, 주관적인 목적의 단계, **둘째**로 수행적인 목적의 단계, **셋째**로 수행된 목적의 단계가 그것이다." (Enz.I, §206, 보론, 363쪽).

수단을 통하여, 또 다른 한편으로는 현존재나 객관성에 속하면서 활동성에 의하여 이 객관성과 결합하게 되는 수단을 통하여 활동적인 목적이 된다. 3. 활동성은 직접적인 현존재에 대해 작용하며, 그리고 이 활동성은 현존재의 지양을 통해 매개되고 산출된 객관성을 자기 자신에게 부여하기에 이른다.[100)]

§80

C. 이와 같은 객관성, 곧 **성취된** 목적(der *erfüllte* Zweck)은 보편자를 통하여 매개를 서술한다. 그 성취된 목적은 한편으로는 산출 작용의 생산물이면서도, 다른 한편으로는 산출 작용의 근거이기도 한 어떤 외면적인 것이다. 그리하여 성취된 목적에 있어서 작용하는 것(das Wirkende)은 자기 자신으로부터 벗어나서 그 자신의 대립물로 이행하게 되며, 그와 마찬가지로 작용하는 것은 매개적인 활동성에서 벗어나 자기 자신으로 복귀하게 되고, 오직 그 자신의 타자존재 속에서 자기 자신만을 찾아가기에 이른다.[101)]

....

100) 이때 '목적의 **실현**(die *Realisierung* des Zweckes)'이란 말은 주관적인 목적이 어떻게 객관화되는가를 의미하며, 그와 같은 과정을 서술하고 있다. 목적의 실현은 물론 수단을 통해 이루어진다. 수단(das Mittel)이란 말은 매개이며, 추리에 있어서 매개념(die Mitte)을 뜻한다. 즉, "수단은 추리의 매개념이다." (Logik II, 394쪽) 또는 "수단은 따라서 **형식적** 추리의 **형식적인** 매개념이다." (Logik II, 394쪽).

101) 헤겔은 목적론에서 '성취된 목적'에 대해 꽤 길게 서술하고 있다. 이 문단에서부터 이하 §83까지는 그와 같은 성취된 목적에 대해서 매우 압축적으로 서술한다. 이 문단에서는 목적을 단순히 수단과의 관계에서가 아니고 목적을 실현하고 성취한 그것, 곧 '작용하는 것'의 자기복귀에 대해 언급하고 있다. 그러나 헤겔은 『대논리학』에서 '성취된 목적'에 대해 서술하면서 다음과 같은 말로 시작한다.
"목적은 그 자신의 수단에 대한 관계 속에서 이미 자기 자신으로 반성되었다. 그러나 목적 그 자신의 **객관적인** 자기복귀가 아직 정립된 것은 아니다." (Logik II, 396쪽).
"또는 목적의 외면적인 활동성은 그 수단을 통하여 자기 자신을 **매개**로서 규정하지 않으면 안 되며, 자기 자신을 지양하지 않으면 안 된다." (Logik II, 397쪽).

§81

활동적인 원인으로서의 목적이 실존 속에서 수단과 생산물을 분리하게 되는 한에 있어서, 따라서 수단이 그 자체에 있어 목적을 지니지 않고, 생산물이 그 자체에 있어 활동성을 지니지 않는 한에 있어서, 합목적성이란 한낱 **외면적인** 합목적성에 지나지 않다. 또한 목적 그 자체가 어떤 종속적인 내용으로 이루어져 있고, 목적을 위한 수단인 바의 그것이 단지 어떠한 측면에서만 목적에 대한 이와 같은 관계를 지니는 한에 있어서는 합목적성은 오로지 **상대적인** 것에 지나지 않다.

§82

실존하는 것의 목적(der Zweck des Existierenden)은 그 실존하는 것이 즉자적으로, 그리고 진실로 무엇인가 하는 그것이거나, 또는 실존하는 것의 개념이 무엇인가 하는 그것이다. 따라서 상대적 합목적성은 단지 실존하는 것의 어떠한 규정성만을 고려함으로써 실존하는 것의 개념을 충분히 논구하지는 못한다.[102)]

§83

내적인 합목적성(die *innere Zweckmäßigkeit*)이란 어떤 것이 즉자적으

102) 외적인, 또는 외면적인 합목적성도 그러하지만, 상대적인 합목적성 또한 실존하는 것의 개념을 충분히 밝힐 수 없으며, 논구할 수 없다. 이와 관련하여 『대논리학』 '목적론'의 '성취된 목적'에서 다음과 같이 말한다.
"목적의 운동이 이제 도달한 것은 외면성의 계기가 개념 속에서 정립되기에 이르고, 그 개념이 **당위**이고 **지향적 노력**일 뿐만 아니라 오히려 구체적인 총체성으로서 직접적인 객관성과 동일하다고 하는 것이다." (Logik II, 405쪽).
또한 『소논리학』에서는 다음과 같이 말한다.
"따라서 이와 같은 과정 일반을 통해 목적의 **개념**이었던 그것이 **정립되기에** 이르며, 이제 주관적인 것과 객관적인 것과의 **즉자적으로 존재하는** 통일이 **대자적으로 존재하는 것으로서**, — 곧 **이념으로서** 정립되기에 이른다." (Enz. I, §212, 367쪽).

로 그 자체 상호 간에 목적이자 수단이라고 하는 합목적성이며, 어떤 것 그 자신의 고유한 생산물과 이 생산물이 생산운동을 하는 것(das Produzierende) 그 자체인 것이라고 하는 합목적성이다. 그러한 어떤 것이 곧 **자기목적**(*Selbstzweck*)이다.[103]

제3편 이념론

§84

이념은 적합한 개념(der adäquate Begriff)[104]이며, 그와 같은 개념 속에서 객관성과 주관성은 동등한 것이거나, 또는 현존재가 개념 그 자체에 일치하는 것이다. 이념은 참다운 자기 생명(das wahrhafte Selbstleben)을 자기 자신 속에 간직한다. 이념은 한편으로는 생명이며, 또 한편으로는 인식이고, 또 다른 한편으로는 학문이다.[105]

....

103) 이때 '**자기목적**'이란 말은 『대논리학』이나 『소논리학』의 목적론을 다루면서는 나오지 않는 표현이다. 그것은 『대논리학』의 이념론, 그리고 그 '제1장. 생명의 이념'에서 다루고 있는 개념이다. 여기서는 목적과 수단이 통일된 것, 즉 생산물로서의 목적과 생산하는 것으로서의 수단이 통일된 것이 내적인 합목적성이자 '자기목적'이라는 것이다. 따라서 '그러한 어떤 것(ein solches)'이란 말은 목적과 수단의 통일을 의미한다. 이와 관련하여 『대논리학』에서 다음과 같이 말한다.
"성취된 목적 속에서 수단은 소멸한다. 왜냐하면 수단은 비로소 한낱 목적 아래 직접적으로 포섭된 객관성에 지나지 않으며, 이 객관성이 실현된 목적 속에서 목적의 자기복귀로서 존재하기 때문이다."(Logik II, 403쪽).
"그리하여 이념은 **첫째로**, **생명**이다. 즉, 이념이란 개념이 그 자신의 객관성과는 구별되며, 단순히 자기 자신 속에 머무른 채 그 자신의 객관성을 침투해 들어가게 되며, 그리고 그러한 객관성에 있어서 자기목적으로서 그 자신의 수단을 지니게 되고, 곧 그러한 객관성을 그 자신의 수단으로 정립하는 것이지만, 그러나 이와 같은 수단 속에 내재하면서, 그 속에서 실현된 자기동일적인 목적으로서의 그러한 개념인 것이다."(Logik II, 412쪽).

104) 『대논리학』에서도 같은 의미의 말을 하고 있다.
"이념은 **적합한 개념**이며, 객관적 **진리**이거나 **진리 그 자체**이다."(Logik II, 407쪽).

Ⅰ. 생명의 이념[106]

§85

생명은 현존재의 근본원리에 있어서의(im Elemente des Daseins) 이념이다. 개념과 객관성이 통일을 이루고 있는 생명체는 곧 그러한 전체인 것이다. 그 전체 속에서 부분들이란 그 자체로서는 아무것도 아니며, 오직 전체를 통해서만, 그리고 전체 속에서만 존재하게 되는, 즉 질료와 형식이 비분리적인 통일을 이루고 있는 **유기적인 부분들**(*organische Teile*)이다.[107]

§86

생명은 그 자체에 있어 보편적인 계기들을 지니며, 이 보편적 계기들은 다음과 같은 보편적인 유기적 체계들을 구성한다. 즉, 1. 생명의 외면

105) 이념을 '생명의 이념', '인식의 이념', '학문, 또는 절대이념'으로 구분한 것은 『대논리학』에서 구분한 것과도 같다. 다만 『대논리학』에서는 '학문'이란 말을 직접적으로 사용하고 있지는 않으며, '학문, 또는 절대이념' 대신 '절대이념'으로 되어 있을 뿐이다(참조, Logik II, 407쪽 이하).

106) 헤겔이 논리학에서 다루는 생명의 문제는 여타의 자연과학에서 다루는 생명의 문제와는 사뭇 구별되는 문제이며, 헤겔 그 자신의 자연철학이나 정신철학에서 다루는 생명의 문제와도 구별된다는 것을 말한다.
"그럼에도 불구하고 비철학적인 학문들에서 어떻게 생명에 대해 다루는가 하는 문제는 여기에 속하지 않으며, 단지 순수이념으로서의 논리적인 생명이 **자연철학**에서 고찰되는 자연의 생명과, 그리고 **정신**과 결합되어 있는 한에서의 생명과 어떻게 구별될 수 있는가 하는 문제만이 여기에 속한다."(Logik II, 415쪽).

107) 『대논리학』에서 생명은 '생명적인 개체', '생명의 과정', '유(類)'로 구성되어 있으며, 이 문단부터 그와 동일한 과정으로 간단하게 서술되어가고 있다. 이 문단과 관련하여 『대논리학』에서는 다음과 같이 말한다.
"생명의 개념이나 보편적인 생명은 직접적인 이념이며, 개념 그 자신의 객관성이 합치해 있는 그러한 개념이다. 그러나 개념이 이 외면성의 부정적인 통일인 한에서만, 다시 말해 객관성이 적합하게 **정립되는** 한에서만 객관성은 개념에 합치하게 된다."(Logik II, 417쪽).

성에 있어서 생명 그 자신의 보편적인 단순한 자기 내적 존재(Insichsein), 곧 **감수성**(*Sensibilität*), 2. 외부로부터의 자극성(Reizbarkeit)과 그에 대한 직접적인 반작용, 곧 **감응성**(*Irritabilität*),[108] 3. 외부로 향한 이와 같은 작용의 자기 자신으로의 복귀, 곧 **재생산**(*Reproduktion*)이 그것들이다.[109]

§87

자기 자신을 실현하는 자기운동으로서의 생명이란 다음과 같은 세 가지 과정을 의미한다. 1. 개체의 자기 자신으로의 **형상화**(*Gestaltung*), 2. 생명 그 자신의 무기적인 자연(seine unorganische Natur)에 대립한 생명의 **자기보존**(*Selbsterhaltung*), 3. **유**(**類**, *Gattung*)의 보존이 그것이다.[110]

108) '*Irritabilität*'를 임석진은 '**자극성**'이라고 옮기고 있으며, 그 번역이 적절한가는 의문이다(참조, 『대논리학, -개념론-』, 320쪽). 일본에서는 대개 '흥분성'으로 옮기고 있는 것 같다(참조, ヘーゲル, 武市健人 譯, 大論理學, 下卷, 岩波書店, 1995, 227쪽). 이 문장에서처럼 'Reizbarkeit'란 말이 오히려 '자극성'의 의미일 것이며, 그에 대한 반작용의 의미라면 '감응성', 또는 '민감성'으로 번역할 수도 있을 것이다. 여기서는 '감응성'으로 옮기기로 한다. 『대논리학』에서도 자기 감정의 자극성에 대한 상호작용으로서의 반응을 의미하는 것으로 사용되고 있다(참조, Logik II, 422쪽).

109) 여기에 언급하고 있는 '**감수성**(*Sensibilität*)'이나 '**감응성**(*Irritabilität*)', 그리고 '**재생산**(*Reproduktion*)'에 대해서는 『대논리학』 '이념' 편의 '생명' 장, 특히 '생명적인 개체'에서 자세히 다루어지고 있다(참조, Logik II, 417쪽 이하). 『소논리학』에서는 그에 대해 다음과 같이 간단하게 말하고 있다.
"생명체 그 자체의 내부에 있어 생명체의 과정은 그 본성에 있어서 감수성, 감응성, 재생산의 세 형식을 지닌다. 감수성으로서의 생명체는 직접적으로는 단순한 자기관계이며, 곧 언제나 현재적이면서도, 그 상호외재성(Außereinander)이 영혼에 대해서는 아무런 진리도 갖지 않는 그러한 육체 속에 깃들어 있는 영혼이다. 감응성으로서의 생명체는 자기 자신 속에서 분리된 것으로서 현상하며, 재생산으로서의 생명체는 그 자신의 지절들과 기관들의 내적인 구별에 기인하여 부단히 스스로를 회복하는 것이다. 생명체는 그 자체 내부에서 오직 스스로를 끊임없이 갱신하는 이와 같은 과정으로서만 **현존한다**."(Enz.I, §218, 보론, 375쪽).

§88

1. **형상화**의 과정은 유기체의 자기 자신에 대한 관계이며, 그리고 그 과정은 모든 유기적 부분들이 상호 지속적으로 스스로를 산출하면서 한 부분의 보존이 나머지 다른 부분들의 보존에 의존하게 된다는 데서 존립한다. 이때의 산출 작용은 한편으로는 단지 즉자적으로 현존하는 유기적 조직(Organisation)의 진화일 뿐이며, 다른 한편으로는 유기적 조직의 지속적인 변화이다. 그러나 저와 같은 한갓된 **성장**(*Wachstum*)이나 양적인 변화는 **삽입생장**(*Intussuszeption*)[111]을 통한 증식 과정인 것이지, 병렬적인 화합(Juxtaposition)[112]을 통한 증식 과정이 아니며, 즉 기계적인 증대는 아니다.[113]

§89

유기적 **변화**의 과정은 어떤 화학적 과정인 것만은 아니다. 화학론에 있어서 상호 관계하는 물질들은 물론 그들 자신의 개념을 통하여 서로 관계를 맺게 되며(화학적 친화성, chemische Verwandtschaft),[114] 그리하여 **즉자적으로** 그들 자신의 생산물도 포함하게 된다. 그와 같은 생산물은

....

110) 이 문단은 『대논리학』에서 '생명의 과정(Der Lebensprozeß)'에서 자세히 서술되고 있다(참조, Logik II, 423쪽 이하).

111) '*Intussuszeption*'은 생물학의 용어로 '**삽입생장**(**插入生長**)', 또는 '**삽입성장**(**插入成長**)'이라고 하며, '**전충생장**(**塡充生長**)'이라고도 부른다. 식물기관의 생장에 있어 분열에 의한 세포의 체적 증대로서 '세포신장(細胞伸長)'을 의미하기도 한다.

112) 'Juxtaposition'을 '병렬적인 화합'으로 번역하며, 또는 '표피적인 화합'으로 번역할 수도 있을 것이다.

113) 생물학의 용어인 '삽입생장'이나 '병렬적 화합'은 『대논리학』이나 『소논리학』에서는 직접적으로 언급되고 있지 않는 용어다. 『대논리학』에서 이와 같은 유기체의 형태화, 형상화 과정에 대해 그 논리학적인 의미를 다음과 같이 말한다.
"직접적인 형상화는 그 자신의 단순한 개념에 있어서의 이념이며, 곧 개념에 합치한 객관성이다. 따라서 직접적인 형상화는 그 본성에 있어 선한 것이다."(Logik II, 424쪽).

그 이전에 앞서 존재하는 것을 통해서, 즉 그 생산물과 동등한 것을 통해서 산출된 것이 아니다. 그렇다고 그 생산물의 산출작용이 어떠한 자기보존인 것도 아니다.[115] 따라서 그것은 중립적인 생산물(ein neutrales Produkt)에 지나지 않을 뿐이다. 다시 말해 중립적 생산물에 있어서는 단지 분리된 물질들에 귀속될 뿐인 활동성이 스스로를 생산하지 못한 채 사라지게 되며, 그리하여 다시금 질과 양에 따라 그 자신의 구성 부분들로 분리되고 마는 그러한 중립적 생산물일 뿐이다.[116]

§90

그와는 달리 유기적인 **영양과정**(**營養過程**, Ernährungsprozeß)은 이미 실존하고 있는 내적인 형식을 통한 물질적 증대의 완전한 규정이다. 이와

---

114) 헤겔의 『대논리학』에서 객관성, 다시 말해 기계론이나 화학론, 목적론 등은 물론 추리의 연장선에서, 따라서 개념의 운동 속에서 다루어진다. 여기서 물질들의 상호적인 관계를 그들의 개념을 통한 관계인 것이라고 하는 말은 일반적으로는 그러한 추리의 의미에서 이해될 수 있다. 그리고 이때 그것을 '화학적 친화성'이라고 부른다. '긴장 상태에 있는 두 객체들(die gespannten Objekte)'이 자기 자신에 대해, 그리고 상호 간에 지니게 되는 관계가 친화성이다(참조, Logik II, 378쪽).

115) 화학론에 있어서 두 물질들의 상호관계는 개념의 관계이기 때문에 거기에는 '즉자적으로' 그들 자신의 생산물도 포함되어 있다. 즉, 그 생산물이 다른 무엇을 통해서 산출된 것이 아니다. 또한 그들 생산물의 산출 작용이 자기보존의 작용도 아니다.

116) 이 문단은 화학론과 관련하여 생명에 대해 서술하고 있다. 『대논리학』에서는 '중립성(Neutralität)'에 대해 다음과 같이 말한다.
"긴장된 객체들의 중립성이 그 생산물이기도 한 최초의 과정은 바로 그 생산물 자체 속에서 사라지고 말며, 이 과정을 다시금 추동하는 것은 외면적으로 부가된 분화 작용(Differentiierung)이다." (Logik II, 382쪽).
또한 『소논리학』에서는 다음과 같이 말한다.
"화학적 과정은 역시 유한적이고 제약된 과정이다. 개념 그 자체는 단지 이와 같은 과정의 내적인 것에 지나지 않을 뿐이며, 이때도 여전히 그 자신의 대자존재 속에 머무른 채 개념은 실존으로 나아가지 못한다. 중립적인 생산물 속에서 그 과정은 소멸하며, 그 과정을 야기하는 것(das Erregende) 또한 과정 외부로 벗어나고 만다." (Enz.I, §202, 보론, 358쪽).

같은 형식은 주관적인 것으로서, 또는 모든 부분들의 단순한 형식으로서 자기 자신에 관계되거나, 아니면 각각의 부분들이 저마다 객관적인 것으로서의 여타의 부분들에 대립하여 자기 자신에 관계되는 것이며, 그러한 과정 속에서 오직 자기 자신과 함께할 뿐이다.[117]

§91

2. 유기체에 있어서 그 자신의 무기적인 자연에 대립한 **자기보존 과정**(*Selbsterhaltungsprozeß*). ― 주관적인 것과 객관적인 것에 있어서 생명의 자유로운 상호대립은 유기적인 자연 및 무기적인 자연으로서 서술된다. 후자, 곧 무기적 자연은 개별성이 없는 생명인바, 이때 개별자는 그 자체로서 실존하며, 자연 필연성의 법칙(Gesetz der Naturnotwendigkeit)이란 점에 있어서만 그 자신의 개념을 지닐 뿐, 그 자체에 있어 주관적인 형식 속에서는 그 자신의 개념을 지니지 않을 뿐만 아니라, 그 자신의 의미가 오직 전체에 귀속되어 있을 뿐이다. 이와 같은 전체는 주체란 점에 있어서 무기적인 자연이 본질적으로 관계되어 있는 유기체이며, 무기적인 자연은 유기체 그 자신의 제약을 형성한다.[118]

§92

무기적인 **제약**(die unorganische *Bedingung*)은 유기체에 대립하여 원

117) 이 영양과정에 대해서 『대논리학』에서는 특별히 따로 언급하고 있는 것 같지는 않다. 다만 유기체의 자기 형상화 과정에 대한 서술 속에서 그 일단을 엿볼 수 있을 뿐이며, 생명의 자기보존을 위한 생리학적인 과정으로 이해할 수 있다.

118) 유기적 자연과 무기적 자연의 대립에 대해 『소논리학』에서는 다음과 같이 말한다. "**즉자적인** 무실한 것(*an sich* Nichtiges)으로서의 객체를 지양하게 되는 변증법은 자기 자신에 대한 확신적인 생명체의 활동성(die Tätigkeit des seiner selbst gewissen Lebendigen)인 것이며, 이때 생명체는 따라서 **무기적 자연에 대립한 이와 같은 과정** 속에서 **자기 자신을 보존하고**, 자기 자신을 **전개하면서 객관화한다**." (Enz.I, §219, 375쪽).

인이나 화학적 계기로서 관계되는 것이 아니고, 유기체 속에서 무기체의 작용을 통해 정립된 그것이 본질적으로는 유기체 자체를 통해 규정되는 것이며, 그리고 그것은 단지 **야기하는 것**(*erregend*)으로서만 작용할 뿐이다.[119] 유기체란 지속적인 투쟁의 이중적인 운동이다. 이 투쟁은 그 한 측면에 있어서는 원소적인 생성운동(das elementarische Werden)과 대립자로의 이행운동을 저지하면서 그 자신의 제약을 지양하게 되며, 그리고 객관적인 보편성을 개체화한다. 이 투쟁은 그러나 또 다른 측면에서는 개체적인 것, 또는 주체적인 것을 그 자신으로부터 해소하면서 무기적인 현존재로 퇴락한다.[120]

§93

3. **유(類)의 보존**(*Erhaltung der Gattung*) 과정은 곧, a)유 일반의 실현이다. 보편적인 생명으로서의 이와 같은 유의 실현은 종(種, Art)으로의 특수화를 통해 개별자의 현실성으로, 즉 개체성으로 이행한다. b)또한 그 과정은 자기 자신과 동등한 유기체에 대한 유기체의 상호관계(das Verhältnis des Organischen zu dem ihm gleichen Organischen)이다.[121] 그러한 관계를 통해서 유기체는 그 동일한 유의 다른 개체로서 산출되

119) 이 문단을 좀 더 일반화하여 표현하자면, 앞에서도 이미 언급한 것처럼 '유기물에 대립하여 무기물이 지닌 제약은 본질적으로 유기물 자체를 통하여 규정되는 것이며, 무기물이 지닌 제약은 단지 그와 같은 화학적인 과정을 야기하는 것으로서만 작용하는 데 그치고 말 뿐이다'란 의미이다.

120) 유기체의 투쟁에 대해 『소논리학』에서는 다음과 같이 말한다.
"생명체는 무기적인 자연에 대립해 있으며, 그 자신의 위력으로서 무기적 자연에 관계되어 있는가 하면, 무기적 자연을 자기 자신에 동화시킨다."(Enz. I, §219, 보론, 375쪽).
"영혼이 육체에서 벗어나 떠나가게 되면, 객관성의 그 기초적인 위력들이 움직이기 시작한다. 이들 위력은 이를테면 언제나 유기적인 육체 속에서 그 과정을 시작하려고 하는 찰나에 머물러 있으며, 생명은 그에 대항하는 부단한 투쟁이다."(Enz.I, §219, 보론, 376쪽).

는 것이며, 이때의 유는 개체들의 이와 같은 교체 속에서, 그리고 개별성의 보편성으로의 복귀 속에서 서술되기에 이른다.[122)]

II. 인식의 이념[123)]

§94

인식이란 대상 그 자신의 현존재적인 규정들에 따르는 대상의 서술이다. 즉, 이들 규정이 어떻게 대상에 대한 개념의 통일 속에서 파악되고, 그로부터 드러나게 되는가, 또는 반대로 그런 한에 있어서 개념의 고유한 작용이 어떻게 개념 자체에 그 자신의 규정들을 부여하게 되는가를 서술한다. 이들 규정이 개념 속에 포함된 것으로 정립됨으로써 이들 규정은 곧 인식 활동인 것이며, 또한 사유의 근본원리 속에서 스스로를 실

....

121) '자기 자신과 동등한 유기체에 대한 유기체의 관계'란 말은 유기체에 있어서 유의 보존 과정은 유기체가 그 자신과 동등한 다른 유기체에 대한 관계라는 의미이다.

122) '유의 과정'에 대해 『대논리학』에서는 다음과 같이 말한다.
"따라서 생명이란 **셋째, 유의 과정**이다. 유의 과정은 생명의 개별화를 지양하며, 생명 그 자체에 대해서와 마찬가지로 생명의 객관적인 현존재에 대해서도 관계되어 있는 것이다."(Logik II, 417쪽).
그리하여 이와 같은 과정을 통하여 '새로운 개체성의 생성'과 '최초의 직접적인 개체성의 죽음'이라는 사태가 드러나게 되며, 또 한편으로는 '자기관계적인 개념'이, 곧 '보편적이면서도, 대자적으로 실존적인 자유로운 개념'이 생성되기에 이른다(참조, Logik II, 417쪽).
또한 이와 관련하여 『소논리학』에서는 다음과 같이 말한다.
"생명체는 죽는다. 왜냐하면 생명체는 모순이기 때문이다. 생명체는 **즉자적으로는** 유로서의 보편자이다. 그러나 직접적으로는 개별자로서만 실존한다. 죽음 속에서 유는 직접적인 개별자를 초월해가는 위력으로서 드러나게 된다."(Enz. I, §219, 보론, 376쪽).

123) 『대논리학』의 이념론에서 인식의 이념은 '진의 이념'과 '선의 이념'으로 나뉜다(참조, Logik II, 429쪽 이하). 「4. 상급반을 위한 개념론」 §70 이하에서도 그렇게 구분하며, 좀 더 자세히 다루고 있다.

현하는 이념(die im Elemente des Denkens sich realisierende Idee)인 것이다.

III. 절대이념, 또는 지식

§95[124)]

절대지는, 1. 외면적인 것을, 즉 어떠한 방식으로 주어져 있는 것을 그 자신의 대상으로 삼게 되는 그러한 어떤 것이 아니며, 오직 자기 자신만을 자신의 대상으로 삼을 뿐이다. 절대지는 개념으로서 실존하는 개념(der als Begriff existierende Begriff)이다. 2. 개념은 자기 자신에 의하여 스스로를 구성한다. 왜냐하면 개념은 생성운동을 하는 가운데 존재하며, 그리고 상이하면서도 대자적으로 존립하는 실재적인 규정들의 형식 속에서, 또는 오성규정들의 형식 속에서 개념 그 자신 속에 포함되어 있는 대립을 서술하는 것이기 때문이다.[125)] 3. 실재적인 규정들이 우선은 그들 자신의 반성 속에서 오성규정들을 향해 생성되어감으로써 그들 규정의 변증법은 오성규정들을 본질적으로 상호 관계하는 것으로서뿐만 아니라 그들 오성규정의 통일로 이행해가는 것으로서 서술한다. 이와 같은 그들 규정의 부정적 운동으로부터 개념을 그 자신의 실재적 총체성 속에서 형성하게 되는 그들 규정의 긍정적 통일이 이루어진다.[126)]

....

124) 이 문단에서 「1. 상급반을 위한 철학 백과전서」의 '제1부 논리학'이 끝나며, 그리고 '제2부 자연의 학문(Wissenschaft der Natur)'과 '제3부 정신의 학문(Wissenschaft des Geistes)'으로 이어진다.

125) 이 원문의 일부는 다음과 같다.
"(……), indem er als Werden ist und den in ihm enthaltenen Gegensatz in der Form verschiedener für sich bestehender realer oder Verstandesbestimmungen darstellt."

....

126) 이와 같은 절대적 이념에 대한 서술은 『대논리학』에서 서술하고 있는 것과는 달리 매우 난해하다. '실재적 규정들'이나 '오성규정들'이 여기에서 언급되고 있는 것은 그런 규정들이 절대지에, 또는 개념에 이르게 되는 과정을 간략하게 서술하고자 한 의도가 아닌가 싶다.
『소논리학』에서는 '절대적 이념'에 대해 다음과 같이 말한다.
"절대적 이념은 먼저 이론적 이념과 실천적 이념의 통일이며, 그와 동시에 생명의 이념과 인식의 이념의 통일이다"(Enz.I, §236, 보론, 388쪽).
또한 『대논리학』에서는 절대적 이념이야말로 '불멸적인 생명'이고 '모든 진리'이며, '철학의 유일한 대상이고 내용'이라고 말한다(Logik II, 484쪽).

2

중급반을 위한 논리학[1]
(1808년/09년)

§〔1/33〕[2)]

이성은 진리를 인식한다. 왜냐하면 진리란 개념과 현존재의 일치이면서도, 그러나 이성의 규정들이 사물의 본질에 대한 규정들인 것과 마찬

....

1) (원주) 이 「3. 중급반을 위한 논리학」은 하버드 대학에 소장된 수고본에 따라 호프마이스터가 편찬한 것이며, 이 논리학에 앞서 다루어지고 있는 「2. 중급반을 위한 의식론」과 「철학입문으로서의 정신론」 그 다음에 이어지고 있는 것이다. 또한 헤겔이 난외의 여백에 서술하고 있는 보론은 여기서 그 해당되는 단락에 좀 더 작은 글자체로 첨부하여 처리한다.
(역주) 이 「2. 중급반을 위한 논리학(1808년/09년)」은 원래에는 「3. 중급반을 위한 논리학(1808년/09년)」이며, 여기 번역본에서는 출판을 위해 「2. 중급반을 위한 논리학(1808년/09년)」으로 그 일련번호를 바꾸었다. 마찬가지로 이하에서도 「5. 하급반을 위한 논리학(1809년/10년)」, 「6. 상급반을 위한 개념론(1809년/10년)」, 「7. 중급반을 위한 논리학(1810년/11년)」도 「3. 하급반을 위한 논리학(1809년/10년)」, 「4. 상급반을 위한 논리학(1809년/10년)」, 「5. 중급반을 위한 논리학(1810년/11년)」으로 그 일련번호를 바꾸었으며, 따라서 해당 각주에서도 그것을 다시 언급해두었다. 그러나 꽤 많이 언급되고 있는 본론들, 그리고 얼마간의 각주들은 대부분 헤겔 자신만이 알아볼 수 있도록 암시적인 내용을 담고 있는 낱말이나 문장이기 때문에 통상적으로는 문맥이 전혀 통하지 않는 경우도 있다. 따라서 그러한 경우 낱말은 낱말대로, 문장은 문장대로 그대로 직역하여 덧붙이기로 한다.

가지로 그 고유한 사상들인 것이기 때문이다. ― 따라서 이성적인 고찰 속에서 의식과 대상 사이의 이제까지의 구별은 사라지고 만다. 그리고 그 고찰 속에는 대상성과 더불어 나 자신의 확신성이 포함되어 있다.[3)]

§〔2/34〕

논리적 규정들은 이와 같은 사유가 지닌 보편적 규정들이자 법칙들이고 운동들이며, 그리고 그들 규정은 이중적인 방식으로 존재한다. 한 번은 그러한 규정들이 존재자에 귀속되어 있는 한에서, 또 한 번은 그러한 규정들이 사유 그 자체에 귀속되어 있는 한에서 존재하는 것이지만, 그

2) (원주)이때 두 번째 숫자, 즉 '§〔1/33〕'에서 '§〔33〕'은 호프마이스터가 붙인 문단 번호이다. 이때 1808/09년의 「정신론」이 끝나는 §〔33〕이 여기에서 다시 한 번 그대로 취해지게 된 것은 헤겔의 「논리학(*Logik*)」으로 이행해간다는 것을 표시하기 위하여 이다. 물론 §〔2/34〕의 첫 낱말들이 실제로 §〔1/33〕에 이어 관계되고 있는 것인지는 의문이다.
(역주)이 「2. 중급반을 위한 논리학(1808년/09년)」은 번역 원본에서는 「3. 중급반을 위한 논리학(1808년/09년)」이라는 것을 앞에서 언급했다. 따라서 번역 원본에서는 「3. 중급반을 위한 논리학(1808년/09년)」에 앞서 「2. 중급반을 위한 의식론(1808년/09년)」을 다루고 있으며, 그것은 주로 「정신론(*Geisteslehre*)」을 다루고 있는 내용으로 되어 있다. 그리고 이 「정신론」의 마지막 단락이 '§〔33〕'으로 되어 있으며, 그 표제가 '이성(Vernunft)'인 것이다. 그리하여 곧 이어지고 있는 「3. 중급반을 위한 논리학(1808년/09년)」에서 첫 문단이 '§〔1/34〕'이어야 할 텐데, 호프마이스터는 다시 '§〔1/33〕'으로 그 일련번호를 붙이고 있는 것이다. 즉, 이 번역본에서 「2. 중급반을 위한 논리학(1808년/09년)」의 '§〔1/33〕'이 그것이다. '원주'에서 그것을 설명하고 있는 것이겠다(참조, NHS, 85쪽).

3) 이 문단은 이성과 진리 인식에 대한 포괄적인 논리학적 의미를 드러내고 있다. 진리란 개념과 현존재의 일치이며, 이성은 그와 같은 진리를 인식한다. 오성과 판단력, 그리고 이성에 이르는 그 변증법적인 사유 과정 속에서 비로소 진리를 인식하게 되는 것이다. 그것은 주·객의 분리가 사라지고, 즉 의식과 대상의 구별이 사라지고 주관으로서의 확신성과 객관으로서의 대상이 통일된 상태이기도 하다. 『소논리학』에서는 다음과 같이 말한다.
"이념은 **즉자대자적인** 참된 것이며, **개념과 객관성의 절대적 통일**이다." (Enz. I, §213, 367쪽).

럼에도 불구하고 그때 이성은 이들 규정이 그 두 측면 모두에 해당한다는 의식을 지니고 있는 것이다.[4)]

§〔3/35〕

논리학은 객관적인 것의 논리학, 주관적인 것의 논리학, 그리고 이념의 논리학으로 구분된다.[5)]

················

4) 논리적 규정들은 보편성을 띠며, 존재자의 성격을 지니기도 하고 사유 그 자체의 성격을 지니기도 한다. 그리하여 다음 문단, 즉 §〔3/35〕에서 말하고 있는 것처럼 전자의 경우 객관적인 것의 논리학, 후자의 경우 주관적인 것의 논리학을 의미한다. 그러면서도 존재자와 사유 그 자체는 분리되어 있는 것이 아니고 결국은 통일되어 있기 때문에 논리적인 규정들은 어느 한쪽에만 해당되는 것이 아니다.

5) (원주) 이 문단은 원래 다음과 같이 쓰여 있다. "그리하여 논리학은 두 부분으로, 즉 객관 논리학과 주관 논리학으로 나누어진다." 그리고 이하에서 다루고 있는 내용은 실제로 단지 이와 같은 두 부분만을 포괄하고 있을 뿐이다.
(역주) 이 「2. 중급반을 위한 논리학」은 '이념의 논리학'은 다루고 있지 않으며, 객관 논리학과 주관 논리학만을 다루고 있다. 「1. 상급반을 위한 철학 백과전서」의 §84 이하에서 '제3편 이념론'을 다루고 있으며, 그것은 또한 「4. 상급반을 위한 개념론」의 §66 이하에서 '제3편 이념론'을 다루고 있다.

제1부[6]
객관 논리학

§〔4/36〕

논리적 규정들이란 존재자에 관한 진술이란 점에서 범주들이라고 일컬어졌으며, 판단력의 관계들이란 점에서 그들 규정 자신이 지닌 이성의 변증법적 본성 속에 존재한다.[7]

A. 오성

§〔5/37〕

오성은 보다 좁은 의미에 있어서는 고착된 규정에, 곧 범주에 매달려 있는 사유이다.

6) 여기 '객관 논리학'의 구도는 헤겔의 논리학적 체계에 있어 매우 특이하면서도 많은 것들을 암시하고 있다. 즉, 존재, 본질, 그리고 상호관계의 범주들을 오성과 판단력, 그리고 이성 속에서 다루어가며, 이성에 이르러 다시 이들 범주들에 대해 변증법적인 서술을 하고 있다. 그리하여, '존재 범주들의 변증법', '본질 범주들의 변증법', '상호관계들의 변증법'이 서술된다.

7) 범주란 존재자에 관한 진술을 의미하며, 그와 같은 범주로서의 논리적 규정들은 판단력의 관계들이란 점에 있어서 곧 그들 규정이 지닌 이성의 변증법적 본성 속에 존재한다는 의미이다.

§〔6/38〕

범주들이란 존재의 범주들, 본질의 범주들, 그리고 자립적인 상호관계의 범주들을 의미한다.

§〔7/39〕

a)존재의 범주들은 질, 양, 그리고 무한성이다.

§〔8/40〕

질은 즉자적으로 존재하는 것으로서의 규정성이며, 그러한 규정성의 변화에 의해 그 규정성이 곧 질이기도 한 그것 또한 변화한다.[8)]

§〔9/41〕

양은 외면적인 것으로서의 규정성이며, 양이 속해 있는 그것은 그러한 규정성의 변화에 대해 무관여적이거나 혹은 양은 동시에 어떠한 규정성도 아닌 규정성이다.[9)]

8) (원주) 원래에는 다음과 같이 쓰여 있다.
"그러한 규정성의 소멸에 의해 그 질이기도 한 규정성 또한 존재하지 않게 된다."
(역주)다음 문단, 즉 §〔9/41〕에서 양으로서의 규정성에 대해 언급한 것이라면, 이 문단은 질로서의 규정성에 대해 언급하고 있다. 질로서의 규정성이 변화한다는 것은 우선 그 질의 변화를 의미하며, 그것은 양으로서의 규정성의 변화와는 다르다. 『대논리학』에서는 다음과 같이 말한다.
"규정성은 그 자체로서는 고립된 것이지만, **존재적인** 규정성이란 점에서 질이며,— 전적으로 단순한 것이고 직접적인 것이다." (Logik I, 97~98쪽).

9) 이 문단은 바로 앞의 문단과 함께 이해해야 할 것이다. 즉, 규정성으로서의 양에 대해 언급하고 있다. 『대논리학』에서는 다음과 같이 말한다.
"질은 최초의 직접적인 규정성이며, 양은 존재에 대해 무관여적인 규정성이고 어떠한 한계도 아닌 한계, (……)이다." (Logik I, 177쪽).

§〔10/42〕

무한성은 자기를 자기 자신에 관계시키는 자기 규정작용(das sich auf sich beziehende Selbstbestimmen)이며, 자기의 내재적이고 고유한 규정성의 정립작용이다. 그리고 이때의 규정성은 정립하는 것(das Setzende)에 있어서는 무관여적인 현존재(gleichgültiges Dasein)이다.[10)]

(무관여적인 현존재의 규정에 있어서의, 즉 그 한정에 있어서의 자유.)[11)]

§〔11/43〕

b)본질의 범주들이란 질료, 형식, 그리고 근거이다.

....

10) 이 문단은 존재 범주로서의 질과 양에 이어 무한성에 대해 언급하고 있으며, 이러한 무한성이란 자기관계로서의 자기 규정에 대한 그 작용을 의미한다. 또한 그것은 현존재와는 관여되어 있지 않는 자기의 내재적인 규정성의 정립 작용이기도 하다. '이때의 규정성은 정립하는 것에 있어서는 무관여적인 현존재이다'란 말은 고유한 내재적인 규정성의 정립 작용이 무한성이라고 했을 때 그 규정성은 현존재와는 무관한, 즉 현존재가 그 규정성에는 관여되어 있지 않다는 의미이다. 『대논리학』에서는 무한자에 대해 다음과 같이 말한다.
"무한자는 부정의 부정, 곧 긍정자이며, 제한으로부터 벗어나 다시금 자기 자신을 산출하는 **존재**이다." (Logik I, 126쪽).
"무한자는 **존재한다**. 이 직접성 속에서 무한자는 동시에 **타자**의, 즉 유한자의 **부정**이다" (Logik I, 127쪽).

11) 이 원문, 즉 '(Freiheit in seiner Bestimmung, Begrenzung.)'에서 앞 문장과 관련하여 'seiner'가 '정립하는 것(das Setzende)', 또는 '정립작용을 하는 것'을 지칭하거나, 아니면 '무관여적인 현존재'를 지칭할 것이다. 따라서 비슷한 의미이기는 하지만 여기서는 '무관여적인 현존재의 규정에 있어서의, 즉 그 한정에 있어서의 자유'로 번역하는 것이 좋지 않나 싶다.
헤겔 철학에서, 또는 그의 논리학에서 자유의 개념은 그 본질에 속한다. 그러나 자유 그 자체가 무한적인 개념인가 유한적인 개념인가의 물음은 그 대답이 쉽지 않다. 무한하다고 할 수도 있고 유한하다고 할 수 있기 때문이다. 그러나 자유 그 자체는 본질적으로 유한자를 초월한 무한적인 개념이며, 한계나 제한을 초월한다는 의미에서 무한자는 자유에 상응하는 개념이다(참조, Logik I, 126쪽).

§〔12/44〕

질료(Materie)는 자기 자신과의 동등성으로서의 본질이다.

§〔13/45〕

형식(Form)은 능동적인 것(das Tätige)이거나 또는 구별 일반의 정립이다.[12)]

§〔14/46〕

근거는 자기 자신에 기인하는 규정적 활동성(die aus sich selbst bestimmende Tätigkeit)이며, 이와 같은 활동성은 한편으로는 〔외면적인 규정들을〕 내적인 규정들로 전환시킴으로써 그들 외면적인 규정을 변화시키는가 하면, 다른 한편으로는 이러한 내적인 현존재를 외적인 현존재로 전환시킨다.

질료 ― 돌들 ― 부분들에 대한 근거, 다른 어떤 것
내적인 것에 있어서의 전도(Verkehrung)

§〔15/47〕

근거는 α) 전체, 곧 부분들을 규정하면서 질료를 그 제약으로 지니는 전체이다. 근거는 β) 힘, 곧 힘 그 자신의 발현을 위해서 유발하는 활동성을 통해 제약되는 힘이다. γ) 그러나 근거는 내적인 것, 곧 내적인 것

12) "Die Form ist das Tätige oder das Setzen des Unterschiedes überhaupt." 앞 문단, 즉 §〔12/44〕에서처럼 질료가 자기 동등성을 의미한다면 그에 대립한 능동적인 것으로서의 형식은 구별 일반을 정립하는 것이다. 이때 '형식'이란 말은 전통적인 의미에서는 '형상(形相)'이란 말로 옮길 수도 있을 것이다." 『대논리학』에서는 다음과 같이 말한다. "―무관여적인 것으로 규정된 질료는 **능동적인 것**(Tätiges)으로서의 형식에 대립한 **수동적인 것**(das Passive)이다." (Logik II, 71쪽).

그 자신의 외적인 것 속에서 무제약적으로 드러나 서술되는 그러한 내적인 것이다. 그리하여 그 양자 중의 어떤 것은 그 다른 것의 완전한 반대물일 뿐이면서도, 그 다른 것 속에 존재하지 않는 어떠한 내용도 지니지 않는다.[13)]

§〔16/48〕

c)자립적인 상호관계의 범주들은 실체성, 인과성, 그리고 상호작용이다.[14)]

§〔17/49〕

실체는 그 지절들(Glieder)이 자립적인 것들로서 정립된 상호관계의 전체이다. 그러나 그 지절들의 본질은 동시에 실체와의 관계 속에서, 다시 말해 우유적인 것들로서 존재한다.[15)]

....

13) '그 양자 중의 어떤 것'이란 내적인 것과 외적인 것, 그 양자 중의 어떤 것이란 의미이며, 그 양자는 '완전한 반대물'이다. 그리하여 어떤 것은 그 반대물 속에 존재하지 않는 그 어떤 내용도 지니지 않는다. 즉, 내적인 것은 외적인 것 속에 존재하지 않는 어떠한 내용도 지니지 않으며, 그 반대도 마찬가지이다.

14) '자립적인 상호관계의 범주들'이란 『대논리학』에 따르면 '절대적인 상호관계'에 해당하며, 그로부터 『본질 논리학』이 끝나고 곧 『개념 논리학』으로 이행하게 된다. 다시 말해 절대적인 상호관계로서의 실체성, 인과성, 그리고 상호작용으로 이행하게 되며, 그리하여 『개념 논리학』으로 이행한다(참조, Logik II, 184쪽 이하). 임석진은 'Wechselwirkung'을 '교호작용'이라고도 번역하지만, 여기서는 '상호작용'이라고 번역하기로 한다(참조, 『대논리학, 본질론』, 326쪽).

15) 실체를 구성하는 요소로서의 지절들은 자립적인 것들로 정립되며, 그 지절들의 상호관계 전체가 실체이다. 그러나 그 지절들은 본질적으로 실체에 대한 관계 속에 존재하며, 곧 우유적인 것들로서 존재한다. 실체성의 상호관계와 관련하여 『대논리학』에서는 다음과 같이 말한다.
"우유적인 것들은 그저 존재하는 또는 대자적으로 존재하는 어떤 것이며, 부분들로 구성된 다양한 특성들을 지닌 실존적 사물들이거나 그 전체인가 하면, 자립적인 부분들이며, 상호 간에 유발을 필요로 하면서도 서로 제약하게 되는 힘들이다."(Logik II, 187쪽).

§〔18/50〕

실체는 그것이 활동적인 실체로서 관계되는 한에 있어 원인이다. 그리고 실체 그 자신의 활동성을 통해서 산출된 그것이 결과이다.

§〔19/51〕

결과 속에는 원인 속에 존재하는 것 이외에는 어떠한 것도 존재하지 않는다.[16] 또는 결과는 실체의 내용 그 자체이며, 그리고 실체는 그 자신의 활동성과 더불어 오직 자기 자신과의 상호작용 속에서만 존재한다.

B. 판단력

§〔20/52〕

존재의 관계들은 존재론적 판단들이라고 부를 수 있으며, 그것들은 동일적이거나 아니면 종합적이다.[17]

§〔21/53〕

동일적인 관계, 곧 A=A에 있어서 두 개의 상호 관계된 것들은 동일한 것이다.[18] — 동일성에 대한 존재론적 명제는 다음과 같다. 즉, 저마다의 사물은 자기 자신과의 통일성 속에 존재한다. 또는 모순의 명제로서는 다음과 같이 언표된다. 즉, 어떠한 사물도 존재하면서 동시에 존재하지 않을 수 없다.

16) '원인 속에 존재하지 않는 것은 결과 속에도 존재하지 않는다'는 의미이다.

17) 칸트가 언급하고 있는 분석판단과 종합판단을 상기할 수 있다. 분석판단은 주어와 술어가 동일성을 통해 결합된 동일적인 판단이며, 종합판단은 주어와 술어가 동일성을 통해 결합되어 있지 않는 판단이다(참조, KrV, 45쪽).

18) (원주)〔여백에〕물체는 무게를 지닌다.

§〔22/54〕

종합판단에 있어서 어떤 것은 그것이 직접적으로 포함하고 있는 것과는 다른 규정에 관계된다. 그러나 이와 같은 판단은 하나의 관계를 의미하는 것이기 때문에, 그 판단은 한편으로는 동일적이지만, 다른 한편으로는 동일적이지 않다.[19)]

§〔23/55〕

타자에 대한 관계는, a) 상이성 일반의 관계이다. 일반적으로는 다음과 같은 명제로 언표된다. 즉, 서로 완전하게 동등한 두 사물은 존재하지 않는다. 그렇지 않다고 한다면 그 두 사물은 동등할 것이기 때문이다.[20)] — 감성적인 상이성, 감성적인 현존재.

§〔24/56〕

b) 상호대립의 관계. 이와 같은 관계에 있어서는 그 하나의 규정은 긍정적 규정이고, 다른 하나의 규정은 그 긍정적 규정에 대한 부정적 규정이다. 그것을 존재론적 명제로서 언표한다면 다음과 같다. 즉, 저마다의 사물에는 상호대립적인 두 술어들 중에 어느 하나의 술어가 귀속되며, 곧 A는 B이거나 −B이다. 거기에 어떤 제3자도 존재하지 않는다.[21)]

19) 종합판단에 있어 주어와 술어는 계사 '이다'로 관계된다는 점에서 동일적이기도 하지만, 그러나 술어는 주어가 지닌 규정 외부로부터 부가된다는 점에서는 동일적이지 않다.
"따라서 그러한 술어의 부가는 종합판단을 이루게 되는 것이다." (KrV, 46쪽).

20) (원주)〔여백에〕 그렇지 않다면 그 두 사물은 두 개가 아닐 것이기 때문이다.

21) 이 문단은 형식논리학적인 의미에서 배중률, 곧 선언율에 대해 언급하고 있다. 술어로서의 두 규정은 긍정적인 규정과 부정적인 규정이며, 상호대립적인 관계에 있는 두 규정 사이의 제3자는 존재하지 않는다.

§〔25/57〕

근거는 현존재자에 있어서 상이성과 상호대립을 자기 자신 속에 포함하고 있는 단순한 제3자이다. 근거의 명제는 다음과 같다. 즉, 모든 것은 충분한 근거를 갖는다.[22)]

희다와 검다—굽은 것과 곧은 것—유기적인 것과 무기적인 것—태양과 빛, 대지.

현존재자는 상이한 관계들, 곧 상호대립적인 관계들의 외면성이다.[23)]

〔C.〕 이성

§〔26/58〕

이성은 오성규정들 및 판단규정들에 대한 관계 속에서 그들 규정의 변증법적 운동으로서 현상한다.[24)]

§〔27/59〕

이성의 변증법은 이들 규정의 본성을 드러내는 가운데 존립하거나, 아

....

22) 형식논리학에서의 충족이유율을 의미한다. 그러나 형식논리학에서의 근거율, 곧 충족이유율과는 전혀 다른 의미에서 헤겔은 파악하고 있는 것이다. 그것은 '현존재자의 상이성과 상호대립을 자체 속에 포함하고 있는 단순한 제3자'라는 말 속에 함축되어 있다. 『대논리학』에 따르면 근거는 상이성과 대립을 지양한 본질의 자기복귀의 의미를 갖는다.
"따라서 **근거**는 그 자체 본질의 **반성규정**들 중에 **하나**이지만, 그러나 최종적인 반성규정이며, 오히려 반성규정이 지양된 규정이기도 한 그러한 규정인 것이다." (Logik II, 63쪽).

23) 현존재자는 그 외면성에 있어서 상이한 관계나 상호대립적인 관계를 지니며, 앞의 문장에서처럼 흰 것과 검은 것, 유기적인 것과 무기적인 것 등등처럼 상호대립적인 관계에 있는가 하면 태양, 빛, 대지 등등과 같이 상이한 관계에 있는 것들도 있다. 이와 같은 의미에서 언급하고 있는 것이 아닌가 한다.

24) 이 문단은 앞서 §〔4/36〕에서 이미 언급했던 말과 비슷한 의미를 갖는다.

니 오히려 이들 규정 자체의 본성 속에 존립한다. 즉, 이성의 변증법은 이들 규정이 그 자신의 규정성 속에 정립되어 있는 바의 그것이 즉자적으로 존재한다는 것을 의미하는 것이 아니고 이들 규정 자신의 상호대립적인 것으로 이행한다고 하는 이들 규정의 본성 속에 존립하는 것이다. 따라서 이성에 있어서 변증법적인 것은 이성의 변증법이 무엇보다도 규정의 지양운동일 뿐인 한에서 우선 그 어떤 부정자인 것이다.[25)]

§〔28/60〕

또한 규정들에 있어 변증법적인 것은 존재자에 관하여 어떠한 오성규정을 언표하게 되는 존재론적 명제에 대해서 그 명제 자체가 증명될 수 있는 것과 마찬가지로 그 반대 명제 역시 증명될 수 있는 것으로 표상할 수 있다.[26)]

§〔29/61〕

존재자에 대해서, 한편으로는 어떤 하나의 범주가 언표될 수 있는 것과 마찬가지로 그 대립적인 범주도 일반적으로 그처럼 언표될 수 있다. 다른 한편으로는 존재자가 범주를 통하여 유한적인 존재자나 또는 제약된 존재자로서 언표되는 한에 있어서, 부정적인 변증법은 언어의 일상적인 의미에서 유한적이면서 동시에 무한적인 것으로 표상되는 형식을 지닌다.

....

25) 이 문단에서 '이들 규정'이란 앞 문단에서의 '오성규정들 및 판단규정들'을 의미하며, 따라서 이성의 변증법은 이들 규정 자체의 본성이기도 하다. 그리하여 변증법적인 것이란 이들 규정의 지양이란 점에서 어떤 부정자, 곧 부정적인 어떤 것이다.

26) 정립과 반정립을 동시에 증명할 수 있는 칸트의 이율배반론을 상기할 수 있다(참조, KrV, 454쪽 이하).

규정을 넘어 무한히 초월하여감

α)세계—시초, 그리고 공간 속에서 한정됨

β)원자들, 무한히 분할 가능

γ)최초의 무제약적 원인, 혹은 무한히 진행해감

§〔30/62〕

이와 같은 서술들을 이성의 이율배반들이라고 부르게 되었으며, — 이성의 이율배반이란 표현이 마치 이성이 존재자의 본질을 인식할 만한 능력을 갖추고 있지 못한 것처럼, 그리하여 모순 〔속〕에 빠지고 마는 것처럼 이해되어서는 안 되고, 오히려 오성이 규정들을 붙들고 있을 때 그러한 것처럼 이때의 모순이 그들 규정 속으로 빠져들게 되는 것으로 이해하지 않으면 안 된다.[27)]

1. 존재 범주들의 변증법

§〔31/63〕

A. 질적인 것에 있어서, α)존재는 완전히 무내용적이고 몰규정적인 추상이다. 따라서 존재는 무(Nichts), 그것과 동일한 것이며, 곧 사유 속에 존재하고(ist) 있으면서 존재 자체로서의 그 동일한 존재를 지니는 그러한 무인 바의 그것이다.[28)] 그러므로 존재와 무는 분리된 오성규정들(getrennte Verstandesbestimmungen)로서 진리를 갖는 것이 아니고, 그들의 진리는 그들 자신의 이행, 곧 생성인 것이다.[29)]

27) 이 문단은 헤겔의 모순개념을 이해하는 데 매우 중요한 한 계기를 제공한다. 즉, 그것은 칸트의 이율배반론과 관계되어 있으면서도 그것을 극복하고자 하는 과정에서, 그리고 모순의 개념은 본질적으로 오성이 아니라 이성과 관계되어 있다고 하는 것이다. 그러나 모순개념 자체에 대해 따로 언급하고 있지는 않으며, 이 문단에서도 모순개념 자체의 본질에 대해 언급하고 있는 것은 아니다.

§〔32/64〕

β)현존재자는 그 자신의 규정성을 통해서 다른 현존재자들과 구별되며, 바로 그를 통해서 현존재자는 현존재자 그 자체인 바의 그것이다.[30] 그러나 규정성은 본질적으로 타자와의 관계, 곧 타자에 대한 존재(Sein für Anderes)이자 자기 자신에 대해 부등한 것이며, 자기 자신을 지양한다. 따라서 현존재자는 그 자신의 규정성을 통해서 현존재자 그 자체인 바의 그것이 아니라 어떠한 타자로 되는 것이며, 곧 **변화하게** (*verändert*)[31] 되는 것이다.

풍화작용, 소금 — 나무, 생명 일반, 성장, 발전

§〔33/65〕

대자존재는 일자(一者, Eins)이며, 그러한 일자는 다른 일자들을 배제하는가 하면 다수의 타자들일 수 있는 그것도 아니며, 그리고 그를 통해

……………

28) 원문은 다음과 같다.
"(……); es ist also dasselbe, was das Nichts, das im Denken gleichfalls *ist* und somit dasselbe Sein hat als das Sein selbst."
이 단락은 물론 존재와 무, 그리고 생성의 변증법에 있어서 존재와 무의 의미가 요약되어 있다. 존재는 무이다. 순수존재는 순수 무이다. 즉, 존재는 사유 속에 '존재하는' 무의 존재가 존재 그 자체와 동일한 것으로서의 무인 것이다(참조, Logik I, 66쪽 이하).

29) 이때 '분리된 오성규정들'이란 말은 존재를 존재로, 무를 무로 따로 분리하여 규정한다는 의미이며, 따라서 존재가 진리인 것도 아니고 무도 진리인 것이 아니며, 진리는 그 양자의 이행을 통한 생성이 진리이다(참조, Logik I, 67쪽 이하).

30) (원주)〔그 아래 지워진 부분〕 그러나 그 자신의 규정성이 동시에 그 자신의 제한(Schranke)이다.
〔여백에〕 제한은 공허한 중단이고 단절된 것을 의미한다. 곧 규정성이다. 그러나 제한은 긍정적인 중단, 단절된 것이기도 하다.
(역주) 'Schranke'는 '제한'으로, 그리고 다음에 나오는 'Grenze'는 '한계'로 번역한다.

31) '변화한다(verändern)'란 말 그 자체가 '타자화한다'란 의미이다.

서 유지되는 일자이다. 그러나 이때의 반발(Repulsion)은 다자(多者, die Vielen)에 대한 관계이거나, 또는 다자 그 모두가 오직 다자가 존재한다고 하는 그 동일한 하나의 규정만을 지닐 뿐이다. 따라서 다자는 많은 다자가 아니고, 즉 구별된 다자가 아니고, 일자인 것이다. 그러므로 반발은 곧 견인(Attraktion)이며, 다자의 배제는 다자와 함께하는 연속성(Kontinuität)이고, 마찬가지로 일자존재(Einssein)이자 배제이고 반발인 이와 같은 연속성이다.[32)]

§〔34/66〕

B. 양적인 것에 있어서 한계는, 곧 그를 통해 어떤 것이 그 어떤 규정된 정량이 되는 한계는 직접적으로는 그 자신의 피안을 지칭하는 무관여적인 한계이다. 따라서 크기를 지닌 것(das Große)은 역시 초월해가지 않으면 안 되는 유한자로서 규정된다. 그러나 모든 확대나 축소 그 자체는 무한성이 그에 대립해 있는 유한자만을 낳게 될 뿐이며, 무한자로 나아가는 진행이 무한성에 이르고자 하지만, 그러나 그 진행은 결코 무한성에 도달하지는 못한다.[33)]

....

32) 일자가 많은 일자들, 곧 다수의 것들을 배제하는 것이 반발이며, 또한 일자가 그와 같은 반발 속에서 다수의 것들의 존재성 속에 깃들어 있는 동일한 하나의 규정을 지님으로써 연속성 속에 있게 되는 것을 견인이라고 한다. 따라서 반발과 견인은 따로 분리된 것이 아니고, 반발이 견인이다. 이와 관련하여 『대논리학』에서는 다음과 같이 말한다.

"**첫째**, 대자존재는 직접적으로 대자존재자, 곧 일자이다.
둘째로, 일자는 **일자들의 다수성**(die Vielheit der Eins)으로 이행하며,—그것이 **반발**이며, 일자는 일자의 타자존재를 일자의 관념성 속에서 지양하기에 이르며,—그것이 **견인**이다."(Logik I, 147쪽).

33) 어떠한 크기를 무한히 확대한다고 하더라도, 또는 무한히 축소한다고 하더라도 그것은 크기 속에 한계를 갖는 유한자에 불과하다. 유한자가 유한자인 한 무한성에는 결코 도달할 수 없는 한계 속에 존재한다. 일종의 반복적인 악무한에 불과하다.

§〔35/67〕[34)]

유한자(das Endliche)가 직접적으로 자기 자신을 초월하게 되고, 즉자적으로 존재하지 않는 유한자로서, 즉 한낱 지양되어야 할 유한자로서 정립됨으로써 그 자신의 반대물인 무한자도 절대적으로 필요하게 된다. 그러나 무한자로의 진행은 어떠한 한계의 지양과 새로운 한계의 정립, 그리고 다시 새로운 한계의 지양이라는 공허한 반복에 지나지 않을 뿐이다. 무한자 그 자체는 한편으로는 유한자의 한낱 공허한 부정에 지나지 않는다. 그러나 또 한편으로는 무한자 그 자체는 유한적인바, 왜냐하면 무한자는 유한자에 대립해 있으며, 그를 통해 구별되면서 유한자에 대립해 규정되기 때문이다. 피규정적인 것(ein Bestimmtes)은 그러나 유한자이다.[35)]

§〔36/68〕[36)]

유한자나 유한자에 대립한 무한자가 진리를 지닐 수 없다고 하는 것은 공간 및 시간에 대한 관계에서 볼 때 공간과 시간 속에 있는 세계의 유한성과 무한성의 이율배반으로서 현상하게 된다. 왜냐하면 세계가 시간 속에서 시초를 갖는다고 주장하는 것과 마찬가지로 세계가 아무런

34) (원주)〔바로 위의, 여백에〕 철학. ― 개념들이 진리를 지니는가에 있어서 즉자대자적인 개념들에 대한 고찰
(역주) '개념들이 진리를 지니는가에 있어서 즉자대자적인 개념들에 대한 철학적인 고찰'이라고 번역할 수도 있을 것이다.

35) 무한자가 유한자에 대립해 있다는 것, 그러한 규정을 지닌 무한자는 무한자가 아니라 유한자이다. 그렇게 규정된다고 하는 것 그 자체가 유한자이기 때문이다. 이러한 경우 언제나 악무한에 빠지고 말 것이다. 『대논리학』에서 헤겔은 참된 무한자, 곧 진무한자에 대해 다음과 같이 말한다.
"**하나의** 과정으로서 유한자의 자기 지양(das Sich-aufheben) 및 무한자의 자기 지양,―그것이 **참된 무한자**(das **wahrhafte Unendliche**)이다." (Logik I, 126쪽).

36) 여기 이율배반론에 대해서는 「5. 중급반을 위한 논리학」 §77〔69〕 이하에서 다시 다루고 있다.

시초도 갖지 않는다고 주장하지 않으면 안 되기 때문이며, 또한 세계가 공간적으로 한정되어 있는 것과 마찬가지로 세계가 공간적으로 무한정적이라고 주장하지 않으면 안 되기 때문이다.

§〔37/69〕

제I정립 : 세계는 시간에 있어서 시초를 갖는다. 증명 : 세계는 시간적으로 아무런 시초도 갖지 않는다고 가정해보자. 그렇다면 저마다 주어진 시점까지 영원성이 경과하게 되었을 것이고, 그리하여 세계 속에 있는 사물들 상호 간에 이어지는 상태의 무한한 계열이 그때까지 흘러갔을 것이다. 그러나 어떠한 계열의 무한성은 점진적인 총합(das sukzessive Zusammenfassen)을 통해서 완성될 수는 없다는 사실 속에서 존립한다.[37] 따라서 무한적인 세계의 계열이란 불가능하며, 그리하여 시간에 있어서 세계의 시초는 필연적이다.[38]

시간은 한계를 지닌다. 지금(Jetzt)이란 절대적 한계이다 —

세계의 시초, 그 명제 : 지금이 세계이며, 세계 자신의 비현존재와 대립해 있다. 세계는 존재하지 않았으며, 다시 말해 세계 자신의 현존재를 초월해 비현존재로 나아가며, **세계 자신의 비현존재를 초월해** 시초를 향해 현존재로 나아가지 않으면 안 된다.

그와 반대로 현존재를 초월하여 오직 다른 현존재자로 나아가지 않으면 안 된다.

37) 비록 영원성이 어떤 주어진 시점에 이를 때까지 흘러왔다고 하더라도, 그리고 세계 속에 있는 사물들이 무한한 계열로써 흘러왔다고 하더라도 그렇게 점진적으로 흘러온 사태들의 총합이 영원성이나 무한성을 완전히 실현한다고 볼 수는 없다.

38) 이 문단 이하에서 서술하고 있는 이율배반론은 칸트의 『순수이성비판』에서 다루고 있는 이율배반론이기도 하다(참조, KrV, 454쪽 이하). 또한 「5. 중급반을 위한 논리학」 §79〔71/72〕 이하에서도 다시 다루어지고 있다.

§〔38/70〕

반정립 : 세계는 시간 속에서 아무런 시초도 지니지 않으며, 시간적으로 무한적이다.

증명[39] : 세계가 시초를 갖는다고 정립해보자. 그렇다면 그 시초에 앞서 세계가 그 속에 존재하지도 않은 거기에 어떠한 시간이 존재할 것이며, ―곧 공허한 시간이 존재할 것이다. 그러나 공허한 시간 속에서는 그 어떤 것도 발생할 수가 없다. 왜냐하면 공허한 시간 속에서는 현존재의 어떠한 제약도 존재하지 않기 때문이며, 그리고 현존재자는 현존재자를 그 제약으로 삼게 되거나 또는 다른 현존재자에 의하여 한정되기 때문이다. 따라서 세계는 아무런 시초도 지닐 수 없으며, 모든 현존재가 또 다른 현존재를 전제하면서, 그와 같이 무한하게 나아가고 말 것이다.[40]

§〔39/71〕

제II정립: 세계는 공간에 따라 한정되어 있다.

증명 : 만약 우리가 세계는 한정되어 있지 않다고 가정한다면, 세계는 동시적으로 실존하는 사물들의 무한하게 주어진 전체일 것이며, 세계는 또한 전적으로 하나의 대상일 것이다. 그러한 전체는 그에 포함된 부분들의 종합을 통해서만 완전한 것으로 간주될 수 있다. 그러나 경과하여 지나갔던 것으로 간주되어야 했던 무한적인 시간이 이와 같은 완성에 소속하게 된다는 것은 불가능하다. 그에 따라 실존적인 사물들의 무한한 집적은 주어진 전체로 간주될 수 없으며, 그리하여 동시적으로 주어진 전체로서 간주될 수도 없다. 결국 세계는 무한한 것이 아니라 한계들로 둘러싸여 있는 것이다.[41]

……………

39) (원주)〔바로 위의, 여백에〕 완성된 영원성, 어떠한 계열에 따라 지금, 여기. 또 다른 계열에 따르면 그렇지 않음. 그러나 언제나 한계를 지님.

40) 참조, KrV, 454쪽.

증명은 시간 속에서 일어나게 되는 파악을 통하여 시간에 관한 그 이전의 증명에 환원되는 것이지만, 그러나 시간에 관한 그 이전의 증명과 마찬가지로 증명이 직접적으로는 공간에 의하여 유도될 수도 있을 것이다. 이를테면 그 이전의 증명 속에서 지속적으로 흐르는 시간이 현재적인 순간 속에, 곧 (경험적으로) 받아들이게 되는 지금 속에(im Jetzt) 놓이게 되는 것이다. 지금이란 이와 같은 절대적인 시간의 한계이며, 따라서 한계 일반이다(**이** 붉은색이 붉은색 일반인 것처럼). 그리하여 공간에 있어서는 **여기**(ein *Hier*)라는 것이 그와 같은 절대적 한계이며, 따라서 한계 일반이다(초월적이지 않고도).

§〔40/72〕

반정립: 세계는 공간에 따라 무한정적이다.

증명: 우리가 만일 세계는 한정적이라고 가정한다면, 이때 세계는 공허한 무한정적인 공간 속에 놓여 있게 될 것이다.[42] 따라서 세계는 공허한 공간에 대한 어떠한 관계를 지니게 된다. 이와 같은 관계란 어떠한 대상에 대한 관계는 아닐 것이다. 그러나 그러한 관계, 즉 세계의 공허한 공간에 대한 관계는 아무것도 아니다. 따라서 세계는 무한적이다.[43]

§〔41/73〕

이와 같은 이율배반적인 명제들의 증명은 **직접적으로**(*directe*) 이끌어 낼 수도 있을 것이며, 나아가 그들 명제는 다음과 같은 대립에 환원되기도 한다.

공간과 시간 속에 있는 세계는, 1. 유한적이거나, 또는 절대적인 한계, 곧 본래적인 의미에서 지금(das Jetzt)과 ― 즉 위의 제I 정립에서 고찰한,

41) 참조, KrV, 454쪽 이하.

42) 만일 세계가 한정되어 있다고 한다면, 그 세계는 그를 에워싸고 있는 무한한 공간 속에서 존재하게 될 것이다.

43) 참조, KrV, 454쪽 이하.

영원성이 그 속에 멈추게 되는 현재적인 순간으로서의 지금과 — 그리고 여기(das Hier)라고 하는 절대적인 한계를 갖는다. 제I정립과는 달리 공간적인 세계에 관하여 다룬 제II정립에서는 단지 이와 같은 한계나 타자에 대한 관계가 곧 대상이라는 점에서 고찰된 것이다. 지금과 여기라고 하는 이 절대적인 한계들은 한계들 일반이 존재한다는 것, 따라서 세계의 시초와 세계의 공간적 한계가 존재한다는 것을 자체 속에 안고 있다. — 또한 절대적 한계는 현존재 자체에 관계되어 있기 때문에 현존재자는 비현존재자에 있어 절대적 대립을 지닌다. 현존재자는 현존재를 초월해 비현존재로 나아가며, 그 반대로 비현존재를 초월해 현존재로 나아가지 않으면 안 된다. 따라서 시간에 따라 발생이나 시초가, 공간에 따라 한계가 정립되어야만 하는 것이다.[44]

2. 그러나 지금과 여기라고 하는 절대적 한계는 직접적으로 자기 자신을 지양하는 그러한 한계일 뿐이다. 지양된 한계로서의, 또는 무관여적인 한계로서의 한계는 양적인 한계인 것이며, 따라서 무한자로의 진행이 정립되기에 이른다.[45] 지금과 여기는 현존재 자신과의 관계에 있어서도 마찬가지지만, 비현존재자에 있어서도 아무런 절대적인 한계를 지니지 않는다.[46] 지금과 여기는 그 자신의 대립자에도 긍정적으로 관계되어

44) 지금과 여기라고 하는 절대적 한계는 현존재이자 동시에 비현존재이기도 하다. 예컨대 시간적인 의미에서 지금이란 현존재적인 순간이지만 동시에 절대적인 한계로서의 비현존재적인 순간이다. 따라서 현존재자가 현존재에서 비현존재로 나아가지 않으면 안 된다는 그 비현존재의 시초나 발생이, 그리고 그와는 반대로 비현존재에서 현존재로 나아가지 않으면 안 된다는 그 시초나 발생이 정립되어야만 하는 것이다.

45) 절대적 한계로서의 지금과 여기는 절대적이란 의미에 있어서 한계가 지양된 것이며, 또한 한계에 관여되어 있지 않는 한계이다. 그 한계, 예컨대 시간에 있어서 그것은 지금에 이르기까지의 순간이라고 하는 양적인 한계이다. 그럼에도 불구하고 그 한계가 지양됨으로써 '무한자로의 진행', 다시 말해 '무한적인 진행'이 정립되기에 이른다. 이때 '무한자로의 진행'이란 말은 '무한적인 진행'으로 번역해도 좋을 것이다.

있는 것이다. 따라서 이 대립자 역시 어떠한 현존재이기도 하며, 곧 하나의 다른 현존재에 지나지 않을 뿐이다.[47] 그리하여 오직 하나의 현존재자에서 다른 현존재자로의 진행이 — 곧 무한한 진행이 있을 뿐이다. 결국 세계는 공간과 시간 속에서 무한적〔이다〕.

관심을 끄는 것
현실적인 무한, 상상적인 무한(infin〔itio〕 actu, imaginationis)
무한적인 자기규정, 중심점, 주변부의 지양이 그에 관계된다. 원환운동.

§〔42/74〕

따라서 유한자 자체도, 그리고 한낱 부정적인 무한자나 유한자에 대립적일 뿐인 무한자도 진리를 지니지 못하기 때문에 그것들의 진리는 자기 자신에 있어서의 유한적인 무한자이거나 자기 자신에 있어서의 무한적인 유한자이다. 다시 말해 그것이 자유로운 자기규정인 것이지만, 이 자유로운 자기규정은 자기 자신 속에서 스스로를 구별하며, 그리하여 그 자신의 제한들을 정립하는 것이지만(유한성의 측면들에서), 그러나 곧 그 제한들을 지양하게 되고, 그러한 가운데 자기 자신으로 복귀하게 된다(무한성의 측면에서).[48]

....

46) 원문은 다음과 같다.
"Ebenso in Beziehung auf das Dasein hat dasselbe in dem Nichtdaseienden nicht eine absolute Grenze; (……)"
이때 'dasselbe'가 무엇을 의미하는지 분명하지 않지만, 절대적 한계로서의 '지금과 여기'를 의미할 것이다. 그러나 '비현존재자'와 대립적인 의미라면 '현존재'로 이해할 수도 있다. 그렇더라도 그 의미에서 서로 큰 차이는 없지 않나 싶다.

47) 지금과 여기라고 하는 절대적인 한계가 지양되어버린 것이라고 한다면, 지금과 여기는 현존재자에 있어서나 비현존재자에 있어서나 아무런 절대적인 한계를 지니지 않는다. 비현존재자가 현존재자에 대립되어 있다고 하더라도 그 한계가 지양되어버린 한에서는 대립된 것으로서의 비현존재자는 현존재자의 긍정적인 관계 속에서 또 다른 현존재를 의미하는 것에 지나지 않는다.

2. 본질 범주들의 변증법[49]

§〔43/75〕

본질은, 1. 유한자의 가변성과 사멸성으로부터 벗어나 자기 자신 속에 존재하는 다양한 현존재의 전체이다. 이와 같은 사멸적인 다양성은 모두가 비본질적인 것을 형성한다. 그러나 본질은 현존재의 규정들 그 전체로서, 2. 그 자체 현존재를 지니지 않으면 안 되며, 따라서 결국에는 그 자체 본질적이기도 한 비본질성의 측면을 지닐 수밖에 없다. 이 본질적인 비본질성이 현상이다. ― 본질은 그 자신의 본질적인 비본질성 속에서, 또는 그 자신의 현상 속에서 질료와 형식으로 구별된다.[50]

우리는 유한적인 본질들이며―곧 이성이며 무한적인 개체이다―개별적인 이성은 그 반대로 유한적이다.

§〔44/76〕

현상 그 자체 속에 깃들어 있는 본질이 질료이다. 질료는 형식에 속하는 어떤 규정이나 부등성이 없이 그 자체로 존재하는 한에 있어서 현상 속에 깃들어 있는 본질인 것이다. 따라서 질료 그 자체는 몰형식적이고 수동적이다. 형식은 외면적으로 질료로 다가간다. 그러나 질료는 자기 동등적인 연속성 속에 존재하는 그 자체 내에 있어 한갓된 수많은 상호외적인 것(das in sich schlechthin viele Außereinander)이다.[51] 이제 형식

48) 악무한에서 진무한으로의 이행에 대해 언급하고 있다. 『소논리학』에 따르면 악무한이란 유한자에 대한 한낱 부정에 불과한 무한이며, 진무한이란 이행과 타자에 있어서의 자기 자신에 대한 관계, 곧 '타자의 타자'로 되는 무한을 말한다(참조, Enz. I, §93~§95, 198~201쪽).

49) (원주)〔여백에〕 현상, 가상―본질과 비본질적인 것―형식과 질료

50) (원주)〔그 아래에〕 "물활론(Hylozoismus)"

은 자기 자신 속에서 스스로를 구별하는 통일 이외에 다른 어떤 것이 아니다. 그리하여 형식은 질료[52]인 그것과 동일한 것이다. 그리고 그들 양자의 진리는 질료와 형식의 통일이다. 곧 형식화하면서 형식화된 질료(die formierende und geformte Materie)[53]이거나, 또는 그 자체에 있어 그 자신의 질료를 지닌 형식이다.

§〔45/77〕

질료의 가장 피상적인 형식은 부분들로 구성된 전체가 존재한다는 것이다. 부분들은 통일에 관계되어 있는 무규정적인 다양한 것 일반이다. 이와 같은 통일은 그 자체로 존재하는 것이 아니고 본질적으로는 이 다양한 것들의 관계이며, 곧 결합을 이루고 있는 통일이다.

§〔46/78〕

이와 같은 상호관계 속에는 다음과 같은 이율배반이 포함되어 있다.

1. 질료는 단순한 부분들로 구성되며, 그리고 오직 단순한 것만이 참다운 실존자이다. 왜냐하면 결합은 한낱 외면적인 상호관계에 지나지 않기 때문이다. 따라서 결합된 것 그 자체는 즉자적으로 존재할 수 있는 것이 아니고 오직 단순한 것만이 즉자적으로 존재한다.

앞에서의 이율배반에 있어서는 절대적 한계로부터 한계 일반으로 나아가는 것이었다. 여기 1에서는 한계 일반으로부터 절대적 한계로 나아가며, —

51) 질료를 형성하는 수많은 것들은 자기 동등적인 연속성을 지니며, 그러면서도 자체 내에서 상호 외적인 것으로 존재한다는 의미이다.

52) (원주) 수고본에는 “형식”으로 되어 있다.

53) 질료 그 자체도 진리가 아니며 형식 그 자체도 진리가 아니고, 그 양자의 통일이 진리이다. 따라서 그것은 질료 그 자체가 형식을 이루어나가면서 동시에 형식으로 전화하게 되는 것이기도 하다.

곧 단순한 부분이 그것이다.

2. 질료는 단순한 부분들로 구성되는 것이 아니며, 그리고 단순한 부분들, 또는 원자들은 어떠한 실존도 지니지 않는다. 왜냐하면 원자는 그들 자신의 무구별성과 동등성을 통해 본질적으로는 연속성 속에서 함께 존재하기 때문이다. 그러나 이 연속성은 단순한 부분들의 한갓된 가능성이며, 그리고 그들 부분의 실존을 지양한다. 따라서 질료는 무한히 분할 가능한 것이다.

제논의 예 : 보다 느리게 운동하는 물체가 하나의 공간을 앞서 차지하고 있는 경우, 그 앞서 있는 상태(ein Voraus)를 그대로 보존하게 된다.[54] 왜냐하면 첫 번째 것이 서 있는 지점에 두 번째 것이 도달하는 동안 그 첫 번째 것은 다시금 더 멀리 나아가기 때문이다. — 시간의 무한적인 분할 가능성.

시간의 연속성, 추격 가능성

§〔47/79〕

전체와 부분들과의 상호관계에 대한 이율배반은 일반적으로 다음과 같이 환원된다.[55]

54) 비록 느리게 운동하는 물체라고 하더라도 앞서 있는 공간을 차지하고 있다면 그 앞에 있다고 하는 상태를 그대로 유지하게 된다는 의미이다.

55) 『대논리학』에 따르면 '본질적 상호관계'는 '전체와 부분들의 상호관계', '힘과 그 발현의 상호관계', '외적인 것과 내적인 것의 상호관계'로 구분되어 서술되고 있다. 따라서 이 문단은 '전체와 부분들의 상호관계'를 다루고 있으며, 다음에 이어지는 두 문단, 즉 §〔48/80〕과 §〔49/81〕은 '힘과 그 발현의 상호관계'를 다루고 있다(참조, Logik II, 136쪽 이하).

1. 전체는 부분들로 구성되며, 부분들은 전체를 형성한다.

2. 그러나 전체는 부분들 그 자체로서 구성되는 것이 아니다. 왜냐하면 전체는 부분 그 자체 속에 존재하는 것이 아니기 때문이다.[56] 그리하여 부분들은 그들 자신의 총괄 속에서만 전체를 형성할 뿐이다. 요컨대 부분들의 총괄은 전체이다. 따라서 다음과 같은 두 가지 동어반복만이 드러날 뿐이다. 부분들 그 자신으로서의 부분들이란 오직 부분들에 지나지 않을 뿐이다. 오직 전체만이 전체이다. 또는 부분과 전체는 서로 무관여적이며, 그리고 그 상호관계는 붕괴된다. 다시 말해 상호관계는 아무런 관계가 아니다.

§〔48/80〕

규정된 형식은 그 자신의 외부로 향해 가는 활동성에 있어서 힘이다. 힘은, 1. 자기 자신 속에 근거하며, 자기 자신으로부터 벗어나고자 활동적이 된다. 힘은 규정된 내용을 지닌다. 그러나 형식은 본질적으로 내용과의 통일이다. 따라서 힘은, 2. 곧 활동성으로 규정된다. 그러나 활동성의 규정된 존재(das Bestimmtsein) 그 자체는 제약된 존재(Bedingtsein)이다. 따라서 힘은 어떠한 제약을 지니는 것과 마찬가지로 자기 자신 속에 근거를 지니는 것이다. 그리하여 힘은 전체와 부분들의 상호관계처럼 어떤 절대적인 상호관계가 아니다.[57]

§〔49/81〕

힘의 제약은 그 자체 유발적인 활동성(eine sollizitierende Tätigkeit)[58]

56) 전체가 하나하나의 부분 속에 존재하는 것은 아니기 때문에, 전체가 그러한 부분들에 의하여 구성되는 것이 아니다.

57) 전체와 부분들의 상호관계가 절대적인 상호관계가 아닌 것처럼 힘과 그 발현의 상호관계도 절대적인 상호관계가 아니라는 의미이다.

으로서의 힘이다. 이것, 곧 제약자(das Bedingende)는 힘 그 자체라는 점에 있어서 제약되는 것이며, 물론 그것은 최초의 유발적인 활동성을 통해 제약되는 것이거나, 또는 힘은 오직 최초의 유발적인 활동성에 의해 유발되는 것을 통해서만, 즉 제약자가 존재하게 되는 것을 통해서만 유발적인 것이다.[59] 따라서 이와 같은 제약된 존재(dieses Bedingtsein)는 상호적이기 때문에 이때의 전체만이 무제약자(das Unbedingte)일 뿐이다.[60]

3. 무제약적 상호관계들의 변증법

§〔50/82〕

무제약적 상호관계 속에서 가능성과 현실성의 대립이 나타난다. 현실적인 것은 어떤 규정된 내용을 통해 그 자신의 가능성과 구별되는 것이 아니고, 현존재를 통해서만, 곧 공허한 형식[61]으로서만 구별될 뿐이다. 1. 현실적인 그것은 가능적이다. 그러나 가능성은 자기 자신 속에 현실성을 포함하지 않으며, 그리고 비현실적인 것 역시 가능적이다. 2. 만일

58) '유발(誘發)적인'으로 번역한 'sollizitierende'란 말은 좀 더 평이하게는 '동요를 일으키는'이란 의미일 것이며, 따라서 '동요를 일으키는 활동성', '동요하게 되는 활동성'이란 의미로 이해해도 좋을 것이다. 그러나 여기서는 임석진의 번역이나 일본의 번역을 참조했다(참조, 『대논리학, -본질론-』, 241쪽. / ヘーゲル, 武市健人 譯, 改譯 大論理學, 中卷, 岩波書店, 1994, 198쪽).

59) 이 문장의 의미는 유발적인 활동성으로서의 힘 그 자체는 제약하는 것, 즉 제약자이기도 하지만 바로 그 제약자란 점에서 또한 제약된 것, 즉 피제약자이기도 하다. 다시 말해 힘이 유발되는 최초의 활동성을 통해 힘 그 자체는 제약하는가 하면 제약되는 것이다. 힘을 제약하기 때문에 힘은 유발되고, 또한 힘은 제약된다.

60) '이와 같은 제약된 존재'란 말은 앞서 말하고 있는 '제약자가 제약된 것'을 의미하며, 따라서 '상호적(gegenseitig)'이란 말은 제약자와 피제약자의 상호성을 의미한다. 그리하여 그 통일로서의 전체는 제약을 벗어난 '무제약자'이다.

61) (원주)〔여백에〕 여기에서 형식은 단지 현존재일 뿐이다.

어떤 것이 참으로 가능적이라고 한다면, 다시 말해 어떤 것의 모든 제약들이 현존한다면, 그 어떤 것은 필연적이다. 그러나 필연적인 것은 현실적이다. 따라서 현실성이 없는 한갓된 가능성은 본질적으로는 내용의 결여에 지나지 않기 때문에 필연성이기도 한 참된 가능성과는 구별된다.

가능성은 제약된 상호관계 속에서 제약들이 실존하는 것에 대립하게 되는 그 모든 제약들을 자기 자신 속에 포괄한다. 어떤 것은, ……없이도 가능적일 수 있다.

가능성은 단지 제약들이 지닌 내용의 불완전한 단순성을 의미할 뿐이다.

따라서 가능성과 현실성은 단지 **현존재의 형식**의 구별만이 아니고 내용의 구별이다.

현존재로의 드러남은 우연성으로서 현상하는 것이다.(분말이 되어 날리는 불꽃) — 혁명으로의 성숙.

— 신의 오성에 있어서 가능적인 것은 또한 직접적으로 현실적이며, 유한적인 오성에 있어서 가능적인 것은 그와는 다르며, 곧 **상상적인** 가능성이다. 참된 가능성은 역시 현실적이다.

개념적인 파악이란 어떤 것이 그 자신의 제약들에 기인하여, 곧 그 자신의 가능성에 기인하여 〔전개되어간다고 하는 것을〕〔의미한다〕. 즉, 모든 제약들을 통찰한다는 것을 의미한다.

§〔51/83〕

실체란 현존재의 모든 규정과 변화 속에서도 부단히 지속적인 존재이다. 현존재의 규정들은 우유적인 것을 형성하며, 그리고 변화는 이와 같은 우유적인 것에만 해당될 뿐이다. 1. 저마다의 개별적인 사물은 특수한 실체이다. 왜냐하면 개별적인 사물은 존재하는 것 일반으로서 그 자신의 단순한 질료를 형성하는 순수한 무규정적인 자기 동등성 속에서 존재하기 때문이다. 그러나 이 자기 동등성 속에서는 그 어떤 변화도 끼어들 수 있는 것이 아니며, 오히려 이 자기 동등성이야말로 현존재의 모든 전변의 기체(基體, Substrat)이다.[62)]

2. 개별적인 사물의 자기 동등적인 존재란 본질적으로는 어떤 규정된 존재이다. 왜냐하면, 만일 그렇지 않다고 한다면 개별적 사물의 자기 동등적인 존재는 이 사물의 존재는 아니기 때문이며, 그리하여 물론 그와 같은 존재는 변화에 지배되고 있기 때문이다.[63)] 실체적 존재가 부단히 지속되는 것이기 위해서는 무규정적이지 않으면 안 되기 때문에 특수한 사물들의 모든 구별이 지양되는 것이다. 따라서 특수한 사물들 그 자체는 어떠한 실체들도 아니며, 실체적 존재는 오직 **하나의** 실체일 뿐이다.[64)]

실체—사물은 연소하여 없어지고 만다, 사물 그 자신의 실존이 지닌 우유적인 것

〔1에 덧붙여〕 α)개별성, β)개별성은 규정성이다.

〔2에 덧붙여〕 모든 규정, 공간, 무관여적인 현존재

§〔52/84〕

하나의 실체에 있어서 모든 특수성과 개별성 일반은 어떤 우유적인 것에 불과할 뿐이며, 그리고 그 실체에 있어서 어떤 지양된 것일 뿐이다. 특수성이나 개별성은 아직 주체성의 개념에는 이르지 못한 보다 낮은

....

62) '순수한 무규정적인 자기 동등성'으로서의 개별적인 사물은 그 자체 어떠한 타자도 지니지 않는, 따라서 어떠한 변화도 일어날 수 없는 실체이다.

63) '자기 동등적인 존재'로서의 개별적인 사물은 '이 사물의 존재'라는 점에서 규정된 존재이며, 그리고 규정된 존재라는 점에서 변화하는 존재이다. 따라서 앞서 1에서는 불변적인 특수한 실체로서의 개별적인 사물에 대해, 그리고 여기 2에서는 가변적인 규정된 존재로서의 개별적인 사물에 대해 언급하고 있다.

64) 『대논리학』에서 실체는 존재와 본질의 통일로서 다루어지며, '절대적인 상호관계' 속에서 서술되고 있다(참조, Logik II, 184쪽 이하).

단계의 상호관계이다. 우선 실체는 그 자신 〔속에〕 모든 특수성이 지양되어 있음으로써 부정적 통일인 것이다. 왜냐하면 실체란 직접적으로는 단지 지속적인 것(das Beharrende), 곧 긍정적인 것이어야만 하며, 그리고 규정, 곧 부정이 실체 그 자신에 귀속해서는 안 되겠기 때문이다. 실체는 실체적인 부정적 통일이란 점에서 원인이라고 하는 보다 고차적인 규정을 포함한다.

실체에 **있어서** 〔모든 특수성은〕 소멸한다 — 원인으로서가 아닌, 즉 위력으로서가 아닌 실체

§〔53/85〕

인과성의 상호관계(Kausalitätsverhältnis)에 있어 다음과 같은 이율배반이 나타난다.

1. 자연의 법칙들에 따르는 인과성은 세계의 현상들이 도출될 수 있는 유일한 인과성은 아니다. 그들 현상의 해명을 위해서는 역시 자유를 통한 인과성을 받아들이는 것이 필연적이다.

증명 : 자연의 법칙들에 따르는 인과성 이외의 어떠한 다른 인과성도 없다는 것을 가정해보자. 그렇다면 발생한 모든 사태는 그 이전의 상태를 전제하게 되며, 그것은 반드시 하나의 규칙에 따라 이전의 상태를 이어가기 마련이다. 그러나 이제 그 이전의 상태 자체란 발생했었던 어떤 것이어야만 한다. 왜냐하면 만일 그와 같이 발생했었던 어떤 것이 항상 존재하는 것이라면, 그 귀결도 또한 최초로 발생한 것이 아니라 언제나 존재하고 있는 것이기 때문이다.[65] 따라서 원인 그 자체의 인과성은 발

65) 자연 필연적인 인과성에 따를 때, 그 이전의 상태가 발생했다고 한다면 그 귀결도 반드시 일어나게 될 것이고, 따라서 그와 같은 상태가 그때마다 계속 발생한다고 하면 그 귀결도 항상 발생하게 된다는 의미이다.

생한 어떤 것이기 때문에 원인과 결과에 대한 계열의 무한적인 과정으로 나타나게 된다. 다시 말해 그 무한적인 과정이란 한낱 불완전한 계열인 것이며, 따라서 충분하게 규정되어 있지 못하면서도 근거도 불충분한 원인에 지나지 않다.

그리하여 인과성은 절대적 자율성(absolute Spotaneität)으로서 간주되지 않으면 안 되며, 곧 자연의 법칙들에 따라 일어나는 현상들의 계열이 그 자체로부터 시작하게 되는 자유로운 원인으로 간주되어야 한다.[66)]

§〔54/86〕

2. 자유를 통한 인과성이란 존재하지 않으며, 세계 속에 있는 모든 것은 오직 자연의 법칙들에 따라 발생한다.

증명 : 자유에 따르는 인과성이 존재한다고, 다시 말해 어떠한 능력, 상태, 따라서 또한 그 일련의 귀결들이 단적으로 시초를 지닌다고 가정해보자. 그렇다면 자율성의 규정이 물론 시초를 지니게 될 것이고, 그리하여 자유의 행위를 규정하는 그 어떤 것도 선행하는 것이란 없다.[67)] 그러나 행위를 하기 위한 그때마다의 시초는 아직 행위로 옮기지 않은 원인의 상태를 전제하게 된다. 그리고 행위의 단적인 최초의 시초는 그 동일한 원인의 선행적인 상태와는 인과성의 관련이 전혀 없는 어떠한 상태를 〔전제하게〕 된다. 다시 말해 어떠한 방식으로도 그에 따르는 귀결

66) 물론 여기에서 §〔54/86〕과 함께 인과성에 대한, 즉 자연의 인과성과 정신의 인과성에 대한 이율배반에 대해 언급하고 있는 것이겠다. '인과성의 상호관계'에 있어서 그 참된 의미는 실체의 진리가 개념인 것과 마찬가지로 필연성의 진리는 자연의 인과성이 아니라 정신의 인과성에 따른 자유이다(참조, Logik II, 194쪽/Enz.I, §158, 303쪽).

67) 이때 '자유의 행위를 규정하는 그 어떤 것도 선행하는 것이란 없다'란 말은 자율성의 규정이 이미 시초를 갖기 때문에 그 시초에 선행하는 그 어떤 것도 없다는 의미이다.

이 일어나지 않는 어떠한 상태를 전제하게 되는 셈이다. 따라서 절대적 자유는 인과법칙에 대립하기 마련이다.[68)]

§〔55/87〕

인과성의 상호관계에 대한 변증법의 보다 순수한 형식은 다음과 같은 형식을 띤다. 1. 원인은 결과와는 상이하며, 물론 그 형식에 따라 그러하다. 전자, 즉 원인은 근원적인 것이고 활동적인 것이다. 그러나 결과는 자기 자신을 통해 정립된 것이 아니고, 또 하나의 다른 정립된 것이다. 원인은 운동이 그로부터 시작되는 한 전적으로 그 자체로서 자유롭다. 2. 그러나 원인은 내용에 따른다면 결과와 상이한 것이 아니다. 원인 속에 존재하지 않는 그 어떤 것도 결과 속에 존재하지 않는다. 또한 그와 반대로 결과 속에 존재하지 않는 그 어떤 것도 원인 속에 존재하지 않는다. 왜냐하면 결과가 원인을 통해서 생성되는 한에서만 원인은 원인일 수 있기 때문이다.[69)] 더 나아가 원인의 대립물로의 이행이나 그를 통한 원인의 작용은 필연적이다.[70)] 왜냐하면 원인이 결과를 지니는 한에 있어서만 의미를 갖겠기 때문이다. 원인은 결과 속에서 소멸하거나, 또는 결과로 이행하며, 그리고 이와 같은 필연성 때문에 원인은 자유롭지 못하다. 원인은 비록 활동성 자체의 시초이기는 하지만 필연성의 전체 계기이거나 또는 우연적인 것이다. 그리고 절대적인 최초의 것은 오직 이와 같은 전체일 뿐이다.

〔1에 덧붙여〕 원인은 결과가 역시 절대적이기 때문에 절대적인 것은 아니

68) 아직 행위로 표출되지 않은 원인과 행위로 표출된 결과 사이에는 아무런 필연적인 인과성을 도출할 수 없다는 의미일 것이다. 따라서 절대적 자유는 오히려 인과법칙과는 대립적이다.
69) (원주)〔여백에〕 자기 자신과의 상호작용에 있어서
70) (원주)〔여백에〕 즉, 그것이 하나의 발생한 사태일 것이다.

며, 원인이 절대적이기 때문에 절대적이다.

〔2에 덧붙여〕 2. **동등적인. 악한** 동등성(*schlechte* Gleichheit) — 원인은 또한 결과이다.[71)]

§〔56/88〕

이를 통해 그 자신의 원인인가 하면 그의 결과이기도 한 어떤 동일적인 것의 자기 자신과의 상호작용이 정립된다. 그런가 하면 또한 이 동일적인 것은 자기 자신 속에 전체적인 형식을 지니며, 그리고 이 형식을 자기 자신으로 이끌어들이거나, 또는 상호대립적인 규정들 속에서 스스로를 정립하는 가운데 자기 자신과 동등한 상태로 머무르게 된다.

71) '**악한** 동등성'이란 말은 '악무한', 또는 '악무한자(das Schlecht-Unendliche)'란 말에서 따온 번역이다. 이 말을 헤겔은 논리학에서 그렇게 자주 사용하고 있는 것 같지는 않으며, 그 의미를 이해하기도 어렵다. 여기서는 원인과 결과를 단순히 동등한 것으로만 간주하는 경우를 두고 하는 말이 아닌가 싶다. 또한 '2에 덧붙여'에 이어 '2'가 왜 다시 쓰여지게 된 것인지 알 수 없다.

제2부
주관 논리학

I. 개념

§〔57/89〕

개념은 보편자이지만, 그러나 동시에 규정되어 있으면서도, 자신의 규정 속에서 그 동일한 전체적인 보편자로 머물러 있는 그러한 보편자이다.[72)]

인간은 인간이다. 색깔은 색깔이다. 사자는 동물이다. 카유스(Cajus)는 인간이다.

72) 개념은 보편자이지만, 무규정적인 보편자가 아니고 규정된 보편자이다. 이때 '그 동일한 전체적인 보편자'란 '규정된 그 전체와 동일한 보편자'란 의미이다. 『소논리학』에서는 다음과 같이 말한다.
"개념은 **그 자체로 존재하는 실체적 위력**으로서 자유로운 것이며, 그 계기들 **저마다가** 곧 **개념 그 자신**이기도 한 **전체**인 것이기 때문에, 그리고 자기 자신과의 비분리적인 통일로서 정립되는 것이기 때문에 **총체성**이다. 따라서 개념은 그 자신의 자기 동일성에 있어서 **즉자대자적으로 규정된 것**(das *an und für sich Bestimmte*)이다." (Enz. I, §160, 307쪽).

나는 나의 개별성에 있어서 보편적인 나이다
— 무한적인 — 나 자신의 한계를 통해서는 규정되지 않는다
나는 전체이다

§〔58/90〕

개념의 계기들은 개별성, 특수성, 그리고 보편성이다. 개념은 계기들을 하나의 통일성 속에 포함되어 있는 단순한 추상들로서 지니게 된다.

개념과 표상의 구별
참조 : **공통적인** 징표들, 이와 같은 **존재들**(diese *Sein*)

§〔59/91〕

보편자는 긍정적이고도 자기 동등적인 무규정적 통일(positive sich selbst gleiche unbestimmte Einheit)로서 곧 이와 같은 통일을 뜻한다.[73] 특수성은 보편자의 규정이지만, 그러나 특수성은 보편자 속에 지양되어〔있거나〕 또는 보편자가 특수성 속에 보편자인 바의 그 자체로서 머물러 있다.[74] 개별성은 부정적 통일이거나 혹은 절대적 자기 규정으로 통합된 규정이다.

73) (원주)〔여백에〕 **존재**와 같은 — 다른 영역들과 같은 그러한 것이 아님, 분할이나 부분들이 아님.
(역주) 위의 원주에서 하고 있는 말이 무슨 의미인지 이해하기 어려우며, 다만 본문에서 하고 있는 말과 관련하여 보편이란 존재와 같은 그러한 영역들만을 지칭하는 것이 아니라는 의미가 아닌가 싶다.

74) 다음 문단, 즉 §〔60/92〕에서 언급하고 있는 포섭과 내속의 의미와 관련하여 하고 있는 말이며, '보편자가 특수성 속에 보편자인 바의 그 자체로서 머물러 있다'란 내속의 의미에서 하고 있는 말이다.

§〔60/92〕

보편자는 특수자와 개별자를, 특수자는 개별자를 **자기 밑에**(*unter sich*) 포괄한다. 그와는 달리 개별자는 특수성과 보편성을, 그리고 특수자는 보편성을 **자신 속에**(*in sich*) 포괄한다. 보편자는 특수자와 개별자 그 이상으로 폭넓은 것이지만, 그와는 반대로 특수성과 개별성은 보편자 그 자체가 다시금 하나의 규정성인 한에 있어서 보편자보다 더 많은 것들을 자신 속에 포괄한다. 보편자는 특수자에 **내속하며**(*inhäriert*), 그 반대로 보편자는 특수자를 자기 밑에 **포섭한다**(*subsumiert*).[75)]

§〔61/93〕

종속화되는 것과 동위화되는 것.[76)]

II. 판단

§〔62/94〕

판단이란 개념의 구별된 계기들에 있어 어떠한 대상에 대한 서술이다. 판단은 다음과 같은 것들을 포함한다.

1. 개별성의 규정 속에서 개념을 주어로 지닌다.

75) '자기 밑에'란 포섭(Subsumtion)을, '자신 속에'란 내속(Inhärenz)을 의미하며, 형식논리학에서는 외연이 넓은 보편이 외연이 좁은 특수나 개별을 포섭하며, 그와는 반대로 외연이 넓은 보편이나 특수가 외연이 좁은 개별에 내속하게 된다. 「4. 상급반을 위한 개념론」 §5에서, 그리고 「5. 중급반을 위한 논리학」 §98〔93〕에서도 그에 대해 언급하고 있다.

76) (원주) 참조, 「4. 상급반을 위한 개념론(1809년/10년)」 §7.
(역주) 개념의 종속관계와 동위관계, 즉 종속개념과 동위개념에 대해 암시하고 있는 문단이며, 「3. 하급반을 위한 논리학」 §〔20〕에서도 언급되고 있다. 또한 그들 개념이 보편성과 특수성과는 어떻게 관계되는가 하는 문제에 대해서는 『대논리학』에서도 언급하고 있다(참조, Logik II, 257쪽).

2. 보편성의 규정 속에서 개념을 지니거나 판단 자신의 술어를 지닌다. — 또는 개별성이 특수성에, 아니면 특수성이 보편성에 관계되는 것과 마찬가지로 주어가 술어에 관계될 수 있다.

3. 주어에 대한 술어의 단순한 무내용적인 관계, 곧 **이다**(*ist*)라고 하는 계사를 지닌다.

술어—

우유적인 술어로서 존재하는 것이 아니다. 왜냐하면 개별자 자체는 그 자체로서 보편적이기 때문이다.

카유스는 여행 중이다. 이때 여행한다고 하는 것이 이 남자보다 더 보편적이다. 여행한다는 것은 보다 많은 사람들에게 해당되는 것이다. 여행한다고 하는 것은 일어난 어떤 사건이며, 하나의 우연성이기도 하다. 보편자는 여러 주어들의 보편자이어야 하며, 그러한 보편자를 통해 주어가 보편적이라고 하는 그러한 보편자이어야 한다.

§〔63/95〕[77)]

명제는 판단과 구별되어야 한다. 명제에 있어서는 어떠한 주어에 관하여 전적으로 개별적인 어떤 것, 곧 일어난 어떤 사실이 진술되는가 하면,[78)] 또한 일반적인 명제들에 있어서처럼 주어가 필연성에 따라 연관되는 그 어떤 것,[79)] 즉 주어가 그에게로 생성되어가며, 그리고 본질적으로는 상호대립적인 것으로서 그에 관계되는 그 어떤 것이 진술되는 것이다.[80)] 개념에 있어서 계기들은 **하나의** 통일 속에 존재하는 것으로 파악되

77) 이 문단은 「4. 상급반을 위한 논리학」 §12와 그 내용은 물론 표현도 거의 비슷하다.

78) (원주) 〔여백에〕 사실(史實)적인 판단, 일반적인 원인은 하나의 결과를 지닌다 — 지금은 12시이다 — 나는 이 책을 구입했다.
(역주) 위의 '사실(史實)적인 판단'이라고 번역한 것은 원문에는 'historisches'라고만 쓰여 있으며, 대체로 경험적인 판단의 의미일 것이다.

79) (원주) 〔여백에〕 곧 개념에 있어서의 필연성, 그러나 개념 그 자체로서는 아니다.

기 때문에, 개념 그 자신 속에는〔다시 말해 판단 속에는〕[81] 물론 규정이 깃들어 있지만, 그러나 그 규정은 생성이나 상호대립으로서 존재하는 것은 아니다. (계사에 의하여 언표되는 관계란 단순하고 직접적이며, 보편성 및 동등성의 연관에 불과하며), 그리고 보다 하위의 규정은 직접적으로는 그 규정과는 상이한 보다 상위의 보편자로 고양되거나, 혹은 오히려 그와 같은 상위의 보편자로 이미 고양되어 있다.

§〔64/96〕

논리학에 있어서 판단은 어떤 특정한 경험적인 내용을 고려함이 없이 그 자신의 형식에 따라 고찰된다.

내가, 곧 어떤 것에 대한 **나 자신의** 표상이 대상과 일치하는지 일치하지 않는지에 대해서는 전혀 언급되어 있지 않으며,—거기에는, 물론 나에게도 아무것도 놓여 있지 않으며,—오히려 실재성이 즉자대자적으로 개념의 본성을 언표하는 것인지 그렇지 않은지 하는 것만이 언급되어 있다.[82]

....

80) 여기서 명제와 판단을 직접적으로 구분하여 표현하고 있지는 않지만, 앞부분에서는 명제에 대해, 뒷부분에서는 판단에 대해 약간 암시적으로 언급하고 있다. 헤겔에 의하면 명제와 판단은 구별된다. 그 가장 뚜렷한 구별은 명제란 아무런 부정성이 개입되지 않은 채 단순히 사실대로의 언표라고 한다면, 판단은 부정성이 개입되는 경우이다. 가령 '아리스토텔레스는 73세에 죽었다'고 하는 것은 우선 명제이기는 하지만, 그러나 '72세가 아니고 73세에 죽었다'는 의미라면 그것은 판단이다(참조, Logik II, 276쪽 이하). '판단'(Urteil)이란 말의 어원적인 의미에 대해 헤겔은 다음과 같이 말한다.

"—독일어에서 판단이란 말의 어원적인 의미는 보다 심오하며, 무엇보다 먼저 개념의 통일이자 근원적인 분할로서의 개념의 구분을 표현한다. 그것이 참된 의미의 판단이다."(Enz.I, §166, 316쪽).

81) (원주)〔여백에〕 판단이란 개념에 대한 대상성의 관계를 언표하는 것으로 되지 않으면 안 된다.

82) 판단이 원래 나의 어떤 것에 대한 표상의 문제가 아니라 개념의 문제라는 것을, 곧 개념과 관련된 문제라는 것을 이렇게 말하고 있다.

§〔65/97〕[83)]

판단들이란 주어와 술어가 서로 고려되는 가운데 지니게 되는 상호관계를 통해서 구별된다. 즉, 그들 양자의 관계가 개념을 통해, 그리고 개념 속에 존재하는 한에 있어서, 또는 그들 관계가 개념에 대한 대상성의 관계인 한에 있어서 상호관계를 통해서 구별되는 것이다.[84)]

판단의 보다 고차적인 진리나 절대적 진리는 이와 같은 관계에 의존한다. 진리는 개념과 개념 그 자신의 대상성과의 일치이며, 그리고 판단 속에서 이와 같은 개념의 서술이 개념 그 자신의 대상성에 있어서 시작되는 것이며, 따라서 진리의 영토가 판단에서 시작되기에 이른다.[85)]

1. 판단들의 질, 또는 내속의 판단들

§〔66/98〕[86)]

판단에 있어서 술어는 직접적으로는 주어에 속해 있는 어떠한 특성이기도 하다. 물론 보편자 일반으로서의 이 특성은 주어에 관계되는 것이지만, 그러나 동시에 단지 주어에만 내속할 뿐이며, 주어의 어떠한 규정된 현존재인가 하면, 그러한 특성에 해당하는 보다 많은 규정성들을 주

83) 참조, 「4. 상급반을 위한 개념론」 §13.

84) 판단들에는 여러 종류가 있으며, 그와 같은 판단들은 서로 분리되어 있는 것이 아니라 상호관계 속에서 보다 고차적인 진리를 향해 나아가는 것이라는 의미일 것이다. 물론 이하에서 질적 판단들과 양적 판단들만을 다루고 있다. 다시 말해 판단들의 관계나 판단들의 양상에 대해서는 다루지 않고 있는 것이다.

85) '판단'이라고 번역한 'Urteil'이란 말은 원래 '근원적인 분할'을 뜻한다. 『대논리학』에서 헤겔은 판단에 대해 다음과 같이 말한다.
"따라서 개념의 자기복귀는 **개념 그 자신의** 절대적이고 근원적인 **분할**인 것이며, 나아가 개별성으로서의 개념이 **판단**으로 정립되는 것이다." (Logik II, 264쪽).
"판단이란 **개념** 그 자체에 있어서 **정립된** 개념 그 자신의 **규정성**이다." (Logik II, 264쪽).

86) 참조, 「4. 상급반을 위한 논리학」 §15.

어는 지니게 되는 것이기도 하다. 따라서 이때 술어의 보편성은 직접적이면서도 감성적인 보편성의 의미를 지니며, 다른 것들과의 한갓된 공통성의 의미를 지니게 된다.[87] (그리고 주어는, 마찬가지로 이와 같은 그 자신의 규정은 하나의 대상인 것이며, 객관 일반이다). ― 이것이 현존재의 판단이며, 현존재 일반으로부터 취하게 되는 판단인 것이다.[88]

§〔67/99〕

직접적인 판단은 그 자신의 순수 형식이 그 자신이 지닌 한갓된 내용으로서 언표되는 것이기 때문에, 다음과 같이 언표된다. 즉, 개별자는 보편적이다. 이것이 **긍정**판단 일반이다.

개념에 있어서는 아직 아무런 필연적인 관계도 지니지 않는다.

§〔68/100〕

그러나 또한 그와 마찬가지로 개별성과 보편성과의 상이성 때문에 판단은 다음과 같이 언표되지 않으면 안 된다. 즉, 개별자는 보편적이 아니다. 이것이 **부정**판단 일반이다.

이와 같은 판단은 주어와 객어(Objekt)의 본질적인 상이성 때문에 전도될

87) 이때 '다른 것들과의 한갓된 공통성의 의미(…… und der bloßen Gemeinschaft mit anderen)'란 말은, 예컨대 '장미꽃은 붉다'란 판단에서 술어로서의 '붉은 것'이 주어에 내속해 있는 하나의 속성이기는 하지만, 그러나 주어를 포섭하는 보편자이며, 술어로서의 '붉은 것'이라고 하는 '한갓된 공통성'으로서의 이 보편자는 장미꽃 이외에도 다른 많은 것들을 포괄하고 있다는 의미이다.

88) 현존재의 판단은 질적 판단이며, 『대논리학』에서는 현존재의 판단에 대해 다음과 같이 말한다.
"이 판단의 주어는 직접적으로는 **추상적이고 존재적인 개별자**이며, 술어는 주어의 **직접적인 규정성**이거나 그 속성으로서, 곧 추상적 보편자이다." (Logik II, 272쪽).

수는 없다.

개별자는 보편적이다. α)술어 그 자체는 주어에 **대립해서** 보편적이다. β) 주어는 그 자체 **보편적**이며, 어떤 우연적인 것이 주어 그 자신의 술어일 수는 없다.

§〔69/101〕

물론 이와 같은 판단에 있어서 주어로부터 술어의 분리가 정립되어 있지만, 그러나 이 분리는 동시에 어떠한 관계이기 때문에 우선은 여전히 긍정판단 그 자체가 현존하게 된다. 즉, 부정은 술어가 지닌 앞서의 공허한 보편성의 규정으로서 간주될 수 있으며, 그리하여 그 판단의 언표는 다음과 같다. 개별자는 특수자이다.[89)]

개념은 물론 개별성, 특수성, 그리고 보편성이라는 세 계기들을 지닌다. 그러나 판단은 직접적으로는 다음과 같다. 즉, 개별성은 보편성이다. 왜냐하면 〔그〕 판단은 분리를 언표하고 있기 때문이다.—"개별자는 특수자이다"라고 하는 〔그러한〕 판단을 통해서 판단은 어떠한 **내용**을 포함하게 된다. 왜냐하면 특수성은 개별성과 보편성의 통일이기 때문이다. 그러나 내용은 주어와 객어의 동등성(die Gleichheit des Subjekts und Objekts)이다(실체적 통일).[90)]

§〔70/102〕

술어는 이제 특수자로서 언표되는 것이기 때문에, 술어는 보편적인 술어이자 동시에 규정된 술어이다. 그것은 어떠한 **내용**을 지닌 긍정판단이다.[91)]

……………

89) '개별자는 보편적이 아니다'란 부정판단에 있어 술어는 주어로부터 분리되어 있지만, 그러나 여전히 어떠한 관계 속에 있으며, 부정적인 관계 속에 있다. 즉, 이 부정판단에서 부정의 의미는 술어이기도 한 공허한 보편성에 대한 규정이며, 따라서 '개별자는 특수자이다'란 긍정판단의 의미가 깃들어 있는 부정판단이다.

개별자는 어떤 특수자이다. — α)특수자는 개별성이며, 따라서 **이** 특수자이다.

부정판단: 개별성은 **이** 특수자가 **아니고**, 어떤 다른 특수자이다(단지 규정성이 부정될 뿐이다).

β)특수자는 보편성이며, 따라서 특수자 일반이다.

부정판단: 개별성은 특수자 일반이 아니다(보편성이, 곧 그 영역이 부정된다) — 무한판단.

§〔71/103〕

이때 주어와 술어는 공통적으로 규정성을 지니지만, 그러나 개별성과 보편성에 따라 상이한 것이다. 이와 같은 상이성 때문에 판단은 다음과 같이 언표되어야 한다. 즉, **개별자**는 특수자가 아니다.

§〔72/104〕

이 부정판단은 이중적 의미를 갖는다. 왜냐하면 술어, 곧 특수성이 규정성 및 보편성의 계기를 포함하기 때문이다. 그리하여 한편으로는 단지 전자, 즉 규정성만이 부정되며, 그러나 다른 한편으로는 후자, 즉 보

....

90) 『대논리학』에 따르면 현존재의 판단에는 긍정판단, 부정판단, 그리고 무한판단 세 종류가 있다. 무한판단이란 긍정판단과 부정판단이 지양된, 나아가 판단의 형식마저 지양되어버린 진리의 형식으로서 '부정적인 무한자(das Negativ-Unendliche)'를 의미한다(참조, Logik II, 284쪽). 여기에서 언급하고 있는 '실체적 통일'로서의 '주어와 객어의 동등성'이란 말은 그와 같은 무한판단을 뜻하지만, 그러나 여기서 무한판단이란 말을 직접적으로 사용하고 있는 것은 아니다. 다만 §〔70/102〕의 여백에서 간단하게 언급되고 있을 뿐이며, 그리고 이하에서 무한판단에 이르는 과정이 다른 긍정판단이나 부정판단에 대한 서술과는 달리 꽤 길게 서술되고 있는 것을 알 수 있다. 그리하여 §〔73/105〕에서는 무한판단에 대해 직접적으로 서술하고 있는 것이다.

91) 앞서 §〔69/101〕에서 언급한 '개별자는 특수자이다'에서 특수자로서의 술어는 개별자에 대해 보편자이기도 하며, 그러나 또 한편으로는 보편자에 대해서는 특수자로서 규정된 술어이기도 하다. 그리고 술어로서의 특수자란 의미에서 그것이 긍정판단의 내용이기도 하다.

편성도 동시에 그와 함께 부정된다. 단지 보편성이 없는 술어의 규정성만이 부정되는 한에 있어서는 술어가 포함하고 있는 보편적 영역이 남게 되며, 그리고 이와 같은 보편적 영역에 대한 긍정적 관계가 여전히 현존하게 된다. 즉, 판단은 내용의 부정판단이다.[92)]

§〔73/105〕

그러나 특수성이 또한 보편성을 자기 자신 속에 포함하는 한에서는 보편적 영역 역시 전자와 함께, 즉 특수성과 함께 동시에 부정된다. 따라서 주어의 술어에 대한 그 어떤 긍정적인 관계도 더 이상 남지 않게 된다. 곧, 판단은 지양되기에 이른다. ―3. 이것이 **무한판단**이다.[93)]

"물체는 절대적으로 무게를 지니는 것이 아니다"란 판단은 무한판단으로 간주될 수 있다. 왜냐하면 그 어떤 영역도 남아 있지 않기 때문이다. 그러나 무게는 물체가 지니게 되는 더욱 많은 질들 중의 그 하나의 질이 아니다.[94)]

고래는 대문이 아니다.

92) §〔69/101〕의 '개별자는 특수자이다'란 판단에서 이 판단이 '어떠한 내용을 지닌 긍정판단'이란 것을 §〔70/102〕에서 밝히며, 그것은 또 §〔71/103〕에서 '개별자는 특수자가 아니다'란 판단에서, 이 부정판단이 '내용의 부정판단'이라고 언급하고 있는 것이다. §〔70/102〕에서 '어떠한 내용을 지닌 긍정판단'이란 술어로서의 특수자가 개별자로서의 주어에 대해 보편자란 것과 특수자 그것으로서의 규정성인 것이지만, 이때 '내용의 부정판단'이란 술어에 있어서 규정성만이 부정됨으로써 보편적 영역은 남게 되는 그러한 판단이란 것을 말하고 있다.

93) '3. 이것이 **무한판단**이다'라고 한 것은 앞에서 그 일련번호가 생략되어 있다. 현존재 판단의 §〔67/99〕에서 언급한 '긍정판단'이 '1'이고, §〔68/100〕에서 언급한 부정판단이 '2'이며, 그리고 여기 무한판단이 '3'인 것이다. 무한판단에 대해서는 다음 문단, 즉 §〔74/106〕에서 좀 더 자세히 언급하고 있다.

94) '물체는 절대적으로 무게를 지니는 것이 아니다'란 판단에서 물체가 절대적으로 무게를 지니는 것이 아니기 때문에 술어의 한정된 영역은 없으며, 따라서 무한판단이다. 그러나 다른 한편으로는 물체가 무한히 많은 질들 중에 무게 이외의 질들을 지닌다고 하는 점에서 무한판단이기도 하다. 즉, 무게만이 물체의 질인 것은 아니다.

정신은 시큼한 것이 아니다.

§〔74/106〕[95)]

판단의 지양을 판단 그 자신의 형식에 따라 고찰해볼 때, 주어와 술어의 규정이 상호 간에 유리되어 없어져 버리는 지양으로 간주되는 한에 있어서 지양된 판단 혹은 무한판단은 역시 긍정적으로 하나의 언표 형식을 띠게 된다. 다시 말해 다음과 같은 **동일**판단의 언표 형식을 지니게 되는 것이다. 즉, '개별자는 개별자이다'라고 하는 것이 그것이며, 이 판단은 주어와 술어의 아무런 구별도 지니지 않으며, 따라서 그 본래적인 의미에서 어떠한 판단인 것도 아니다.

2. 양적인 판단들, 또는 반성의 판단들

§〔75/107〕[96)]

양의 판단들은 술어와의 관계 속에서 보다 많은 주어들의 비교를 포함한다.[97)] 양적인 판단은, 1. **단칭**판단으로서, 그 주어는 **이** 사물이며, 이 때의 주어에만 귀속되는 하나의 질을 술어로서 지녀야 한다.[98)]

95) 참조, 「3. 하급반을 위한 논리학」 §〔51〕

96) (원주) 참조, 「5. 중급반을 위한 논리학(1810년/11년)」 §111.

97) 질적 판단으로서 현존재의 판단에 이어 양적 판단으로서 반성의 판단으로 이행하며, 반성의 판단에는 단칭판단, 특칭판단, 전칭판단이 있다. 이때 '보다 많은 주어들의 비교'란 말은 형식논리학적인 의미에서 말한다면 주어의 외연량에 대한 비교를 말하며, 그 주어의 외연량이 단 하나를 지칭하는 단칭판단, 부분들을 지칭하는 특칭판단, 그리고 전부를 지칭하는 전칭판단으로 구분된다.

98) '1. 단칭판단'이라고 한 것은 양적인 판단에서 그 첫 번째 판단을 지칭한 것이겠지만, 그러나 그에 이어지는 일련의 번호 '2'와 '3'은 이 문단 이하의 어디에서도 직접적으로 언급되어 있지는 않다. 다만 §〔79/111〕, §〔80/112〕, §〔81/113〕에서 각기 단칭판단, 특칭판단, 전칭판단에 대해 일련번호가 없이 간단하게 언급하고 있을 뿐이다.

§〔76/108〕

동일판단들은 전도될 수 있다. 질적인 긍정판단들은 전도될 수 없다.[99]

§〔77/109〕[100]

질적인 부정판단들은 그 속에서 술어가 주어에 의해 부정되고, 한갓된 형식에 따라 주어가 비술어(Nichtprädikat)로서, 곧 주어로서 간주되는 한에 있어서 전도될 수 있다.[101] 그럼에도 불구하고 그 경우 내용[102] 때문에 부정판단으로 머무르지만, 그러나 그 부정판단 속에서 주어와 술어는 단지 이와 같은 상호관계의 가상만을 서로 지니게 될 뿐이다.

§〔78/110〕

판단들의 양은 주어에 있어서 언표된다. 이를테면 반성적 판단력(die reflektierende Urteilskraft)은 술어들을 통해 주어를 규정하며, 그러한 술어들이란 보다 많은 다른 술어들을 지니게 되는 주어에 대해 공통적이

....

99) 동일판단들이 전도될 수 있다는 것은 주어와 술어의 외연량이 동일할 경우 주어가 술어로, 술어가 주어로 전도될 수 있다는 의미이다. 그러나 질적인 긍정판단의 경우 일반적으로는 그 주어와 술어의 전도가 불가능하다. 예컨대 '개별은 보편적이다'란 질적 긍정판단에서 '보편은 개별적이다'라고 할 수 없다. 형식논리학적인 의미에서는 주어와 술어가 동의개념인 경우, 다시 말해 주어와 술어의 내포와 외연이 동일한 경우 주어와 술어는 전도될 수 있다.

100) 이 문단은 앞 문단과 함께 질적인 판단들에 대해 언급하고 있으며, 따라서 양적인 판단들에 대해 서술하고 있는 이 부분에서 왜 여기에 언급되고 있는 것인지는 알 수 없다. 다만 다음 문단, 즉 §〔78/110〕에서 언급하고 있는 판단들의 양과 대비적으로 고찰하기 위하여 언급하고 있는 것이 아닌가 한다.

101) 앞의 §〔68/100〕에서처럼 '개별자는 보편적인 것이 아니다'란 질적인 부정판단에서 '술어가 주어에 의해 부정되고', 그리하여 주어에 의해 부정된 술어, 곧 비술어가 주어로 간주되는 한에서 주어와 술어는 전도될 수 있다. 따라서 '보편적이 아닌 것, 곧 비보편적인 것은 개별자이다'라고 전도될 수 있다는 의미이다.

102) (원주)〔여백에〕 **주어**와 **술어**의 **동등성**

며, 그리고 술어들이 그러한 한에 있어서 주어를 규정하게 되는 것이다. 그리하여 주어는 술어가 다수의 그 동일한 주어들에 귀속되는 한에서 규정된다.[103)]

주어와 **술어**의 **동등성**.[104)]

§〔79/111〕

개별판단(das *individuelle* Urteil)은 개체적인 것을—**이** 개별자를—그 자신의 주어로서 지니며, 그리고 주어에 대해 어떠한 규정성이나 어떠한 성질을 언표하지는 않는다.[105)]

§〔80/112〕

특칭판단은 **몇몇** 개별자들(*einige* Einzelne)을 그 자신의 주어로서 지니며, 특칭판단은 그들 개별자에 대한 동일한 성질을 언표한다.[106)]

§〔81/113〕

전칭판단은 **모든 개별자들**(*Alle Einzelne*)을 그 자신의 주어로 지닌다.

....

103) 이 문단에서 '반성적 판단력'이란 직접적으로는 주어에 대한 양적 규정을 의미하며, 그것이 반성적인 것은 판단에 있어서 술어의 지양을 통한 주어의 자기복귀를 의미하기 때문이다. 따라서 술어들을 통해 주어를 양적으로 규정하게 되는 반성의 판단에서 '보다 많은 술어들을 지니게 되는 주어에 공통적인' 그러한 술어들을 통해 주어를 규정하게 된다. 예컨대 '몇몇의 장미꽃은 붉다'란 특칭판단에서 주어는 수많은 다른 술어들을 지니지만, 그러나 '몇몇의 장미꽃'이 지니고 있는 공통적인 것으로서의 '붉다'고 하는 술어에 의해 주어가 규정되는 것이다. 다시 말해 '몇몇의 장미꽃'이란 주어는 그 술어인 '붉다'라고 하는 주어에 공통적인 것을 통해 그 외연량이 규정된다.

104) 이때 '**주어**와 **술어**의 **동등성**'이 다시 언급되고 있는 것은 판단의 지양으로서 무한판단의 의미에서이며, 그 때문에 다음 문단, 즉 §〔79/111〕 이하에서 이미 앞서 언급한 양적 판단들에 대해 다시금 되풀이하여 언급하게 된 이유이다.

따라서 그와 같은 판단 속에서 주어는 게다가 술어 그 자체에만 귀속될 뿐인 보편성으로 더욱 확대되기에 이른다.[107)]

운명은 **부당한 것**이다. 이 판단은 반성을, 곧 보편적인 행위 방식을 의미한다.

이 연극은 훌륭하다. 이 판단에서 이 연극은 값이 비싸고, 도덕적인 영향을 갖는다는 것에 대해 **반성하게 된다**. 즉, 그 밖에 다른 규정들도 끌어올 수 있을 것이다.[108)]

……………

105) 이 문단에서 '**개별**판단'이란 말은 앞서 §〔75/107〕에서의 '**단칭**판단'으로 번역한 것과 같은 의미이며, 물론 '단칭판단'으로 번역해도 좋을 것이다. 다만 앞에서의 문단과는 달리 이 문단에서 주어로서의 '개체적인 것', 또는 '**이** 개별자'에 대해 '어떠한 규정성이나 어떠한 성질을 언표하고 있지 않다'고 하는 말은 주목할 만하다. 예컨대 '**이** 장미꽃은 붉다'라는 단칭판단에서 '붉다'는 술어가 '**이** 장미꽃'에 대한 어떠한 규정성도, 어떠한 성질도 언표하고 있는 것은 아니라는 의미이다. 다시 말해 '붉다'는 술어의 주어에 대한 규정성이나 성질이 '**이** 장미꽃'이라고 하는 개별자로서의 주어 그 자체의 외연량에 대해서는 아무런 언급도 하고 있지 않는 것이다.
또한 『대논리학』에서는 이와 같은 의미까지 포함하여 '단칭판단'으로 부르고 있으며, '개별판단'이란 말은 따로 사용하고 있지는 않다(참조, Logik II, 288쪽). 앞에서 이미 다루었던 「1.상급반을 위한 철학 백과전서」의 §61에서 판단의 양에 따른 구분으로 '**단칭**판단(*singuläres* Urteil)', '**특칭**판단(*partikuläres* Urteil)', '**전칭**판단(*universelles* Urteil)'을 다루었으며, 거기에서도 '개별판단'이란 말은 사용하지 않았었다.

106) 특칭판단이란 우선 주어의 외연량의 부분들을 지칭하며, 따라서 주어인 '**몇몇의** 개별자들'이 동일한 성질을 지닌다는 것을 언표한다. 예컨대 '몇몇의 장미꽃들은 붉다'라는 특칭판단에서 주어인 '몇몇의 장미꽃'이 '붉다'고 하는 동일한 성질을 지니며, 나아가 그것은 '붉다'고 하는 술어가 주어의 외연량을 규정하는 판단이다.

107) 물론 전칭판단은 '모든 **개별자들**'을 의미하는 보편성을 그 주어로 지니게 된다. 그럼에도 불구하고 주어로서의 보편성은 술어로서의 보편성으로 더욱 확대되는 것이다. 예컨대 '모든 장미꽃은 붉다'라는 전칭판단에서 주어는 '붉다'라는 술어의 보편성으로 더욱더 확대되어가면서 보편성을 실현하게 된다. 즉, '이 장미꽃'에서 '몇몇의 장미꽃'으로, 그리고 '모든 장미꽃'으로 주어의 보편성이 술어의 보편성을 향해 실현되어간다.

1. 판단 — **내속**. 1. 긍정적.

α) 상호관계, 주어와 술어 — **대립** — **보편성**의 술어(술어 : 보편자)

β) 술어, 곧 **규정성**—주어, 곧 주어와 술어의 보편적인— 공통적인 **내용**

γ) **동등성** — 주어와 술어의 양적으로 동등한 — **공통적인 외연**[109)]

108) 이 단락부터 그 다음 단락까지 두 개의 단락은 문단의 일련번호가 생략되어 있으며, 앞의 문단 §〔81/113〕과는 달리 매우 축약적으로 서술되어 있다. 따라서 그 정확한 의미가 무엇인지는 이해하기가 어려우며, 여기서는 다만 드러난 그대로 번역하여 나열하는 것으로 그치고자 한다.

109) 이 문단은 이미 앞에서 내속의 판단에 대해 다시 암시적으로 언급하고 있으며, 긍정판단, 부정판단, 무한판단에 대해 언급한 것이다. 따라서 γ)에서 동등성이란 주어와 술어 사이에 양적으로 동등한 공통적인 외연이란 의미에서 무한판단을 이렇게 서술하고 있다.

3

하급반을 위한 논리학[1]
(1809년/10년)

하급반(1809년 10월 30일)

§1

감각(Empfindung)이란 우리가 대상으로부터 촉발되는 어떠한 방식이다.[2)]

범주들이란 **즉자적으로** 개념들이며, 어떤 다른 것도 하나의 개념이다……[3)]

감각들, 감성적 표상들, 오성적 표상 혹은 범주 ― **즉자적** 개념, 개념으로서의 개념 혹은 **어떤 것**에 대한 개념[4)]

§2

표상 일반은 우리가 대상으로부터 촉발되든 그렇지 않든, 이 표상이 대상에 귀속되는 한에 있어서 대상이 지니고 있는 이와 같은 규정이다.

§〔3〕

감성적 표상(eine sinnliche Vorstellung)이란 우리가 단지 감관들(die Sinne)을 통해서든, 아니면 직접적으로든 대상과 관계를 갖는 한에 있어서 대상이 지니는 규정이다.

§〔4〕

오성적 표상(Verstandesvorstellung).[5)]

....

1) (원주) 5개의 수고본 단편들: 1.§§1~17(프러시아 국립문서보관실), 2. §§18~25(프러시아 문화보존재단), 3. §§26~34(마르바하의 쉴러 국립박물관), 4.§§35~60(위와 같은 곳), 5. §§61~70(함부르크의 국립문서보관실). 이 단편들 중에서 호프마이스터는 1과 4, 그리고 5를 「하급반을 위한 논리학, 1809년/10년」(§§1~54)이란 제목으로 한데 묶었으며, 단편 3은 개별적인 단편으로 따로 분리했다. 그 사이 단편 2가 발견됨으로써 니콜린(F.Nicolin)은 그 원본들을 새로이 묶어 구성할 수 있었다. — 헤겔이 난외의 여백에 써놓은 글들은 약간 작은 활자체로 해당되는 각 문단들 아래에 덧붙였다.
(역주) 이 「3. 하급반을 위한 논리학(1809년/10년)」은 원래의 번역 대본에는 「5. 하급반을 위한 논리학(1809년/10년)」이며, 이 번역본에서는 그 일련번호를 5에서 3으로 바꾸었다. 이 「3. 하급반을 위한 논리학(1809년/10년)」은 호프마이스터가 엮은 단편집을 바탕으로 니콜린이 새로 보완하여 '헤겔의 김나지움 하급반을 위한 논리학입문(Hegels propädeutische Logik für die Unterklasse des Gymnasiums)'이란 제목으로 『헤겔연구』 제3권(*Hegel-Studien*, Bd. 3, hrsg. von F. Nicolin u. O. Pöggeler, Bonn: H. Bouvier u. Co. Verlag, 1965)에 발표한다. 여기 주어캄프 판도 니콜린이 발표한 텍스트에 따른 강의록이다. 또한 이미 언급한 것처럼 그에 따라 이 번역서의 전체 제목도 니콜린이 그렇게 붙였던 대로 잠정적이기는 하지만 헤겔의 '김나지움 논리학입문'이라고 한 것이다(참조, NHS, 614쪽).
2) (원주)〔그 아래에〕 **내적인** 감각, 사랑, 공포, **우리의** 감정들
3) 원문은 "Kategorien sind *an sich* Begriffe, ein anderes ist ein B……"로 되어 있으며, 이때 'ein B……'로 되어 있는 것은 '개념'을 지칭할 것이다.
4) 앞서 말한 것처럼 난외의 여백에 써놓은 글들은 이와 같이 해당되는 문단 밑에 약간 작은 활자체로 덧붙이며, 그 내용은 매우 압축적이면서도 암시적으로 써놓은 것이어서 이해가 쉽지 않다. 특별한 경우가 아니면 그대로 직역하여 첨부하기로 한다.

〔새로 시작함〕[6)]
논리학

§1

철학은 사물들의 절대적 근거에 대한 학문이며, 나아가 사물들의 개별성이나 특수성에 있어서가 아니고 그 보편성에 있어서 절대적 근거에 대한 학문이다.

§2

사유는 사물들의 보편적인 것, 곧 그 보편자를 고찰한다. 논리학은 사유의 학문이다.

§3

감각은 우리가 대상으로부터 촉발되는 어떠한 방식이며, 그리고 그렇게 촉발되는 한에 있어서 지니게 되는 방식이다.

기쁨, 불쾌함, 아름다움. 놀라움, 사랑, 공포, 미움, 혐오감은 **내적인** 감각들이다. 우리가 그러한 대상들 곁에 존재한다는 것. 그런 한에 있어서 우리가 대상에 대해 …… 이라고 언급하는 것은 아니다. **주관적으로**, 그때 우리는 그

5) 오성과 관련하여 다음과 같은 헤겔의 말이 참고가 될 것이다.
"오성이란 사유적인 규정작용 일반을 의미하며, 사유된 규정들 속에 고착되어 머물러 있음이다. 오성은 **객관적인** 오성이란 점에서 범주들, 곧 존재의 사유 규정들을 포함한다. 이때 사유 규정들은 직관들과 표상들에 있어서의 다양한 것들에 대한 내적인 통일을 형성하게 된다. 오성은 본질적인 것을 비본질적인 것과 구별하며, 필연성과 사물들의 법칙들을 인식한다."(NHS, 54쪽).

6) '〔새로 시작함〕', 그리고 '논리학'이란 표제 아래 새로 서술되고 있는 부분은 §1과 §2뿐이며, §3부터는 그 맨 앞의 §1 이하와 동일한 내용을 서술하고 있다. 따라서 여기 §1과 §2는 논리학이 무엇인가에 대한 서술을 새로이 부가하고 있으며, §〔5〕부터 계속하여 다시 이어지고 있다.

와 같은 대상 속에 존재한다.[7)]

§4

표상작용 속에서 우리는 대상으로부터 우리 자신을 분리시키며, 그리고 우리가 대상에 의해 촉발되는가 그렇지 않은가에 대해서는 고려하지 않은 채 대상이 지니는 규정들을 대상 그 자신에 귀속시킨다.[8)]

§〔5〕

감성적 대상이란 직접적으로 우리에 의해서 지각되며, 그리고 다양한 감성적 규정들이나 특성들을 지닌 개별적인 대상이다. 그들 규정이나 특성은 감각에 속하면서도 표상 속에서 어떤 대상적인 것으로 되는 것들이다.

§〔6〕

그러한 규정, 곧 그 자체로서 받아들이게 되고, 또한 대상 속에서 그 규정이 결합되어 있었던 여타의 다른 규정들로부터 분리되어 있는 그러한 규정은 추상적인 감성적 표상(eine abstrakte sinnliche Vorstellung)이다.[9)]

§〔7〕

그러한 규정, 즉 어떠한 개별적 대상에만 속하는 것이 아니라 보다 많

7) 기쁨이나 불쾌함 같은 주관적인 내적 감각들은 대상에 대해 어떻다고 언급하고 있는 것은 아니다. 단지 그와 같은 대상 속에 존재하고 있을 뿐이다.

8) (원주)〔그 아래에〕 객관적—분리

9) 대상이 지니고 있는 여러 규정들에 있어서 다른 규정들과 아무런 연관을 지니지 않은 채 그 자체로서 고립적으로 존재하는 규정, 따라서 다른 규정들과 분리되어 있는 그러한 규정은 '추상적인 감성적 표상'에 의한 규정에 지나지 않다는 의미이다.

은 대상들에도 속하며, 나아가 그들 대상에 공통적인 그러한 규정은 따라서 보편적인 감성적 표상(eine allgemeine sinnliche Vorstellung)이다.[10)]

§〔8〕

그러한 규정은 감각 속에 존재했을 때처럼 더 이상 전적으로 직접적인 것만은 아니며, 오히려 그와 동시에 어떤 매개된 것이기도 하다. 왜냐하면 이를테면 그 규정은 다른 규정들 및 개별적인 대상과의 분리를 통해서 발생하기 때문이다.[11)]

§〔9〕

감각에 속하는 그러한 규정의 한 측면이 말하자면 감성적 개별성이다. 그러나 또한 그들 규정은 감성적 보편성을 형성하는가 하면 감성의 형식이기도 한 측면도 아울러 지닌다.[12)] 이와 같은 형식은 이중적 형식이며, 곧 공간과 시간이 그것이다.

§〔10〕

공간과 시간, 이 양자는 비분리적인 연속체들(untrennbare Kontinua)이며, 이들 연속체에 있어서 정립된 구별들 및 제한들은 그 어떤 참다운

....

10) '보편적인 감성적 표상'이란 §〔9〕에서 언급하게 될 감성의 형식으로서의 시간과 공간을 의미한다.

11) 감성적인 표상에 있어서의 규정은 직접적인 규정도 있는 반면 매개된 규정도 있다. 이때 매개된 것으로서의 규정은 다른 규정들이나 개별적인 대상으로부터 분리를 통해서 발생하는 것으로서 다음 문단, 즉 §〔9〕에서 언급하게 될 감성의 형식으로서의 공간과 시간을 암시하고 있다.

12) 감각에 속하는 하나의 규정이 감성적 개별성이라는 한 측면이 있는가 하면, 다른 여러 규정들이 공통적으로 형성하게 되는 감성적인 보편성, 곧 감성의 형식이라는 또 하나의 측면도 있다는 의미이다. 이 후자가 공간과 시간이라는 감성의 형식이다.

한계도 형성하지 못한 채 오직 양적인 한계만을 형성할 뿐이다.

§〔11〕

공간은 사물들의 정태적이고도 상호 외적 · 병렬적인 존재의 관계(die Beziehung des ruhigen Außer–und Nebeneinanderseins der Dinge)이며, 시간은 사물들의 소멸이나 변화의 관계이다.[13)]

공간은 시간의 질적인 한계이며, 시간은 공간의 한계이다.

공허한 공간 속에서는 어떠한 운동도 있을 수 없다. 왜냐하면 운동은 상이한 장소의 비교 속에 〔있을 뿐이기〕 때문이다. **장소의** 구별(ein *Orts*unterschied), 따라서 어떠한 공간도 아니다[14)] — 즉, 내가 나에 대해, 덕에 대해, — 시간에 대해 사유할 때, 나는 어떠한 공간도 표상하지 않는다.

§〔12〕[15)]

더욱이 대상은, 오성에 속하면서도 보편적인 비감성적 형식들이자 **범주들**(*Kategorien*)이라고 일컬을 수 있는 그와 같은 규정들을 포함한다.

§〔13〕

개념은 역시 범주를 초월해 존립한다. 개념이란 보편적인 사유규정일 뿐만 아니라 어떠한 대상의 규정된 본성을 표현하며, 이른바 통상적인

13) 시간은 사물들의 동태적인 변화와 생성의 관계이다. 그에 대하여 공간이 '사물들의 정태적인 상호 외적 · 병렬적인 존재의 관계'라고 하는 것은 사물들이 상호 외적으로, 그리고 병렬적으로 비운동적인 정태적 상태에서 존재하는 관계라는 의미이다.

14) '**장소의** 구별'이 곧 공간의 구별을 의미하지는 않는다.

15) (원주)〔그 위에, 삭제되지 않은 최초의 초고〕
§.그러나 순수 오성규정들은 그 어떤 것도 감각에는 〔속하지〕 않으며, 오성에서 발원하는 규정들이다. 그것들을 또한 범주들이라고 부른다.
§.그것은 추상적인 보편적 표상들과 그 형식들이다.

논리학에서는 판단들이나 추리들과 함께 다루어진다. 통상적인 논리학은 개념론, 판단론, 추리론으로 분할된다.

I. 개념에 대해서

§〔14〕

개념은 어떤 대상의 다양하고도 감성적인 규정들을 포함하는 것이 아니라, 오히려 그 대상을, 1. 개념 그 자신의 보편적인 본질에 따라, 2. 개념 그 자신의 본질적인 특수성에 따라 포함하게 된다. 3. 또한 개념의 현존재는 개별성의 계기를 형성한다.[16)]

§〔15〕

대상의 보편적 본질과, 그리고 대상을 다른 대상과 구별하면서 보편자를 제한하는 대상의 특수성은 대상의 개념적 **징표들**(Begriffs*merkmale*)에 속한다.

§〔16〕

보편자는 특수성에 있어서 제한되지만, 그렇다고 그를 통해 보편자가 변화하는 것은 아니다. 또한 마찬가지로 특수자는 개별자에 의해 제한된다. 그와는 반대로 특수자로 확대되는 개별자 및 보편자로 확대되는 특수자는 그와 같은 확대를 통해 그 자신의 내용을 상실한다.[17)]

§〔17〕

특수자가 개별자를 **자기 밑에**(*unter sich*) 포괄하는 것과 마찬가지로

16) 개념의 세 계기들, 곧 보편성, 특수성, 개별성에 대해 언급한 것이다.

보편자는 특수자와 개별자를 자기 밑에 포괄한다. 개별자가 특수자 밑에 **포섭되는**(*subsumiert*) 것과 마찬가지로 특수자와 개별자는 보편자 밑에 포섭된다. 보편자에 있어서 타당한 것은 특수자와 개별자에도 역시 타당하다. 그리고 특수자에 있어서 타당한 것은 개별자에도 타당하다. 그러나 그 반대는 성립하지 않는다.

§〔18〕

그와는 달리 개별자는 특수성과 보편성을 **자기 속에**(*in sich*) 포괄하며, 특수자는 보편성을 자신 속에 포괄한다. 이를테면 특수성과 보편성이 개별자에 **내속하며**(*inhäriert*), 마찬가지로 보편성은 특수자에 내속한다.[18)]

§〔19〕

보편자는 특수자와 개별자보다 **더 확대된**(*weiter*) 것이며, 그리고 특수자는 개별자보다 더 확대된 것이거나 **더욱 확장된 영역**(eine *ausgedehntere Sphäre*)을 지닌다. 그와는 반대로 특수자와 개별자는 자기 자신 속에 보편자보다 더 많은 특성들(Eigenschaften)[19)]을 포괄하며, 그리고 개별자

....

17) 보편자가 특수성에 있어서, 특수자가 개별자에 있어서 제한된다고 하더라도 그 보편자가 지니고 있는, 또는 그 특수자가 지니고 있는 징표들이 상실되거나 변화하는 것은 아니다. 예컨대 동물로서의 보편자는 사람으로서의 특수성으로 제한될 수 있지만 동물이 지닌 징표들은 사람 속에 그대로 보존되기 때문에 보편자 그 자체가 변화하는 것은 아니다. 그러나 반대로 개별자가 특수자로, 특수자가 보편자로 확대됨으로써 개별자나 특수자는 그 자신의 내용을 상실하게 된다. 즉, 사람이 지닌 징표는 동물 속에서 상실하고 만다. 형식논리학에서 외연이 증대됨에 따라 내포가 감소한다는 것, 외연이 감소함에 따라 내포가 증대한다는 것을 상기할 수 있다.

18) 이 문단은 위의 문단, 즉 §〔17〕과 함께 개념의 포섭과 내속에 대해 언급하고 있으며, 이에 대해서는 「2. 중급반을 위한 논리학」 §〔60/92〕에서도 이미 언급한 바 있다.

는 특수자보다 더 많은 특성들을 자신 속에 포괄한다. 개별자 혹은 구체적인 것은 규정성들의 다양성에 있어서 특수자나 보편자보다 더욱 풍부하다. 그와는 달리 보편자는 특수자와 개별자보다 더 많은 것들을 자기 **밑에**(*unter* sich) 포함하며, 특수자는 개별자보다 더 많은 것들을 자기 밑에 포함한다.[20]

§〔20〕

그 동일한 보편자의 특수한 규정들 및 개별자의 다양한 규정성들은 상호 **동위적으로**(*koordiniert*) 존재한다. 보편자의 동위적인 규정들은 그 〔하나의〕 규정이 오직 다른 한 규정의 부정자로만 간주되는 한에 있어서 상호 **모순적으로**(*kontradiktorisch*) 대립하게 된다. 그러나 또한 그 다른 규정이 어떤 긍정자인 한에 있어서는 그 두 규정은 **반대적으로**(*konträr*) 대립한다.[21]

§〔21〕

단순히 어떤 규정의 결여가 모순적인 규정으로 이해되는 것은 아니

....

19) 이미 §〔5〕에서도 그러하지만, 여기서도 'Eigenschaften'을 '특성들'로 번역한다. 통상적인 의미라면 '속성들'이라고 번역하는 것이 좋겠지만, 'Attribut'와 구분하여야 하기 때문이다(참조, 「1. 상급반을 위한 철학 백과전서」 §57).

20) 형식논리학의 보편, 특수, 개별에 있어서 내포와 외연의 관계를 고려한다면 쉽게 이해될 수 있다. 즉, 내포와 외연이 반대 방향으로 증감한다는 것이 그것이겠다. 그러나 이 마지막 문장이 무엇을 의미하는가는 그와는 다른 맥락에서 이해해야 할 것이다. 물론 형식논리학에서처럼 외연적인 의미로 이해할 수도 있다. 헤겔은 개념이 지니는 내포와 외연의 관계를 형식논리학적인 의미로만 받아들이지는 않으며, 그것을 포섭과 내속의 의미로 받아들인다. 어쨌든 여기에서는 포섭의 의미에서 보편자가 '자기 **밑에**' 특수자를 포괄한다는 점에서, 그리고 특수자가 개별자를 '자기 **밑에**' 포괄한다는 점에서 보편자는 특수자에 대해, 또는 특수자는 개별자에 대해 보다 많은 어떤 것들을 포함한다.
"절대적 근거로서의 개념은 **양의 가능성**이지만, 그러나 마찬가지로 **질의 가능성**이기도 하다. 즉, 개념의 규정들은 그처럼 질적으로 구별되는 것이다."(Logik II, 259쪽).

다. 더욱이 모순적인 규정들에 있어서 그 각각의 규정은 그들 자신의 개념으로 나아가기 위하여 다른 규정을 필요로 한다.[22]

§〔22〕

그와는 달리 반대적인 규정들은 상호 무관여적이며, 그리고 각각의 규정은 그 다른 규정이 그에 대해 필연적이지 않은 그러한 규정으로서, 또한 비록 다른 규정이 존재하지 않는다고 할지라도 발생하게 되는 그러한 규정으로서 현상한다.[23]

§〔23〕

개념의 내용에 관련된 보편적 규정들을, 그리고 그들 규정을 법칙들의

21) 참조, 「4. 상급반을 위한 개념론」 §7~§8.
헤겔은 『대논리학』의 '반성규정'을 다루면서 반대개념과 모순개념을 특별히 구별하지는 않는다(참조, Logik II, 48쪽 이하). 또한 그 두 개념을 비교하여 비판적으로 고찰하기도 한다(참조, Logik II, 256~257쪽). 그러나 형식논리학에서 반대개념과 모순개념은 구별된다. 반대는 대립되는 두 개념 간에 제3자가 허여되는 경우, 모순은 제3자가 허여되지 않는 경우를 말한다. 여기에서도 그와 같은 구별을 얼마간 적용하고 있는 것이겠다. 동일한 하나의 보편자가 지니고 있는 동위적인 두 규정에 있어 그 한 규정이 다른 규정의 부정자라고 한다면 모순적이고, 그 다른 규정이 긍정자라고 한다면 반대적이다. 이때 긍정자란 말은, 예컨대 반대적인 관계에 있는 큼(大)과 작음(小)에 있어서 크지 않은 것이 곧 작은 것일 수도 있지만, 그러나 '덜 큰 것'일 수 있기 때문에 그런 의미에서 긍정자이다.

22) 어떤 성질이나 규정을 결여하고 있는 결성개념이 반드시 모순적인 규정은 아니다. 그것은 반대적인 규정일 수도 있기 때문이다. 두 모순적인 규정들 사이에 그들 규정이 각각 그 자신의 개념으로 나아가기 위해서는 서로가 그 다른 규정을 필요로 하게 된다. 그런 의미에서 두 모순적인 규정은 필연적인 관계에 있다. 이 문단은 앞의 문단, 즉 §〔20〕과 함께 『대논리학』에서 정리하고 있는 모순개념과는 많은 차이가 있기는 하지만, 그러나 헤겔의 모순개념을 이해하는 데 있어 중요한 계기의 하나이다.

23) 모순적인 관계에 있는 두 규정들의 필연성과는 달리 반대적인 두 규정들 사이에 서로 의존되어 있는 필연적인 관계는 없으며, 또한 한 규정이 그 다른 규정 없이도 존재할 수 있다.

형식에 있어서 보다 자세히 고찰해본다면, a)어떠한 대상 일반의 본질적인 규정은 자기 동등성이거나 대상 그 자신의 동일성이다.[24)]

§〔24〕

이와 같은 규정을 법칙으로 언표한다면, 그것은 동일성의 법칙, 즉 동일률이나 모순의 법칙, 즉 모순율로 부를 수 있다. 곧, 저마다의 사물은 자기 자신과 동등하거나, 또는 A는 동시에 비A(Nicht-A)일 수는 없다.

§〔25〕

b)**상이성**이란 구별이지만, 그러나 그것은 구별된 것이 어떤 타자에 대해 자기 자신을 통해서 관계되지 않는 한에서이다. 따라서 타자를 향한 상이성(die Verschiedenheit gegen ein Anderes)은 사물들의 동등성이나 부등성을 언표하는 어떤 제3의 비교하는 것(ein drittes Vergleichendes)으로 귀착한다.[25)]

24) 형식논리학의 동일률을, 곧 자기 동일성을 의미한다. 물론 모순율과 함께 §〔24〕에서 다시 언급하고 있다. 그러나 헤겔은 여기에서도 그러하지만 형식논리학에서처럼 동일률과 모순율을 따로 구분하여 두 원리로서 다루지는 않는다. 이것은 형식논리학의 사유의 원리를 이해하는 헤겔의 중요한 관점의 하나이다(참조, Logik II, 26쪽 이하).

25) 상이성이란 구별이기는 하지만, 그 구별된 것이 자기 자신을 통해 그 다른 구별된 것이기도 한 타자에 직접적으로 관계되는 것이 아니고 어떤 제3자를 통해 타자에 관계되는 한에 있어서의 구별이다. 두 사물의 동등성이나 부등성은 '어떤 제3의 비교하는 것'을 통해 언표되며, 따라서 타자와의 관계에 있어서 상이성은 결국 두 사물을 비교하는 가운데 그 두 사물에는 속하지 않는 제3자로서의 그 비교하는 것으로 전락한다. 예컨대 두 사물이 동등하다든가 부등하다고 할 때 그것은 두 사물의 비교를 통해 제3자에 있어서 동등하다든가 부등하다고 할 것이며, 이때 상이성은 두 사물에 있어서 타자와의 직접적인 관계 속에 있는 것이 아니고 제3자로서의 비교하는 것 속에 있는 것이다.

§〔26〕

상이성 그 자체는 일반적으로 한갓된 다수성(die bloße Vielheit)[26]이다. 따라서 다자(多者)들은 각기 저마다가 단지 일자(一者) 일반일 뿐이며, 그리하여 또 다른 일자들인 그 동일한 것에 지나지 않으면서도 여기에는 도대체가 아무런 구별도 정립되어 있지 않다.[27]

§〔27〕

따라서 상이성은 규정성들 속에서 비로소 현존하게 되며, 이들 규정성을 통해 사물들이 서로 구별된다. 그리하여 이로부터 도출된 법칙은 다음과 같다. 즉, 서로 완전히 동등한 두 개의 사물들은 존재하지 않는다. 다시 말해 어떠한 속성이나 상황, 혹은 그 밖의 규정을 통해 서로 구별되지 않는 두 개의 사물들은 존재하지 않는다.[28]

26) 흔히 'Vielheit'를 '수다성(數多性)'으로, 'Mehrheit'를 '다수성(多數性)'으로 구분하여 번역하지만, 여기서는 그와 같은 구분을 하지 않고 'Vielheit'를 '다수성'으로 번역한다(참조, 『대논리학, -존재론-』, 168쪽 이하 / Logik II, 38쪽 이하).

27) 다수의 것들, 곧 다자(多者)들은 그 각각이 일자이며, 그 다수의 일자들은 일자라는 의미에서 아무런 구별도 정립되어 있지 않는 동일한 것에 지나지 않다.

28) 상이성의 법칙은 동일성의 법칙과는 달리 형식논리학에는 없는 사유의 원리이다. 그런 점에서 상이성의 법칙은 헤겔의 논리학이 형식논리학과 구별되는 경계선의 하나를 이룬다. 헤겔은 그의 『대논리학』에서 '상이성의 명제'에 대해 자세히 다루고 있다(참조, Logik II, 38쪽 이하). 물론 여기서도 그것을 간단하게 언표하고 있는 것이다.
앞 문단에 이어 이 문단에서 '상이성이 규정성들 속에서 비로소 현존'한다는 것은 다수의 것들이 저마다가 일자라는 점에서 아무런 구별도 없지만, 그러나 일자로서의 규정성 속에서 다수의 사물들은 저마다가 구별되는 상이성이 존재하게 된다. 물론 좀 더 일반적인 의미에서는 부정성으로서의 규정성 속에 상이성은 존재한다.
"이제 규정성은 부정 일반을 뜻하거니와 또한 더 자세히 보면 부정은 **제한**(*Schranke*)과 **당위**(*Sollen*)라는 이중의 계기를 나타낸다."(『대논리학, -존재론-』, 139쪽).

§〔28〕

c)상이성은 상호대립 속에 존재한다. 따라서 일자는 오직 그 일자가 타자가 아닌 한에 있어서 존재할 뿐이며, 또한 동시에 일자는 타자가 존재하는 한에 있어서는 존재하지 않는다. 그런가 하면 일자는 이와 같은 그 자신의 대립자가 일자 그 자신의 개념 속에 직접적으로 깃들어 있는 한에 있어서는 존재하지 않는다.[29)]

§〔29〕

법칙으로서의 상호대립은 다음과 같이 언표된다. 즉, 상호대립적인 규정들에 있어 오직 그 하나의 규정만이 어떤 사물에 귀속될 뿐이다. A는 B이거나 B가 아니며, 어떠한 제3자도 존재하지 않는다.[30)]

§〔30〕

d)상호대립된 것들의 통일, 또는 **근거**. 상호대립된 것들은 그것들이 어떠한 관계가 없이는 존재하지 않는 그러한 관계 속에서 존재하기 때문에 공통적인 본질적 통일을 지닌다. 하나의 현존재는 그것이 다른 현존재를 동시에 **즉자적으로** 포함하는 한에 있어서, 이 다른 현존재의 근거이다. 이제 현존재는 저마다 어떤 규정된 것이기 때문에, 현존재는 그 다른 현존재에 관계되어 있으며, 그리고 **즉자적으로** 이 다른 현존재 속에

29) 이 문단은 상이성으로부터 상호대립으로의 이행에 대해 언급하고 있으며, 따라서 이때 상호대립은 일자와 타자의 대립만이 아니라 타자와 관련된 일자의 존재성과 그 비존재성의 대립을 의미한다. 『대논리학』에서는 다음과 같이 말한다.
"따라서 외면적 반성의 두 측면들이 지닌 정립된 상태는 **존재**이고, 또한 그의 정립되지 않는 상태는 **비존재**이다." (Logik II, 41쪽).

30) 형식논리학에서의 배중률을 의미한다. 그러나 배중률을 이해하는 헤겔의 방식은 형식논리학과는 전혀 다르다. 여기에서 배중률은 상호대립의 의미 속에서 이해되고 있는 것이다. 『대논리학』에서는 모순에 대해 서술하면서 그 주석에서 배중률을 음미하고 있다(참조, Logik II, 56~57쪽).

포함되어 있다. 따라서 그 법칙은 다음과 같다. 즉, 존재하는 그것은 본질적으로 규정된 것이고 상호대립된 것(ein wesentlich Bestimmtes und Entgegengesetztes)이기 때문에 그 자신의 **충분한 근거**를 갖는다.[31)]

§〔31〕

앞에서 언급된 규정성들은 상호 간에 어떤 필연적인 서열을 갖는다. 그리고 그 규정성들이 상호 간에 어떤 필연적인 서열을 갖는지 그렇지 않은지 하는 문제는 우선은 단지 서로 반대적으로, 다시 말해 내면적인 상호관계 없이 무관여적으로 관계되어 있는 것처럼 보이는 보다 많은 규정들의 비교 속에서 추구되어야 한다.[32)]

§〔32〕

기술(記述, *Beschreibung*)이란 어떤 대상이 지닌 우연적인가 하면 본질적인 다양한 특성들과 규정들을 포함하면서도, 그러나 표상에 대한 형상(Bild)만큼이나 대상의 개념을 언표하지는 못한다.[33)]

....

31) 형식논리학에서 말하는 '모든 것은 이유, 곧 근거를 갖는다'는 충족이유율과 관련된 의미이다. 헤겔에 있어서 근거는 대립의 통일이다. 즉, 대립은 모순에 이르러 근거로 지양되며, 이때 '본질적으로 규정된 것이고 상호대립된 것'이란 말은 '본질의 의미에 있어서 피규정태이고 대립자'라고 번역해도 좋을 것이다. 헤겔은 "**본질**은 자기 자신을 **근거**로서 규정한다"(Logik II, 63쪽)고 말하며, 『대논리학』의 주석 '근거의 명제'에서 그에 대해 자세히 논구하고 있다(참조, Logik II, 65쪽 이하).

32) '앞에서 언급한 규정성들'이란 동일성, 상이성, 상호대립, 근거 등을 말한다. 이들 규정성이 필연적인 서열을 이루면서 이행하게 되며, 그 서열과 이행의 필연성에 대한 추구는 보다 많은 규정들을 비교하는 가운데 이루어지지 않으면 안 된다. 『대논리학』에서는 다음과 같이 말한다.

"**우선** 이 명제(배중률-필자)는 모든 것은 **상호대립적인 것**, 즉 긍정적으로 **규정된 것**이거나 부정적으로 **규정된 것**이란 의미를 포함한다. — 이 명제가 더욱 중요한 것은 동일성이 상이성으로, 상이성이 상호대립으로 이행한다는 사실 속에 그의 필연성을 지니게 되는 명제라는 것이다."(Logik II, 56~57쪽).

태양의 떠오름에 대한, 신에 대한 시적인 기술 — 동물, 꽃

§〔33〕

그와는 달리 **정의**(定義, *Definition*)는 위에서 언급한 어떠한 대상의 개념적 징표들을 언표하게 된다.[34] 즉, 대상의 보편적 본성과, 그 다음 하나의 대상이 그 동일한 보편적 본성을 지닌 다른 대상들과는 구별되는 그러한 대상의 특수성을 언표한다.[35]

도형 삼각형

장미꽃 — 붉은 그리고 꽃

또한 보편적인

가장 가까운 보편적 본성,[36]

유, 특수성이, **종**이 아닌.

개별적인 **사물들**에 대해서는 단지 기술들일 뿐이다

....

33) '기술'과 관련하여 『대논리학』이나 『소논리학』에서 따로 서술하고 있는 부분은 없으며, 다만 다음 문단, 즉 §〔33〕에서 '정의'에 대해 언급하는 것이고 보면 '기술'이란 '정의'와 대립적인 의미를 갖는 개념이다. 『대논리학』에서는 '정의'를 다루면서 '기술'에 대해 다음과 같이 말한다.
"**기술**이란 **표상**을 위해 존재하며, 실재성에 속하는 보다 넓은 내용을 지닌다. 그러나 정의는 직관된 현존재가 지닌 다양한 규정들의 이 풍요함을 단순한 계기들로 환원하게 된다"(Logik II, 452쪽).

34) '위에서 언급한 어떠한 대상의 개념적 징표들'에 대해서는 §〔15〕에서 말하고 있는 '어떠한 대상의 개념적 **징표들**'을 가리킬 것이다. 물론 형식논리학적인 의미에서는 '종차(種差, spezifische Differenz)'를 가리킨다.

35) 정의는 앞 문단에서 말한 단순한 기술과는 다르다. 아리스토텔레스에 따르면 정의란 종차와 최근 유개념의 결합으로 이루어지며, 여기서 언급하고 있는 '개념적 징표들'이나 '대상의 특수성'이란 종차를, 그리고 '대상의 보편적 본성'은 유개념을 의미한다.

36) '최근 유개념'을 의미한다.

§〔34〕

분할(Division)이나 분류(Einteilung)는 보편자에 대해서, 보편자의 규정(분류근거, der Einteilungsgrund)이 그 규정 자신의 상이성들 속에서 어떻게 서술되는가, 그리고 어떤 상이성들이 단지 우연적일 뿐인가, 또는 어떤 상이성들이 위에서 언급한 필연적인 구별들에 따라 상호 간에 〔서로〕 관계되어 있는가를 언표하는 것이다.[37)]

II. 판단력[38)]

§〔35〕

판단은 두 개의 개념규정들 상호 간의 관계이다. 즉, 그들 개념규정에 있어 개별자로서의 그 하나의 개념규정은 자기 자신을 특수자나 보편자로서의 다른 하나의 개념규정에 관계시키거나, 또는 특수자로서의 개념규정은 자기 자신을 보편자에 관계시킨다.[39)]

§〔36〕

서로 관계되어 있는 보다 좁은 규정과 보다 넓은 규정에 있어 전자는

37) 형식논리학에서 말하는 피분류체, 분류지, 그리고 분류 원리에 대해 언급하고 있다. 여기서 '보편자'란 피분류체를 말하며, '상이성들'이란 분류지를, '보편자의 규정', 곧 '분류근거(Einteilungsgrund)'란 분류 원리를 말한다. 『대논리학』에서는 '인식의 이념'에서 '정의'에 이어 '분류'에 대해 다루고 있다(참조, Logik II, 458쪽 이하). 이때 '분류(Einteilung)'를 '구분'이라고 번역해도 좋을 것이며, 임석진도 '분류'로 번역한다(참조, 『대논리학, -개념론-』, 372쪽/「4. 상급반을 위한 개념론」 §73).

38) '판단력(Urteilskraft)'에 대해 『대논리학』이나 『소논리학』에서 따로 주제화하여 다루고 있는 곳은 없다. 판단력에 대한 서술이나 판단에 대한 서술은 의미 내용에 있어서는 동일하다(참조, 「2. 중급반을 위한 논리학」 B. 판단력 §〔20/52〕~§〔25/57〕).

39) 개념의 계기들, 즉 보편성, 특수성, 개별성에 있어서 그들 간의 상호관계를 판단이라고 한다. 우선은 개별자는 특수자나 보편자에, 특수자는 보편자에 관계되는 형식을 지닌다.

주어이지만, 그러나 후자는 술어이다. 그 양자의 관계, 곧 **이다**(*Ist*)는 계사〔이다〕.

§〔37〕

논리학은 모든 경험적인 내용을 사상하며, 오직 상호관계 자체의 형식을 통하여 정립된 그와 같은 내용만을 고찰한다. 그리하여 논리적 판단은 그 고유한 의미에 있어 다음과 같은 것이다. 즉, 개별자는 특수자이거나 보편자이며, 또는 특수자는 보편자이다.[40)]

§〔38〕

모든 명제가 판단은 아니다. 명제 그 자체가 단지 앞에서와 같은 상호관계를 지니며, 그리고 그 자신의 내용이 상호관계를 갖는 한에 있어서만이 판단일 뿐이다.[41)]

§〔39〕

더 나아가 판단에 있어서 개념규정들이 서로 분리되면서도 그들 규정의 관계 속에서 상이한 것으로 서로 관계됨으로써 술어가 대자적으로 표상되고, 주어와의 비교를 통해 주어와 결합하게 되는 그러한 명제만

....

40) 논리학이란 경험적인 내용을 사상한 학문이다. 따라서 판단에 있어서도, 예컨대 '장미꽃은 붉다'라든가 '사람은 동물이다'라는 형식을 고찰하는 것이 아니라 '개별자는 특수자이다', 또는 '특수자는 보편자이다'라는 형식을 통한 그 내용을 고찰하는 학문이다.

41) 판단일 수 있는 명제란 그 내용이 상호관계성을 지닐 때이며, 만일 상호관계성을 지니지 않는다면 그것은 판단이 아니고 명제일 뿐이라는 의미이다. 그리고 이때 상호관계란 개별성, 특수성, 보편성의 상호관계를 말한다. 따라서 경험적인 내용을 담고 있는 '이 장미꽃은 붉다', '사람은 동물이다' 등은 명제일 뿐이며, 그 본래적인 의미에 있어서 논리학적인 판단은 아니다(참조, 「2. 중급반을 위한 논리학」 §〔63/95〕).

이 판단일 뿐이다.[42]

나는 멀리서 어떤 사람을, **색깔**을 본다.

자력(磁力, magnetische Kraft)은 두 개의 극으로 발현한다. 경험적 명제.

거기 나의 좋은 친구가 지나간다.

보편자는 즉자대자적으로 자유로우며, 개별성에 대해서는 무관여적이다 (이 사물은 붉은 것이다, 여기에 붉은 **어떤 것이 있다**).

§〔40〕

판단의 술어를 보다 자세히 고찰했을 때, 술어는 α)주어나 그 밖의 규정들에 대립한 규정 일반이며, 이와 같은 측면에서 어떠한 내용을 지닌다. β)술어는 개별자에 대립한 보편자라는 점에서 주어에 대해 부등하다. γ)술어는 주어에 관계되어 있다는 점에서 주어에 따라 제한되며, 단지 주어가 차지하는 외연만을 지니는 것으로 간주될 수 있다.[43]

§〔41〕

주어는 이를테면, α)다른 주어들과는 상이하다.[44] β)주어는 술어 밑에 포섭되어 있는 주어라는 점에서 술어와도 상이하다. γ)주어는 주어

....

42) 개념규정으로서의 개별성, 특수성, 보편성이 분리되고 또한 관계되는 형식을 지니는 것이 판단이다. 『대논리학』에서 판단에 대해 다음과 같이 말한다.
"**판단**은 개념 그 자체를 통해 규정된 개념들의 이와 같은 정립작용이다." (Logik II, 264쪽).

43) 이 문맥의 의미는 술어는 주어에 의해 제한되며, 그것을 외연적인 측면에서 주어가 차지하는 외연이 술어가 존립하는 외연이기도 하다는 것을 말한다. 즉, 주어의 외연은 술어의 외연이기도 하다는 의미이다.

44) 판단에 있어서 주어는, 예컨대 그 주어가 개별자라고 한다면 특수자나 보편자와는 상이하다. 그러나 보다 직접적인 의미에서는 §〔54〕에서 언급하고 있는 것처럼 개별판단에 있어 개별자로서의 주어는 다른 개별자들과는 구별된다는 의미이다. 주어로서의 '이것'은 그 자체로서 다른 주어들과는 상이하다.

자신의 내용을 언표하는 술어와 동등하며, 그리하여 판단에 있어서 술어가 포함하고 있는 것 이외에는 그 어느 것도 본래적인 의미에 있어 주어에 대해 언표되어 있는 것은 없다.[45)]

〔I.〕 내속의, 또는 질의 판단들[46)]

§〔42〕

판단에 있어서 술어는 우선 어떠한 질이며, 곧 그 어떤 단순한 직접적인 규정성이거나 특성이다. 이때 규정성이나 특성은 주어에 내속하면서도, 주어는 보다 더 많은 규정성이나 특성을 자체 속에 포함한다.

§〔43〕

질적 판단에 있어서 술어가 주어에 의해 긍정됨으로써, 이 판단은 **긍정**판단이다.

§〔44〕

술어는 주어보다 더 넓은 외연을 갖는다. 따라서 만일 긍정판단이 곧바로 전도된다면, 다시 말해 술어가 주어로, 주어가 술어로 된다고 한다면, 이때의 술어는 주어보다 더 좁은 것이 될 것이며, 그것은 판단의 개념에는 배치될 것이다.[47)]

....

45) 판단에 있어 주어에 대한 내속의 의미를 말하고 있다. 즉, 술어는 주어의 내용을 언표하며, 따라서 그러한 내용의 측면에서 주어와 술어는 동등하다.

46) 『대논리학』에서는 이를 주로 '현존재의 판단'이라고 부른다(참조, Logik II, 272쪽 이하).

47) 질적인 긍정판단에 있어 술어는 주어보다 그 외연이 넓다. 그러나 이때 주어와 술어가 전도된다고 한다면 술어는 주어보다 외연이 더 좁은 판단이 되고 말 것이며, 이는 판단의 개념에는 배치된다.

§〔45〕

따라서 긍정판단은 술어가 주어에 따라 제한되는 가운데 언표하게 되는 한에서만 전도될 수 있을 뿐이다.[48]

§〔46〕

부정판단은 술어가 주어 일반에 의해 부정되는 가운데 존재한다.[49]

§〔47〕

보다 자세히 고찰했을 때, 술어는 그 자체에 있어 두 계기들을 갖는다. 즉, 다른 규정성에 대립한 규정성의 계기와 또한 보편적인 영역의 계기가 그것이다. 부정판단에 있어서는 단지 규정성으로서의 술어만이 부정되는 것이지만, 그러나 술어의 보편적 영역은 부정되는 것이 아니다.[50]

§〔48〕

또한 부정판단에 있어서 주어는 술어에 대해 부정적으로 관계된다. 따라서 술어의 긍정(eine Position des Prädikats)이 동시에 부정과 더불

48) 물론 긍정판단에 있어 주어와 술어를 그대로 전도시킨다면 판단이 성립하지 않는다. 예컨대 '사람은 동물이다'란 판단을 '동물은 사람이다'라고 한다면 그러한 것이다. 그러나 주어의 외연에 적절하게 술어의 외연을 제한한다면 그와 같은 전도는 가능하다. 즉, 술어 '동물'의 외연을 제한하여 '이성적 동물'이라고 한다면 '이성적 동물은 사람이다'라고 주어와 술어를 전도해도 판단이 가능한 것이다.

49) §〔43〕에서 긍정판단이란 술어가 주어에 의하여 긍정되는 것처럼 부정판단에 있어서는 술어가 주어에 의하여 부정된다. 질의 판단들에 있어서는 양의 판단들과는 달리 술어의 긍정성과 부정성이 주어에 의하여 규정되는 것이다. 그러나 주어 자체가 지닌 부정성에 대해서는 『대논리학』의 단칭판단에서 특칭판단으로 이행하는 단계에서 언급하고 있다(참조, Logik II, 288쪽).

50) 예컨대 '사람은 식물이 아니다'란 부정판단에서 식물이라는 술어의 규정성은 부정되지만, 그러나 술어 그 자신의 보편적 영역은 부정되는 것이 아니다. 즉, 식물이 속해 있는 보다 보편적 영역으로서의 생물마저 부정되는 것은 아니며, 따라서 '사람은 생물이다'라고 할 수 있다.

어 현존하며, 물론 그것은 보편적 영역에 대한 긍정으로서의 술어의 긍정이다.[51]

§〔49〕

부정판단은 곧바로 전도될 수 있다.

§〔50〕

무한판단은 술어의 규정성이 부정될 뿐만 아니라 그 보편적 영역도 부정되는 그러한 판단이다.[52]

§〔51〕

무한판단은 그 자체 속에 다음과 같은 보다 넓은 의미를 포괄한다. 즉, 주어의 본질이 주어의 질을 언표하게 되는 술어 속에서 충분히 논구되는 것은 아니며, 이때의 질이 그에 근접한 규정성(eine nächste Bestimmtheit)[53]을 언표하는 한에 있어서도, 또한 그 질이 보다 넓은 규정성, 곧 보

51) 앞 문단, 곧 §〔47〕에서 보았던 것처럼 부정판단에 있어 이미 술어는 부정성과 긍정성을 동시에 함께 지닌다. 예컨대 '사람은 식물이 아니다'란 부정판단에서 술어의 보편적 영역에 대한 긍정으로서의, 즉 '사람은 생물이다'란 술어의 긍정성이 식물에 대한 부정성과 함께 현존한다.

52) 『대논리학』에 따르면 무한판단이란 '개별자는 보편적이다'란 긍정판단에서 '개별자는 보편적이 아니다'란 부정판단으로, 그리고 이 부정판단의 긍정적 형식인 '개별자는 특수자이다'란 판단에 이르러 '개별자의 무한한 자기복귀'를 통해 '개별자는 개별자이다'란 판단에 이르는 것을 말한다. 그것은 판단의 지양이며, 곧 반성의 판단으로의 이행을 의미한다(참조, Logik II, 272쪽 이하). 따라서 이때 무한판단에 있어 술어의 규정성이나 그 보편성이 부정된다는 것은 술어로서의 특수성이나 보편성이 부정되고 '개별자는 개별자이다'란 판단에 이르러, 곧 개별자의 자기반성을 통해 판단이 지양된다는 의미이다.

53) '그에 근접한 규정성'이란 말은, 이때의 질 그 자체에 가장 근접해 있는 규정성이란 의미이다. 술어가 언표하는 주어의 여러 질들에 있어서 그 하나의 질을 드러낸다고 했을 때 그 질에 가장 근접해 있는 다른 질을, 곧 그 다른 규정성을 의미한다.

편적 영역의 규정성을 포함하는 한에 있어서도 결코 충분히 논구되는 것은 아니다.[54)]

II. 양의, 또는 반성의 판단들

§〔52〕

반성운동이란 어떤 직접적인 것을 초월하여 다른 어떤 것으로 나아간다는 것을 의미하며, 그와 같이 드러난 다양성을 하나의 통일로 총괄하는 것을 의미한다.[55)]

§〔53〕

따라서 반성규정(Reflexionsbestimmung)은 한편으로는 다른 대상들과의 〔어떤 대상의〕 비교를 포함하는가 하면, 대상이 그 자신의 질들에 있어서 다른 대상들에 동등하거나, 또는 그것들과 구별된다는 측면을 포함한다. 다른 한편으로 반성규정은 그럼에도 불구하고 외면적인 보편성과 공통성, 또는 한갓된 완전성이 언표하게 되는 대상 그 자신의 고유한 규정들을 총괄하는 작용도 포함한다.[56)]

....

54) 무한판단은 앞 문단에서처럼 술어의 규정성은 물론 술어의 보편적인 영역도 부정되는 판단이다. 따라서 술어가 주어의 질이기도 한 규정성을 결코 다 드러낼 수는 없으며, 그런 한에 있어서 그 질에 가장 가까운 규정성이나 보편적인 영역의 규정성도 마찬가지로 불충분하다. 예컨대 형식논리학의 무한판단에서처럼 '사람은 비식물이다'라고 했을 때 술어인 비식물이 비록 보편적 영역이기는 하지만 주어인 사람을 충분히 논구할 수는 없다.

55) "**반성운동**이란 개별적인 규정을 초월하여 나아가는 운동이며, 개별적인 규정을 다른 규정들과 비교하는 운동인가 하면 그들 규정을 하나의 규정된 규정으로 총괄하는 작용이다"(NHS, 54쪽).

§〔54〕

개별판단은 어떠한 주어에 대해서 오직 그 주어에만 귀속되면서도, 그를 통해 주어가 다른 모든 주어들과는 구별되기에 이른 그와 같은 술어를 언표한다.[57] 그러한 한에서 주어는 개별적 주어[58]이다.

수적인 구별들에 따른 자연적 존재들의 분류(Klassifikation). 외면적인 구별의 징표(äußerliches Unterscheidungszeichen).

§〔55〕

개별판단은 보다 넓은 의미에서 또한 다음과 같은 그러한 판단이라고 부를 수 있다. 즉, 주어에 대해 보편적인 술어가 언표되는 것이지만, 그러나 그 보편적인 술어가 적어도 고려할 수 있는 여타의 다른 주어들과 그 주어를 구별하는 데에 도움이 된다고 하더라도, 그 주어가 개별적인 주어라고 한다면 그것은 개별판단인 것이다.[59]

....

56) 헤겔 논리학에 있어서 반성규정은 매우 중요한 개념이다. 그러나 여기에서는 『대논리학』에서처럼 반성규정의 개념이 뚜렷하게 정리되어 있지는 않으며, 다만 판단의 형식과 관련하여 언급하고 있을 뿐이다(참조, Logik II, 23쪽 이하). 반성규정의 개념과 관련하여 그 내용적인 의미를 「1. 상급반을 위한 철학 백과전서」의 'B.명제'에서 간단하게 다루고 있는 것을 볼 수 있다.

57) 참조, 「2. 중급반을 위한 논리학」 §〔79/111〕
주어가 '이 개별자'를 의미하는 개별판단, 또는 단칭판단은 술어를 통해 주어가 다른 주어들과는 구별되는 것을 언표하게 된다. 즉, '이 장미꽃은 붉다'란 개별판단에서 '붉다'라는 술어를 통해 다른 장미꽃들과는 달리 주어인 개별자로서의 '이 장미꽃'만이 '붉다'는 것을 드러내주고 있다.

58) '개별적 주어'를 '개별자'로 이해하는 것이 좀 더 분명할 것이다.

59) 앞 문단, 즉 §54와 비슷한 의미에서 술어가 주어를 다른 주어들과 구별되도록 도움이 된다고 하더라도 주어가 개별적인 주어, 곧 개별자라고 한다면 그것은 개별판단이며, 단칭판단이다. 예컨대 '이 장미꽃은 붉다'란 개별판단에서 그 술어인 보편자로서의 '붉다'는 다른 주어들, 즉 '몇몇의 장미꽃들'과 개별자로서의 '이 장미꽃'을 구별해주며, 따라서 개별판단에서 '이 장미꽃'으로서의 개별자만이 술어인 '붉다'가 규정하고 있다.

§〔56〕

특칭판단은 몇몇의 개별자들을 그 주어로 지닌다.

전칭판단에 있어서 주어는 하나의 종(種, Art) 속에 있는 모든 개별자들을 총괄한다. 이와 같은 총괄은 전일성(全一性, Allheit)이거나, 또는 반성의 보편성이며, 〔그리고〕 그와 같은 주어에 귀속하는 술어는 이들 개별자의 보편자이며, 이를테면 이들 개별자의 공통적인 것으로서의 보편자이다.

III. 관계의, 또는 필연성의 판단들

§〔57〕

주어와 술어는 그들의 내용을 통해서 필연적으로 함께 〔여기에서 통합된다〕.[60]

§〔58〕

정언판단(*Kategorisches* Urteil). 술어는 주어의 본성이나 주어의 참된 보편자를 언표하며, 그리고 주어와 술어 그 양자는 동일한 본질적 내용을 지닌다(주어는 단지 술어의 특수성일 뿐이다). 그러한 술어가 포함하고 있는 것 이외에 주어가 여전히 지니고 있는 보다 넓은 규정이란 술어의 비본질적인 속성들이거나 단지 술어의 제한들에 지나지 않을 뿐이다.[61]

60) (원주) 참조, 「5. 중급반을 위한 논리학」 §114.
(역주) 『대논리학』에서는 필연성의 판단으로 이행해가는 과정을 다음과 같이 말한다.
"따라서 주어와 술어는 동일적이다. 즉, 그것들은 **계사**로 통합되는 것이다." (Logik II, 293쪽).

§〔59〕

가언판단(*hypothetisches* Urteil)에 있어서 필연성은 내용의 동등성 속에 놓여 있는 것이 아니고, 오히려 이 내용은 상이한 것이며, 그리고 이와 같은 판단에 있어서는 근거와 귀결로서의 두 규정들이 필연적인 연관 속에 존립한다는 사실만이 언표되고 있을 뿐이다.[62]

§〔60〕

선언판단(*disjunktives* Urteil)에 있어서 주어는 보편적인 영역으로 간주된다. 이때 주어는 보편적 영역인 한에 있어서는 상이한 규정들을 지닐 수 있지만, 그러나 이와 같은 규정들이 상호적으로 배제하기 때문에 여타의 나머지 규정들을 배제함으로써 그 상이한 규정들의 어느 한 규정만을 필연적으로 지니지 않으면 안 된다.[63]

....

61) 이 문단에서 '술어의 비본질적인 속성들이거나 단지 술어의 제한들'이라고 해야 할지, 아니면 '주어의 비본질적인 속성들이거나 단지 주어의 제한들'이라고 해야 할지 의문이다. 예컨대 '사람은 동물이다'란 정언판단에 있어 특수성으로서의 주어는 보편성으로서의 술어가 포함하고 있는 것 이외의 규정들도 역시 지니고 있다. 즉, 사람은 동물인 것만이 아니라 이성적이기도 하다. 그러나 이때 후자의 의미에서는 정언적이란 점에 있어서 사람을 규정하는 보다 본질적인 규정은 '이성적'인 것이 아니라 '동물'이다. 그리하여 '이성적'이란 규정은 비본질적인 속성에 지나지 않으며, 단지 주어를 제한하는 규정에 지나지 않는다. 그러나 또 한편으로는 전자의 의미에서 주어가 지닌 '이성적'이란 규정은 그것이 비록 주어에 있어서는 본질적인 규정이라고 하더라도 보편성으로서의 술어, 곧 '동물'에 있어서는 비본질적인 속성일 뿐이며, 그 술어를 일정하게 제한하고 있는 의미밖에는 지니지 않는다. 아마 이 전자의 의미가 앞 문단 §〔57〕과 관련하여, 즉 주어와 술어의 내용을 통한 필연적인 통합이란 점에서 좀 더 가까운 의미를 담고 있는 것이 아닌가 한다. 『대논리학』에서 정언판단에 대해 다음과 같이 말한다.

> "그러나 그에 있어 **필연적인** 것은 주어와 술어의 **실체적 동일성**이며, 주어를 술어로부터 구별되도록 하는 그 고유한 것이란 이 실체적 동일성에 대해서는 비본질적인 피정립적 존재일 뿐이거나, — 단지 이름에 불과할 뿐이다." (Logik II, 294쪽).

62) 가령 '물체에 열을 가하면, 물체는 팽창한다'란 가언판단에서 전건과 후건 사이에 그 내용은 상이하며, 다만 근거로서의 전건과 귀결로서의 후건이 필연적으로 연관되어 있다는 의미만을 갖는다.

IV. 양상[64]

§〔61〕

판단들을 그들의 양상에 따라 〔고찰한다는 것은〕 술어가 주어의 개념과 그 현존재의 적합성을 〔언표하고 있는 것인지 어떤지를 타진한다는 것을 의미한다〕.[65]

§〔62〕

실연〔판단들〕(*assertorische* 〔Urteile〕). 주어의 성질이 아직 전개된 것은 아니다.

§〔63〕

실연판단의 아직 전개되지 않은[66] 한갓된 확언에 대해 그에 대립적인 확언이 동일한 형식적 권리로써 주장될 수 있다.[67] 주어에 하나의 술어가, 또는 그 대립적인 술어가 귀속되는 것을 통해서 단지 가능성만이 현존하는 한에 있어서 판단은 **개연적**(*problematisch*)이다.[68]

....

63) 선언판단에 있어 주어는 그 선언지를 통합하고 있는 보편적인 영역이며, 그 상이한 규정들로서의 선언지는 서로 배제적, 배척적이어서 결국 어느 하나의 선언지만이 필연적으로 주어와 결합되어야 한다.

64) 헤겔은 『대논리학』에서 '양상의 판단', 또는 '판단의 양상'이란 말 대신에 '개념의 판단'이란 말을 주로 사용한다. 개념의 판단에서 실연판단, 개연판단, 그리고 필연판단으로 이행하며, 그리하여 추리로 이행해간다(참조, Logik II, 310쪽 이하).

65) (원주) 참조, 「5. 중급반을 위한 논리학」 §117.

66) (원주) 〔그 위에〕 "근거를 갖추고 있지 않은"

67) 실연판단이란 아무런 근거를 갖추고 있지 못한 확언적인 판단으로, 단순한 사실에 대한 주장 등이 여기에 속한다. 따라서 근거를 갖추고 있지 않다는 점에서 그에 대립되는 주장도 동등한 권리를 갖게 되는 판단이다.

68) '그것은 장미꽃일 것이다'란 개연판단에서 주어인 '그것'에 두 대립적인 술어, 즉 '장미꽃'과 '비장미꽃'이 해당될 수 있으며, 따라서 이때 현존하는 것은 장미꽃이든 장미꽃이 아니든 간에 단지 그 가능성일 뿐이다.

§〔64〕

따라서 주어가[69] 개념에 대한 현존재의 적합성이나 비적합성이 깃들어 있는 주어 그 자신의 성질을 언표하는 어떠한 규정에 의해 정립되지 않으면 안 된다. 이와 같은 양상의 판단이 **필연적**(*apodiktisch*)이다.[70]

III. 추리

§〔65〕

판단에 있어서 개념의 두 계기들은 직접적으로 상호 관계되어 있다. 추리는 그들 계기의 매개나 근거를 포함한다. 추리 속에서 두 규정들은 그들 규정의 통일이라고 할 제3의 규정을 통해 결합된다.[71]

§〔66〕[72]

두 결합된 규정들이 **양극**, **양 항**(die *Extreme*, *termini extremi*)을 이룬다. 그 양극을 결합하는 규정이 양극의 중간자(die Mitte), 즉 **매개념**(*terminus medius*)이다.[73]

§〔67〕

양 항은 개별성과 보편성으로서 상호 관계되며, 매개념은 특수성으로

....

69) (원주) 〔그 위에〕 "(그런 한에서 보편적인 것이다)"

70) 필연판단에 있어 주어는 당위적인 보편성과 그것이 지닌 성질로써 규정되며, 이때 주어와 술어는 서로 일치를 이루면서 '정립된 구체적 보편성'을 그 내용으로 지닌다. 그리하여 결국 판단은 지양되면서 추리로 이행하게 된다(참조, Logik II, 306쪽 이하).

71) 판단은 개념의 두 계기들, 즉 개별성과 특수성, 또는 개별성과 보편성 등등의 상호 관계를 주개념과 빈개념으로서 언표한다. 그러나 추리는 그 두 계기를 결합하는 매개념을 포함한다. 즉, 그 두 계기로서의 규정들이 소개념과 대개념으로서 매개념을 통해 결합한다.

서 관계된다.[74]

§〔68〕

매개념은 개별성에 대해 포섭하는 것으로서 관계되며, 보편성에 대해서는 포섭되는 것으로서 관계된다.

§〔69〕

보편자는 특수자를, 그러나 특수자는 개별자를 자기 밑에 포섭함으로써, 또한 보편자는 개별자를 자기 밑에 포섭하게 되며, 그리고 전자, 곧 보편자는 후자, 곧 개별자의 술어이다. 그와는 달리 개별자는 특수자의 규정을, 그러나 특수자는 보편자의 규정성을 자신 속에 포함함으로써 개별자는 역시 보편자를 자신 속에 포함한다.[75]

§〔70〕

매개념에 대한 양 항의 관계들은 직접적이다. 이와 같은 관계들을 명

....

72) (원주)〔다음 단락의 여백에〕
도형, 평행 4변형, 삼각형
동물, 말, 인간
눈부신, 눈, 흰
꽃, 검은, 패랭이꽃
물체, 달, 무게
크리스탈, 투명한, 유리
의지의 변화, 신적 의지, 후회
장미, 붉은, 향기로운
〔우리는〕 달에 거주자가 있다고 추리한다
우리는 전력(電力, Elektrizität)을 자연의 힘이라고 추리한다

73) 양극, 양 항이란 대개념과 소개념을 말한다. 이들 두 개념이 매개념을 통해 결합한다.

74) 삼단논법의 추리는 그 가장 기본적인 형식이 Barbara식이며, 여기서도 그에 따라 소개념으로서의 개별성, 대개념으로서의 보편성, 특수성으로서의 중개념으로, 즉 매개념으로 구성된다는 것을 언급하고 있다.

제들이나 판단들로 언표한다는 것은 곧 추리의 전제들을 의미하게 되며, 물론 그 전제란 보편성의 항(**대개념**, *terminus maior*)을 포함하는 **대전제**(die *propositio maior*)와 개별성의 항을 포함하는 **소**〔**전제**〕(die 〔propositio〕 *minor*)를 의미한다.[76]

§〔71〕

양극, 즉 양 항의 상호적인 관계는 매개된 관계이며, 그리하여 결어(Schlußsatz), 곧 **결론**(*conclusio*)이 그것을 의미한다.

§〔72〕[77]

하위 전제(Untersatz)는 부정적일 수 없다[78]

명제는 특칭적인 어떤 것이 아니다[79]

상위 전제(Obersatz)에 있어 **매개념**(der *Medius terminus*)은 특칭적이

75) '자기 밑에'는 포섭을, '자신 속에'는 내속을 의미한다. 이에 대해서는 앞서 §〔17〕과 §〔18〕에서도 언급하고 있으며, 「2. 중급반을 위한 논리학」 §〔60/92〕에서 보다 자세히 언급하고 있다. 그러나 추리에 있어서 포섭은 Barbara식이 잘 드러내고 있지만, 내속은 어떠한 추리의 형식인지 가늠하기가 쉽지 않다. 다만 내속의 추리로서의 현존재의 추리가 그것을 의미할 것이다(참조, Logik II, 311쪽 이하).

76) 양 항의 매개념에 대한 관계들이 직접적이란 말은 대전제에서 매개념과 대개념의 관계, 소전제에서 소개념과 매개념과의 관계가 직접적이란 것을 말하며, 그리고 그와 같은 관계가 명제나 판단으로 표현된 것이 대전제이고 소전제이다. 이때 보편성의 항이란 대전제에서의 대개념을 말하며, 개별성의 항은 소전제에서의 소개념을 말한다.

77) 이 문단은 압축적으로 서술되어 있기 때문에 그 의미를 정확하게 이해하기는 어렵다. 그러나 삼단논법의 제1격과 관련하여 말하고 있는 것이 아닌가 한다.

78) 하위 전제, 곧 소전제가 부정적일 수 없다는 것은 삼단논법의 기본격인 제1격에서 소전제가 부정판단일 수 없다는 의미일 것이다.

79) 특히 삼단논법의 완전격이라고도 부르는 제1격에서 중심적인 식은 Barbara와 Celarent이다. 이들 제1격의 두 식에서 대전제나 소전제가 특칭판단이 아니다. 물론 결론도 특칭이 아닌 전칭판단이다. 그런 의미에서 명제가 특칭이 아니란 의미가 아닌가 한다.

아니다.[80)]

80) '상위 전제, 곧 대전제에서 매개념은 특칭적이 아니다'란 말은 Barbara와 Celarent는 물론이지만, 제1격의 나머지 식인 Darii나 Ferio 역시 대전제가 모두 특칭이 아니며, 전칭이란 의미이다.

4

상급반을 위한 개념론[1]
(1809년/10년)

§1

객관 논리학은 즉자적인 개념의 학문(die Wissenschaft des Begriffs an sich)이거나 범주들의 학문이다. 여기서 다루게 될 주관 논리학은 개념으로서 다루는 개념의 학문(die Wissenschaft des Begriffs als Begriff)이거나 어떤 것에 대한 개념의 학문이다.[2] 주관 논리학은 다음과 같은 세 부분들로 구분된다.

1. 개념론,
2. 개념의 실현론,
3. 이념론.

....

1) (원주) 이 원본은 로젠크란츠에 의하여 편찬되었으며, 괄호 안의 보론은 헤겔의 구술에 따른 것이다.
(역주) 이 「4. 상급반을 위한 개념론(1809년/10년)」은 원래의 번역 대본에는 「6. 상급반을 위한 개념론(1809년/10년)」이며, 이 번역본에서는 그 일련번호를 6에서 4로 바꾸었다.

제1편 개념론

Ⅰ. 개념

§2[3)]

개념이란 규정되어 있는 보편자이지만, 이때 보편자는 〔그러나〕 그 자신의 규정 속에서 동일적인 전체, 곧 동일적인 보편자로서 머물러 있는 보편자이다. 그런가 하면 개념은 또한 어떤 사태의 상이한 규정들을 통일로서 자기 자신으로 포괄하는 규정성이기도 하다.[4)]

§3

개념의 계기들은 보편성, 특수성, 그리고 개별성이다. 개념은 그들 계기의 통일이다.

....

2) 이 문단에서 논리학을 객관 논리학과 주관 논리학으로 구분한 것은 헤겔이 그의 『대논리학』에서 구분한 것처럼 뚜렷하지는 않은 것 같다. 『대논리학』에 따르면 논리학은 객관 논리학과 주관 논리학으로 구분되며, 또한 객관 논리학으로서의 존재 논리학과 본질 논리학, 그리고 주관 논리학으로서의 개념 논리학으로 구분된다(참조, Logik I, 41쪽 이하). 여기서도 논리학을 객관 논리학과 주관 논리학으로 구분하고 있지만 그 의미 내용은 간단한 것 같지는 않다. 먼저 'die Wissenschaft des Begriffs an sich'를 '즉자적인 개념의 학문'이라고 해야 할지, 아니면 '개념의 학문 그 자체'라고 해야 할지 선뜻 구별하기가 어렵다. '범주들로서의 즉자적인 개념에 관한 학문'이란 의미일 수 있지만, 그러나 개념의 학문을 개념으로서 다루는 주관 논리학과의 대비적인 의미에서는 객관 논리학은 '개념의 학문 그 자체'일 수도 있을 것이다. 이와 같은 두 가지 의미가 다 깃들어 있는 것이 아닌가 한다. 다만 여기서는 '즉자적인 개념의 학문'이라고 번역한다. 또한 주관 논리학으로서의 '어떤 것에 대한 개념의 학문'이 무엇을 의미하는지도 분명하지는 않다. 즉, 이때 '어떤 것'이 '개념'이나 '개념의 실현', 또는 '이념'을 의미하지 않을까 싶다(참조, 「2. 중급반을 위한 논리학」 §〔3/35〕).

3) (원주)§§2~5는 「2. 중급반을 위한 논리학(1808년/09년)」 §§〔57/89〕~〔60/92〕를 참조.

4) 이 문단은 개념이란 보편자이거나 규정성이며, 보편자라는 의미에 있어서는 규정된 것 그 전체이며, 규정성이란 의미에 있어서는 상이한 규정들을 통일적으로 포괄하게 된다는 것이다.

§4

보편자는 긍정적이면서도 자기 동등적인 무규정적 통일(positive, sich selbst gleiche unbestimmte Einheit)로서, 곧 이와 같은 통일이다. — **특수성**은 보편자의 규정이지만, 그러나 특수성은 보편자 속에 지양되어 있거나, 또는 보편자 그 자체가 특수성 속에 깃들어 있는 것이다. — **개별성**은 부정적 통일이거나, 또는 자기규정으로 총괄되는 규정이다.[5)]

§5

보편자는 특수자와 개별자를 **자기 밑에**(*unter sich*) 포괄하며, 마찬가지로 특수자 역시 개별자를 자기 밑에 포괄한다. 그와는 달리 개별자는 특수성과 보편성을 **자신 속에**(*in sich*) 포괄하며, 특수자는 보편성을 자신 속에 포괄한다. 보편자는 특수성과 개별성보다 **더 넓은**(*weiter*) 것이지만, 그에 대해 특수성과 개별성은 보편자가 개별성 속에 포함되어 있다는 점에서 다시금 어떠한 규정성이 되는 그러한 보편자보다 **더 많은**(*mehr*) 것을 자기 자신 속에 포괄한다. 보편자는 특수자와 개별자에 **내속하고**(*inhäriert*), 그와는 달리 보편자는 특수자와 개별자를 자기 밑에 **포섭한다**(*subsumiert*).[6)]

§6

개념이 개별성, 특수성, 보편성이란 계기들을 자기 자신 속에 포함하

5) 이때 개별성의 부정적 통일이란 말은 개별성의 규정들이 결국 자기규정으로 총괄되어간다는 의미와 같다.

6) 참조, 「3. 하급반을 위한 논리학」 §17~§18.
보편자가 특수자나 개별자보다 더 넓다는 것은 포섭의 의미이며, 개별자가 보편자보다 더 많은 것을 포괄한다는 것은 내속의 의미에서이다.

게 됨으로써 개념은 곧 그 자체 자신의 내용에 있어 그들 계기에 따라 상이하게 규정된다. 그리하여 개념은 개별적인 어떤 것에 대한 개념, 특수적인 어떤 것에 대한 개념, 보편적인 어떤 것에 대한 개념이다.

§7

보편자의 특수화, 다시 말해 그 동일한 보편적 영역을 지닌 규정들 및 동일한 특수성이나 보편성 밑에 포섭되어 있는 개별자들은 상호 **동위적이며**(*koordiniert*), 또한 포섭된 것은 그 포섭된 것을 포섭하는 그것에 **종속되어**(*subordiniert*) 있다.[7)]

§8

보편자의 동위적인 특수한 규정들은 상호대립되어 있으며, 그리고 그 하나의 규정이 오직 다른 규정의 부정적인 규정으로만 간주되기 때문에 그들 두 규정은 **모순적**(*kontradiktorisch*)이다.[8)] 그러나 그 다른 규정이 역시 어떠한 긍정성을 지니게 되고, 그를 통해 그 규정을 동시에 동일한 보편적 영역으로 끌어들이게 됨으로써 그들 두 규정은 단지 **반대적**(*konträr*)으로만 상호대립된다.[9)] 보편자에 있어서 그러한 동위적인 규

....

7) 보편자에 있어서 그에 포섭되어 있는 개별성들은 상호 동위적이지만, 그러나 개별성 그 자체는 보편자에 종속되어 있다. 다음 문단들에서 좀 더 자세히 언급하고 있지만, 여기서 동위성과 종속성을 언급하고 있는 것은 상이성이나 대립의 개념에 대해 서술하기 위한 방편이 아닌가 한다.

8) 보편자가 지닌 동위적인 두 규정은 상호대립적이며, 그 한 규정에 대해 다른 규정이 부정적 규정일 때, 그 두 규정은 모순적이다. 물론 두 규정이 종속적인 관계일 때는 대립적일 수도 모순적일 수도 없다.

9) 동위적인 두 규정에 있어, 모순적인 경우와 반대적인 경우를 언급하고 있는 것이겠다. 그에 대해서는 「3. 하급반을 위한 논리학」 §20에서 이미 논구한 것이기도 하다. 특히 이때 반대적인 대립에 있어 '긍정자'란 말이 헤겔이 파악한 매우 특이한 개념이기도 하다.

정들은 개별자에 있어서는 동시적으로 존재할 수 없고, 오히려 이때의 개별자에 있어 동위적인 규정들은 **상이하다**(*verschieden*). 다시 말해 그들 규정은 그들 자신의 구별 속에서 그 동일한 보편적인 영역을 지니는 것이 아니며, 개별자와의 관계 속에서 **합치해**(*einstimmig*)버린다.[10]

§9

보편자의 동위적인 규정들을 보다 자세히 고찰했을 때, 그들 규정, 1. 곧 어느 하나의 규정이 그 다른 규정의 부정적 규정일 뿐인 그들 두 규정은, 그들 규정이 동일한 보편적 영역을 지니는가 그렇지 않는가에 대해서는 무규정적이다.[11] 2. 그들 두 규정이 동일한 영역을 공통적으로 지니는가 하면, 그 하나의 규정이 긍정적이고 다른 하나의 규정이 부정적인 한에 있어서, 그리하여 그 첫 번째 규정에 대립한 이와 같은 부정성이 그들 규정의 본성을 형성하고 있는 한에 있어서, 그들 규정은 본래적인 의미에 있어 모순적으로(kontradiktorisch) 상호대립한다.[12] 3. 그들 두

....

10) 이 상이성과 관련된 서술은 이해하기가 쉽지 않다. 대체로 다음과 같은 의미가 아닌가 한다. 보편자에 있어서는 물론 동위적인 규정들이 동시적으로 존재할 수 있지만, 개별자에 있어서는 동시적으로 존재할 수 없다. 즉, 보편자에 있어 동위적인 두 규정은 모순적이거나 반대적일 수 있지만, 그러나 개별자에 있어서는 그 두 규정은 상이할 뿐이다. 왜냐하면 개별자에 있어서는 동위적인 두 규정에 있어 어느 한 규정만이 개별자에 속할 뿐 두 규정이 동시적으로 개별자에 속할 수는 없기 때문이다. 따라서 어느 한 규정만이 속하게 되는 개별자에 있어 동위적인 두 규정은 서로 구별되어 있는 한에서 동일한 보편적인 영역을 지닐 수는 없고, 결국 개별자 속에서는 그 두 규정은 합치하고 마는 것이다(참조, 「5. 중급반을 위한 논리학」 §101).

11) 물론 앞 문단, 즉 §8에서도 마찬가지지만, 보편자의 동위적인 규정들이란 다양한 규정들을 지칭하는 것은 아니며, 단지 두 규정만을 지칭한다. 그 두 규정이 부정적으로 서로 대립해 있지만, 그렇다고 그 두 규정이 동일한 보편적 영역을 지니게 되는가 그렇지 않은가에 대해서는 아직은 무규정적이다.

12) 1에서의 무규정적인 경우와는 달리 2에서는 두 규정이 동일한 보편적 영역을 지니고, 그리하여 두 규정이 서로에 대해 부정적인 경우 그 두 규정은 모순적인 대립을 이룬다.

규정이 동일한 보편적 영역 속에서 상호대립되어 있는 한에 있어서, 또는 하나의 규정이 다른 규정이 그러한 것과 동일한 방식으로 긍정적이며, 따라서 각각의 규정이 그 다른 규정과의 관계 속에서 긍정적인 것으로 혹은 부정적인 것으로 언표될 수 있는 한에 있어서 그들 두 규정은 반대적(konträr)이다.[13]

§10

긍정자와 부정자의 대립에 관여되어 있지 않는 반대적인 규정에 의해서[14] **타자를 통한 비규정적 존재**(*Nichtbestimmtsein durch ein Anderes*)로의 이행이, 즉 **즉자대자적인 규정적 존재**(*An-und-für-sich-Bestimmtsein*)로의 이행이 발생하게 되며, 그러한 이행을 통해 영역의 공통성이 사라지는가(verschieden)[15] 하면, 개별성이 〔정립되기에〕 이른다.[16] 그리

....

13) 이 3에서는 동위적인 두 규정의 반대관계에 대해 언급한 것이며, 모순관계에서와 마찬가지로 두 규정은 상호성을 갖는다. 즉, A와 비A가 모순적인 관계라면 A의 비A에 대한 부정성은 비A의 A에 대한 부정성이기도 하다. 또한 A와 B가 반대적인 관계일 때 A가 B에 대해 긍정적이라면 B도 A에 대해 긍정적이며, A가 B에 대해 부정적이라면 B도 A에 대해 부정적이다. 다만 반대적인 관계에 있어서는 부정성만이 아니라 긍정성도 함께한다. 예컨대 반대관계에 있는 큼(大)과 작음(小)에서 크지 않다는 것은 덜 크다는 의미일 수 있으며, 마찬가지로 작지 않다는 것은 덜 작다는 의미일 수 있는 상호적인 긍정성으로 나타날 수 있다. 그러나 이미 앞 문단, 즉 §8에서도 그러하지만 모순적인 규정으로부터 반대적인 규정으로 나아가는가 하는 것은 여기 문단에서는 의문이다. 아마 이 대답은 다음 문단, 즉 §10에서 서술되고 있을 것이다.

14) 이때 '긍정자와 부정자의 대립'이란 말은 모순적인 관계를 의미하며, 따라서 이 모순적인 관계에 있는 규정에 관여되어 있지 않는 반대적인 규정이란 의미이다.

15) (원주) 소멸되는(verschwunden)
(역주) 원주에서 말하고 있는 것처럼 원문의 'verschieden'이란 말은 통상적으로 '상이한'이란 의미와는 달리 '없어지는', 또는 '사라지는' 등으로 번역하는 것이 좋을 것이다.

16) '**타자를 통한 비규정적 존재**', 즉 '**즉자대자적인 규정적 존재**'란 개별성을 의미한다. 다시 말해 개별성에 있어서 두 규정은 어느 한 규정이 다른 규정을 통해 정립되는 것이 아니며, 그런 의미에서 '즉자대자적인 규정된 존재'이다.

하여 개별성 그 자신의 규정들은 아무런 보편적인 영역이 없는 상이한 것이면서도 그 개별성 속에서 그들 규정이 즉자대자적으로 규정된 규정들로서 존재한다.[17)]

II. 판단

§11[18)]

판단은 개념의 구별된 계기들에 있어서 어떤 대상에 대한 서술이다. 판단은 개념을 포함하며, 즉 a)개별성의 규정에 있어서 **주어**로서의 개념을 포함하며, b)판단 그 자신의 보편성의 규정을, 또는 그 자신의 **술어**를 포함한다. 그러나 그때 개별성이 특수성에, 그리고 특수성이 보편성에 관계될 수 있는 것처럼 또한 주어가 술어에 관계될 수 있다. c)술어의 주어에 대한 단순하면서도 무내용적인 관계, 곧 이다(Ist)는 **계사**(*Kopula*)이다.

§12[19)]

명제는 판단과 구별되어야 한다. 명제에 있어서는 주어에 관하여 전적으로 어떤 개별적인 것, 곧 발생한 어떤 것이 언표되거나, 또는 일반적인

17) 이 문단은 전체적으로 개념으로부터 판단으로 이행해가는 의미를 담고 있다. 즉, 이 문단은 개념에 대한 마지막 문단이면서 곧이어 판단이 서술되고 있기 때문이다. 『대논리학』에서는 개념이 보편성, 특수성, 그리고 개별성으로 이행하면서 판단으로 나아간다(참조, Logik II, 259쪽 이하). 그러나 『대논리학』과는 달리 여기서는 개별자에 있어서의 반대적인 규정의 의미 속에서 판단으로 이행해간다고 하는 것이 암시되어 있다. '개별자의 규정들'이란 말은 '개별자가 지닌 두 규정', 즉 §8에서 언급하고 있는 '개별자에 있어서 동위적인 두 규정'이란 의미이며, 그리고 그 두 규정은 아무런 보편적인 영역도 지니지 않은 채 상이하다. 그러면서도 그 두 규정은 '즉자대자적으로 규정된 규정'으로서 합치되어 있다.

18) (원주) 여기 §§11~13은「2. 중급반을 위한 논리학(1808년/09년)」§§〔62/94〕~〔65/97〕을 참조.

명제들에서 보는 바와 같이 개별자가[20] 필연성에 따라 관련을 맺게 되는 그 어떤 것, 즉 개별자가 그것으로 생성되어가면서 본질적으로는 상호 대립적인 것으로서 그에 관계되기 마련인 그 어떤 것이 언표되는 것이다. 개념에 있어서는 계기들이 하나의 통일 속에 있는 것으로서 파악되는 것이기 때문에, 개념의 서술로서의 판단에 있어서도 물론 규정이 존재하지만, 그러나 생성으로서, 또는 상호대립으로서 존재하는 것은 아니다. 보다 하위의 규정, 곧 주어는 그와는 상이한 보편성, 곧 술어로 고양되거나, 혹은 직접적으로는 술어 그 자신이다.[21]

§13[22]

논리학에 있어서 판단은 어떤 특정한 경험적인 내용에 대한 고려 없이 그 자신의 순수한 형식에 따라 고찰된다. 판단들은, 이를테면 어떠한 방식으로 주어와 술어의 관계가 개념을 통하여, 그리고 개념 속에서 존재하는가, 또는 어떠한 방식으로 개념에 대한 대상성의 관계가 존재하는가 하는 것을 고려하는 가운데 주어와 술어가 갖는 상호관계를 통하여 구별된다. 판단의 보다 고차적인 진리나 절대적 진리는 이와 같은 관계의 방식에 의존한다. 진리는 개념과 개념 자신의 대상성과의 합치이다. 판단에 있어서 개념 및 그 대상성에 대한 서술이 시작되며, 따라서 진리의 영토가 거기에서 시작된다.

……………

19) 이 문단은 「2. 중급반을 위한 논리학」 §〔63/95〕와 서술 자체가 약간 다를 뿐, 거의 같다. 그러나 여기서는 내용은 같지만, 조금 다르게 번역하며, 특히 마지막 두 서너 문장은 표현이 다르게 되어 있다.

20) '개별자'를 '주어'라고 번역해도 될 것이다. 「2. 중급반을 위한 논리학」 §〔63/95〕에서는 '주어'로 번역하였으며, 내용에는 차이가 없다.

21) '직접적으로는 술어 그 자신이다'란 말은 「2. 중급반을 위한 논리학」 §〔63/95〕에서는 '오히려 이미 그와 같은 상위의 보편자로 고양되어 있다'고 되어 있다. 따라서 주어가 술어인 보편성으로 고양됨으로써 곧 주어와 술어의 합치를 의미한다.

22) 참조, 「2. 중급반을 위한 논리학」 §〔65/97〕

§14

판단은 개념의 상이한 계기들에 있어서 어떠한 대상에 대한 서술이기 때문에, 오히려 그와는 반대로 판단은 개념 자신의 현존재에 있어서 개념에 대한 서술이기도 하다. 이와 같은 개념의 현존재에 있어서의 서술은 개념의 계기들(Begriffsmomente)이 지닌 특정한 내용 때문이라기보다는, 그들 계기가 판단 속에서 그들 자신의 통일로부터 벗어나기 때문에 나타나게 된다.[23] 전체의 판단이 개념을 개념 자신의 현존재에 있어서 서술하게 됨으로써 이때의 구별이 다시금 또한 판단 자체의 형식으로 되는 것이다.[24] 주어는 대상이고, 술어는 대상을 개념으로 언표해야 하는 그 주어의 보편성이다. 판단의 운동은 판단 자신의 상이한 여러 종류들을 통과해가면서 이와 같은 보편성을 보편성이 술어인 한에 있어 존재할 수 있는 그것보다 더 높은 단계로 고양시키며, 그러한 가운데 보편성은 결국 개념에 일치하게 되는 것이다.[25]

23) 판단이란 어떤 대상에 대한 서술이지만, 그러나 그것은 개념이 지닌 계기들 속에서의 서술이다. 그 때문에 오히려 반대로 판단은 개념을 그의 현존재 속에서 서술하는 것이기도 하다. 이때 개념의 현존재 속에서 개념을 서술한다는 것은 개념의 계기들이 지닌 특정한 내용 때문에 그러한 것이 아니라 개념의 계기들이 판단 속에서 그들 자신의 통일로부터 벗어나기 때문이다. 다시 말해 개념의 계기들이 판단 속에서 그들의 통일로부터 벗어나 개별성, 특수성, 보편성으로 분화되면서 그 현존재로서의 주어와 술어로 정립되기에 이른다. 예컨대 '이 장미꽃은 붉다'란 판단에서처럼 개념의 계기들이 지닌 특정한 내용으로서 이루어지는 것이 아니라 '개별자는 보편적이다'란 판단처럼 개념의 계기들 그 자체로서 이루어진다.

24) 여러 판단들의 형식은 개념을 개념 그 자신의 현존재 속에서 서술하는 것이기 때문에, 그로부터 나타나게 되는 구별이 곧 판단의 형식이 된다는 의미이다. '이때의 구별'이란 말은 개념의 계기들의 구별을 의미하며, 개념 자신의 현존재 속에서 나타나게 되는 구별이기도 하다. 그리고 그러한 구별이 곧 판단의 여러 형식들을 이루게 된다.

A. 판단들의 질, 또는 내속의 판단들

§15[26)]

판단에 있어서 술어는 직접적으로는 주어에 귀속되어 있는 어떠한 특성(eine Eigenschaft)[27)]이다. 물론 보편자 일반으로서 이 특성은 주어에 관계되어 있지만, 그러나 동시에 특성은 주어가 특성 그 자신에 해당하는 보다 많은 규정성들을 지니는 가운데 단지 주어의 어떠한 규정된 현존재일 뿐이다. 이때 보편성, 곧 술어는 오직 직접적인 (혹은 감성적인) 보편성의 의미만을 지니며, 다른 것들과의 한갓된 공통성의 의미만을 지닌다.[28)]

§16

질적인 판단에 있어서 술어는 판단의 형식을 형성하는 측면으로서의 어떠한 보편자이면서도, 또한 내용으로서 현상하는 주어의 규정된 질이기도 하다. 전자의 측면, 즉 형식의 측면에 볼 때 판단은 그 순수 **형식**에 따라 다음과 같다고 하겠다. 즉, **개별자는 보편자이다.** 후자의 측면, 곧 내용의 측면에 따른다면 다음과 같다. 즉, **개별자는 그렇게 규정되어 있다.**—

....

25) 판단의 운동이 판단의 상이한 여러 방식들을 통과해가면서, 다시 말해 판단의 여러 종류들을 관통해가면서 보편성이 보다 높은 단계로 차츰 고양되기에 이르며, 이와 같은 고양 속에서 마침내 보편성과 개념은 일치를 이루게 된다. 즉, 그것은 술어로서의 보편성이 존재할 수 있는 그것보다 더 높은 단계로 고양됨으로써 판단의 운동은 결국 술어의 보편성을 초월하여 보편성이 개념과 일치하게 되는 단계로 나아가는 것이다.

26) (원주) 참조, 「2. 중급반을 위한 논리학(1808년/09년)」 §〔66/98〕

27) 참조, 「1. 상급반을 위한 철학 백과전서」 §57.

28) 이때 보편성으로서의 술어가 지니게 되는 '다른 것들과의 한갓된 공통성의 의미'란 말은 여타의 다른 많은 규정들이 술어의 보편성 속에 포함될 수도 있지만, 주어를 규정하는 다른 여러 규정들 중에서 공통성으로 묶어질 수 있는 규정만이 그 보편성에 해당한다는 의미이다(참조, 「2. 중급반을 위한 논리학」 §〔66/98〕).

이것이 **긍정판단** 일반이다.

(이것은 좋은 것이다. 이것은 나쁜 것이다. 이 장미꽃은 붉은 것이다. 이 장미꽃은 흰 것이다, 등등)

§17

1. 개별자는 그와 같이 또한 보편적이지 않기 때문에, 그리고 2.주어는 단지 **이** 규정성만을 지니는 것은 아니기 때문에, 질적 판단은 그 두 관점에 있어서 역시 부정적으로 언표되지 않으면 안 된다. 이것이 **부정판단**이다.

(이것은 나쁜 것이 아니다. 이것은 좋은 것이 아니다. 이 장미꽃은 붉은 것이 아니고, 흰 것이며, 노란 것이다, 등등. 이 장미꽃은 흰 것이 아니고 붉은 것이다, 등등)

§18

따라서 이와 같은 판단은 그 형식에 따라 다음과 같이 표현된다. 즉, **개별자는 보편자가 아니며, 특수자이다.** 그 내용에 따른다면 다음과 같다. 즉, **개별자는 그렇게 규정되는 것이 아니고, 곧 바로 다르게 규정된다.** 그들 두 관점에 있어서 이와 같은 부정판단은 동시에 또한 긍정적이기도 하다. 첫 번째 관점에서 부정은 단지 보편성을 특수성으로 제한하는 것일 뿐이다. 그 다른 관점에서는 단지 어떠한 규정성만이 부정되며, 그리고 이 부정을 통해 보편성이나 보편성의 보다 높은 영역이 드러난다.

§19

마지막으로, 1. **형식**에 따른다면 개별자는 역시 특수자가 아니다.[29] —

29) (원주)로젠크란츠는 "……인 것만은 아니다"라고 쓰고 있다.

왜냐하면 특수성은 개별성보다 더 넓기 때문이다. — 오히려 개별자는 단지 개별자일 뿐이다. 이것이 **동일판단**(*identisches Urteil*)이다.

그와는 반대로, 2. **내용**에 따른다면 주어는 단지 이와 같은 규정성인 것만도 아니며, 또한 어떤 다른 규정성인 것만도 아니다. 그러한 내용은 주어에 대해 너무도 제한적이다.[30] 규정성의 이러한 부정을 통해서 술어의 전체 영역과, 그리고 그 앞서의 부정판단 속에 여전히 존립해 있는 긍정적인 관계는 지양되기에 이른다. 이것이 **무한판단**이다.

§20

저와 같은 동일판단이나 무한판단은 더 이상 판단들이 아니다. 좀 더 자세히 말한다면 이것은 질적 판단 속에 깃들어 있는 주어와 술어의 상호관계가 지양된다는 의미를 갖는다. 다시 말해 그것은 주어에 관해서 단지 그 현존재의 어떤 직접적인 규정성만을, 즉 단지 피상적인 보편성만이 귀속해 있을 뿐인 규정성만을 언표하게 된다는 의미를 갖는다. 무한판단에 있어서는 개별적인 규정성만이 아닌 어떠한 보편성이 요구된다. 앞서와 같은 동일판단은 주어가 즉자대자적으로 규정되며, 그리고 주어 그 자신의 규정 속에서 자기 자신으로 복귀하게 된다는 사실을 포함한다.

§21

동일판단과 무한판단에 있어서 주어와 술어의 상호관계는 지양된다. 이것은 우선 주어와 술어가 계사에 의해 그들의 구별이 사상된 채 동등

30) 동일판단으로서의 '개별자는 개별자이다'는 그 내용에 따른다면 주어인 '개별자'에 대해 술어로서의 '개별자'는 너무도 제한적이다. 즉, 주어가 지니는 다른 많은 규정들이 존재하지만, 그럼에도 불구하고 술어가 주어와 동일하게 규정됨으로써 주어는 너무 제한되고 만 것이다.

성의 관계 속에 존립하는 것으로 고찰될 수 있는 그러한 판단의 측면으로 간주될 수 있다. 이와 같은 관점에서 술어를 단지 주어와 동일한 외연만을 갖는다는 의미로 받아들이는 한, 긍정판단은 전도될 수 있다.

§22

부정판단은 규정성과 주어의 분리를 포함하고 있지만, 그러나 주어는 규정성의 언표되지 않은 보편적인 영역에 긍정적으로 관계되어 있다. 부정된 술어가 주어로 됨으로써 저 보편적인 영역은 자연히 떨어져나가게 되며, 단지 두 규정들의 부등성만이 현존하게 된다.[31] 그러한 한에서 그 두 규정들 중에 어느 규정이 주어가 되고, 어느 규정이 술어가 되는가 하는 문제는 무관여적이다. 따라서 부정판단은 동일판단이 그러한 것과 마찬가지로 **전도될** 수 있다.[32]

---

31) 물론 부정판단은 주어와 술어가 분리되어 있으며, 규정성의 언표되지 않는 영역, 곧 술어의 언표되지 않는 영역에 주어는 긍정적으로 관계된다. 예컨대 '이 장미꽃은 붉은 것이 아니다'라는 부정판단에서 주어인 '이 장미꽃'과 술어인 '붉은 것'은 부정적인 계사를 통해 분리되어 있으며, 주어는 '언표되어 있지 않은' '붉지 않은 것'에, 즉 노란 것이나 흰 것 등등의 보편성에 긍정적으로 관계되어 있다. 따라서 '붉지 않은 것'으로서의, 그리고 그와 같은 보편성으로서의 술어가 담지하고 있는 부정성은 술어 그 자체가 부정되기에 이르면서 주어로 전도될 수 있다. 그리하여 '붉은 것은 이 장미꽃이 아니다'라는 주어와 술어의 전도된 부정판단에서 먼저 '붉지 않은 것'으로서의 보편성은 사라지게 되고, 거기에는 주어와 술어의 부등성만이 현존하게 된다.

32) 주어와 술어의 부등성만이 현존한다는 것은 주어와 술어의 형식적인 위치의 의미가 없어지고 만다는 것이다. 이제 주어와 술어는 그 두 규정 사이에 부등성만이 존재할 뿐, 그 어느 규정이 주어가 되든지 또는 술어가 되든지 상관없는 일이며, 이와 같은 부정판단에 있어서 주어와 술어는 전도될 수 있다. 예컨대 '이 장미꽃은 붉은 것이 아니다'라는 부정판단에서 '붉은 것은 이 장미꽃이 아니다'라고 주어와 술어가 전도되어도 관계없는 일이다. 다만 이때 주어인 '붉은 것'에서 앞에 말한 것처럼 보편성이 문제가 될 것인바, 그러나 이미 그와 같은 '붉지 않은 것'으로서의 보편성은 사라져버렸던 것이다.

B. 판단들의 양, 또는 반성의 판단들

§23

판단들의 전도에 있어(bei der Umkehrung der Urteile) 주어와 술어의 구별은 사상된다. 그러나 이와 같은 구별은 이제 질적인 것으로서는 지양되고(aufgehoben) 난 그 이후에는 양적인 것으로 간주되지 않으면 안 된다.[33)]

§24

술어를 내포하고 있던 개별적인 규정성들(die einzelnen Bestimmtheiten, die das Prädikat enthielten)이 지양됨으로써 술어는 주어의 다양한 규정들을 총괄적으로 포함하지 않으면 안 된다.[34)] 이를 통해 **보편성**은 다른 규정들과의 한갓된 **공통성**으로 존재하는 것을 그치게 된다. 이제 보편성은 주어 자신의 **고유한** 보편성이며, 따라서 이와 같은 보편성은 동

....

33) '판단들의 전도', 곧 '판단들에서 나타나는 주어와 술어의 전도'란 앞 문단에서 이미 말했던 것처럼 주어와 술어의 전도를 말하며, 따라서 주어와 술어의 구별이 무한판단 속에서 사상되어버린다는 의미이다. 물론 그와 같은 구별의 사상과 지양은 판단들의 질적인 것에 있어서이며, 따라서 이제 판단들에 있어서 주어와 술어가 양적으로 다루어지게 된다.

34) '술어를 내포하고 있던 개별적인 규정성들'이란 무한판단에 있어서 술어로서의 개별성과 보편성을 지칭한다. 『대논리학』에 따르면 무한판단에는 부정적 무한판단과 긍정적 무한판단이 있다. 부정적 무한판단은 '개별자는 개별적이다'이며, 긍정적 무한판단은 '보편자는 보편적이다'라는 형태로 언표된다(참조, Logik II, 284쪽 이하). 따라서 이 두 무한판단의 술어로서의 규정성인 개별성과 보편성이 개별적인 규정성들을 의미한다. 이들 규정성들이 지양됨으로써 술어는 주어의 다양한 규정들을 총괄적으로 포함하는 보편자로 되는 것이다. 『대논리학』에서는 다음과 같이 말한다.

"이로써 개별자는 그 자신과 동일한 **그의 술어를 향해 연속성을 띠는 것**으로 **정립**된다. 따라서 또한 보편성은 더 이상 **직접적인** 보편성으로 정립되는 것이 아니고 구별된 것들의 **총괄**로서 정립되는 것이다." (Logik II, 285쪽).

시에 주어가 그 자신의 술어 속에서 자기 자신으로 복귀하게 된다는 것을 포함한다.[35)]

§25

그러한 판단은 따라서 반성의 판단이다.[36)] 왜냐하면 **반성운동**(*Reflektieren*)이란 일반적으로 어떠한 대상이 지닌 보다 많은 규정들을 향해 전진해가는 운동이면서도, 그와 같은 전진을 통해 통일이 이루어지게 되는 여러 규정들을 총괄하는 운동이기 때문이다.

§26

주어 자신의 술어와의 동등성이 주어에 있어 서술되는 한에 있어서, 그와 같은 주어는 보편자이며, 이때 보편자는 우선 개별성으로 제한되는 것을 통한 주어이기도 하다.[37)] 따라서 질적 판단은, 1. **단칭**판단이며, 이와 같은 단칭판단은 **완전한** 개별성을 주어의 규정으로 지니는가 하면 바로 **이** 보편자(ein *dieses* Allgemeine)를 의미하는 판단이다.[38)]

---

35) 이 문단과 관련하여 이미 §15에서도 얼마간 언급되었다. 여기서 언급하고 있는 보편성은 긍정적 무한판단에서의 보편성이며, 그것은 술어로서의 보편성이 지양되고 주어의 자기복귀로서의 보편성을 의미한다. 주어의 자기복귀가 바로 반성의 판단으로의 이행이기도 하다.

36) '그러한 판단'이란 술어 속에서 주어 그 자신의 자기복귀가 이루어진 판단을 말하며, 그것은 곧 무한판단으로서 술어의 지양을 통해 반성의 판단으로 이행한다.

37) 주어와 술어의 동등성이 주어에 있어서 서술된다는 것은 무한판단에 이르러 질적 판단이 양적 판단, 곧 반성의 판단으로 이행한다는 것을 의미하며, 그때 주어가 개별성으로 제한된다는 것은 부정적 무한판단에 있어 개별성으로서의 주어를, 주어가 보편성이라고 하는 것은 긍정적 무한판단에 있어 주어의 보편성을 의미한다. 부정적 무한판단이든 긍정적 무한판단이든 주어의 자기복귀를 통해 반성의 판단으로 이행한다.

"긍정적 무한판단은 곧 다음과 같이 언표된다. 즉, **보편자는 보편적이다**. 그리하여 그 판단은 자기복귀로서 정립된다." (Logik II, 285쪽).

§27

그러나 **이것**(*Dieses*)은 무한히 다양하게 규정되며, 다시 말해 무규정적으로 규정될 수 있다(unbestimmt bestimmtbar). 반성적 술어(Reflexions-prädikat)는 총괄을 의미하기 때문에 **하나의** 이것에 대해서뿐만 아니라 **다른** 이것에 대해서도 보편적인 규정을 언표하게 된다. 곧 단칭판단은 **특칭**판단으로 이행한다.[39)]

....

38) 이 문장은 약간 혼란스럽다. 먼저 '질적 판단(das qualitative Urteil)'이란 말은 '양적 판단(das quantitative Urteil)'이란 말로 이해해도 되지 않을까 한다. 여기서 다루고 있는 반성의 판단은 질적 판단이 아니라 양적 판단이기 때문이기도 하지만, 「2. 중급반을 위한 논리학」 §〔75/107〕에서 이와 같은 '양적 판단은 단칭판단'이란 말이 직접 언급되고 있는 것이다. 그에 따르면 '그 주어는 이 사물이며, 이때의 주어에만 귀속되는 하나의 질을 술어로서 지녀야 한다'고 말하고 있다. 물론 술어의 의미에서는 질적 판단이라고 할 수도 있을 것이며, 따라서 앞서 '질적 판단이 단칭판단'이라고 한 것은 그와 같은 주어에 대한 술어의 의미에서 하고 있는 말이라고 이해할 수도 있겠다.
또한 이 문장에서 주어의 규정으로서 '**완전한** 개별성'이란 말은 '이 보편자'를 의미하며, 그것이 단칭판단에서 주어로 드러나게 된다. 예컨대 '이 장미꽃은 붉은 것이다'라는 단칭판단에서 주어인 '이 장미꽃'은 한 송이의 장미꽃을 지칭하는 '**완전한** 개별성'인 것이며, '이것'이란 말과 보편자로서의 '장미꽃'이란 말이 결합된 '**이** 보편자'를 뜻하는 주어이다. '보편자는 보편적이다'라고 하는 긍정적인 무한판단 역시 그런 의미를 함축한다.
그런가 하면 '1. **단칭**판단' 그 다음에 이어지는 일련의 번호는 없다. 즉, 2와 3은 표기되어 있지 않으며, 다만 다음 문단에서 언급하고 있는 특칭판단이 '2'일 것이며, §29에서의 전칭판단이 '3'이 아닌가 한다.

39) '반성적 술어', 곧 반성판단에 있어 술어는 총괄로서의 보편성이며, 단칭판단은 술어로서의 그 보편성 속에 포함되어 있는 하나의 '이것'을 주어로 한다. 그와 같은 하나의 '이것'은 동일한 또 하나의 다른 '이것'을 술어의 보편성은 포함할 수 있으며, 그리하여 '몇몇 개의 이것'을 주어로 한 특칭판단으로 이행한다.

40) '한낱 규정된 판단'이란 말은 특칭판단이 주어 그 자체에 '몇몇 개'로서 이미 그렇게 규정되어 있는 판단이란 의미이며, 다르게 규정될 수도 있는 여지를 함축하고 있다는 의미이다. 즉, '몇몇 개'로서의 일부가 그렇다고 한다면 그 다른 일부는 그렇지 않다고 하는, 이를테면 긍정적인 그만큼 또 부정적일 수도 있는 그러한 규정 속에 있는 판단이 특칭판단이다.

§28

주어가 **몇몇 개**(*Einiges*)로서 규정되는 특칭판단은 직접적으로는 긍정적으로 언표될 수 있는가 하면 마찬가지로 부정적으로도 언표될 수 있는 한낱 규정된 판단(ein nur bestimmtes Urteil)에 지나지 않는다.[40]

§29

주어는 **전칭**판단에 있어서 그 형식의 범위에 따라 **전일성**(全一性, *Allheit*)을 통해 주어 그 자신의 완전한 규정을 갖추게 된다. 전일성이 특칭성(Partikularität)의 자리를 차지하면서, 동시에 이 특칭성의 범위를 포함하기 때문에, 그에 따라 주어가 지닌 내용의 범위는 제한되지 않으면 안 된다.[41]

§30

이를 통해 주어는 한편으로는 그 자신의 술어에 대립하여 특수한 주어가 되며, 다른 한편으로는 그와 더불어 주어와 술어의 필연성의 관계가 드러난다.[42]

41) 전칭판단에 있어 전일성으로서의 주어는 특칭판단에 있어 주어가 지닌 특칭성의 범위를 포함하지만, 그러나 그와 같은 포함은 전칭판단의 주어 자체가 비록 보편성을 지닌다고 하더라도 제한되지 않으면 안 된다는 것을 의미한다. 이와 같은 전칭판단의 주어로서 전일성에 대한 제한은 그 특칭성과의 관계에서 비롯되지만, 다른 한편으로는 술어가 갖는 보편성과의 관계에서 비롯되기도 한다. 예컨대 '모든 장미꽃은 붉은 것이다'라는 전칭판단은 주어인 장미꽃의 전일성을 드러내주고는 있지만, 그러나 붉은 것들 중의 어느 하나라는 제한된 전일성일 따름이다. 이에 대해 『대논리학』에서는 다음과 같이 말한다.

"이를테면 주어가 보편성으로 고양되었던 한에서, 이와 같은 규정 속에서 주어는 술어와 동등하게 된다. 이때 술어는 역시 반성된 보편성으로서 특수성을 자신 속에 간직하게 된다." (Logik II, 293쪽).

42) 전칭판단에서 그 주어가 전일성을 띤다고 하더라도 그 전일성은 술어의 보편성에 대해서는 제한된 특수성에 지나지 않으며, 그리하여 주어와 술어는 필연성의 관계로, 다시 말해 필연성의 판단으로 이행하게 된다. 이 필연성을 『대논리학』에서는 전칭판단의 계사가 지닌 동일성으로서의 '내적 본성(die innere Natur)'이라고 한다(참조, Logik II, 293쪽). 그것은 §32에서 언급하고 있는 주어의 본성이기도 하다.

C. 판단들의 관계, 또는 필연성의 판단들

§31

질적인 규정과 양적인 규정의 지양(das Aufheben)을 통해 **단지 형식을 통해서만 구별되어** 있는 주어와 술어에 있어서 그들 **내용의 통일**이 정립된다. 그리하여 **그 동일한** 대상이 한 번은 주어의 규정 속에서만 정립되고, 또 한 번은 술어의 규정 속에서 정립된다.

§32

주어는 그 자신의 술어에 대립한 특수한 주어이기 때문에, 이제 질적 판단과는 반대로 **주어는 술어의 규정성**이며, 직접적으로는 술어 밑에 포섭되어 있다.[43] 따라서 술어의 보편성은 반성적 술어처럼 단지 주어의 규정성들에 대한 총괄만을 언표하는 것이 아니라 주어의 **보편적인 내적 본성**을 언표하게 된다. 이것이 **정언판단**이다.[44]

(물체는 무거운 것이다. 금은 금속이다. 정신은 이성적이다.)

43) 질적 판단, 곧 현존재의 판단에 있어서는 술어가 주어의 규정성이지만, 그와는 반대로 양적 판단에 있어서처럼 필연성의 판단에 있어서도 주어가 '술어에 대립한 특수한 주어'라는 점에서 술어의 규정성이다. 물론 직접적으로는 주어는 술어에 포섭되어 있다.

44) 형식논리학에서 긍정판단이나 부정판단은 정언판단 속에 포함된 것으로 간주한다. 그러면서도 긍정판단이나 부정판단은 정언판단과 실제로 구별되지 않고 있다. 그러나 헤겔에 있어서는 판단의 관계를 의미하는 필연성의 판단은 현존재의 판단, 곧 질적 판단과 반성의 판단, 곧 양적 판단을 지양한 판단이며, 그와 같은 지양의 의미에 대해서는 앞 문단, 즉 §31에서 언급하고 있다. 헤겔은 『대논리학』에서 필연성의 판단인 정언판단에 대해 다음과 같이 말한다.

"— **정언판단**은 이제 그와 같은 보편성을 술어로 지니게 되며, 그러한 술어에 있어서 주어는 그 자신의 **내재적** 본성을 갖게 되는 것이다." (Logik II, 294쪽).

§33

주어와 술어가 또한 구별되어 있는 한에 있어서 그들의 통일은 **상호대립적인 것들의 통일**로서, 즉 필연적인 관계로서 언표되지 않으면 안 된다. 이것이 **가언판단**이다.[45]

§34

정언판단에 있어 나타나는 내용의 **동일성**과, 그리고 가언판단에 있어 상호대립적인 것들이나 타자들의 **관계**는 **선언판단** 속에서 결합한다. 선언판단에 있어서 주어는 보편적 영역이거나, 또는 그러한 보편적 영역의 관점에서 고찰되는 것이며, 이때 보편적 영역은 곧 술어를 형성하게 되고, 그 자신의 **특수화**나 술어의 상이한 규정들을 언표하게 된다.[46] 이들 규정에 있어서 그 하나의 규정이 보편자에 귀속되는가 **하면 동시에** 다른 하나의 규정도 **역시** 보편자에 귀속된다. 그러나 그 보편적 영역의 특수화에 따른다면, 그리고 주어의 관점에서 본다면 **그들 두 규정은** 상호 **배제적이다**.[47]

45) 가언판단이란 형식논리학에서는 가언적 제약을 전제로 정언판단을 성립하게 하는 판단이다. 그러나 헤겔에 있어 가언판단은 A가 존재한다면 B도 존재한다는 A와 B 사이의 그 존재성의 필연적인 관계를 의미한다(참조, Logik II, 295쪽 이하).

46) 선언판단은 물론 일정한 의미에서 정언판단과 가언판단의 통일이다. 'A는 B이거나 C이다'라는 선언판단에 있어 술어를 형성하는 두 선언지, 곧 B와 C의 외연량의 합은 주어의 외연량과 동일하다. 그런 의미에서 주어는 보편자이며, 따라서 두 선언지는 주어의 특수화이기도 하다.

47) 예컨대 앞의 예에서처럼 보편자로서의 주어 A를 규정하는 두 선언지, 즉 B와 C는 B가 A에 귀속하는가 '**하면 동시에**(*sowohl~als*)' C도 A에 귀속하는 것이다. 그러나 보편자인 주어 A의 특수화란 관점에서 술어인 두 규정 B와 C는 상호 배제적, 배척적이다. 다시 말해 선언판단에 있어 두 선언지는 어느 것이나 보편자로서의 주어에 귀속되는 것이지만, 그러나 하나의 선언지가 주어에 귀속되면 그 다른 선언지는 배제, 배척되는, 또한 그 반대도 마찬가지인 그러한 관계 속에 있다(참조, Logik II, 298쪽).

D. 판단들의 양상, 또는 개념과 현존재와의 관계의 판단들[48)]

§35

선언판단에 있어 현존재는 개념의 완전한 계기들 속에서 정립된다. 이제 판단들의 양상은 어떠한 현존재자가 그 자신의 개념 자체에 관계되어 있고, 술어가 현존재자와 그의 개념, 이 양자의 **적합성**(*Angemessenheit*)이나 **부적합성**(*Unangemessenheit*)을 언표하는 가운데 존립한다.[49)]

§36

양상에 대한 최초 판단은 **실연**판단(das *assertorische* Urteil)이다. **개념과 비교되어야 하는 주어의 성질** 및 개념 그 자체가 **아직 언표되어 있지 않는** 한에 있어서, 따라서 그와 같은 판단이 단지 주관적인 확증만을 비로소 지니게 되는 한에 있어서 실연판단은 한갓된 **확언**(eine bloße *Versicherung*)만을 포함하고 있는 판단이다.[50)]

(이 행위는 나쁘다. 이 말은 참이다.)

48) 『대논리학』에서는 이를 '개념의 판단'이라고 부르고 있으며, 이 '개념의 판단'에는 실연판단, 개연판단, 그리고 필연판단이 속한다. 또한 판단에서 추리로 이행해 가는 마지막 판단의 형식이기도 하다(참조, Logik II, 301쪽 이하).

49) 선언판단으로부터 판단의 양상, 곧 실연판단으로 이행하게 되며, 그것은 이미 '개념의 완전한 계기들'이 정립되었다는 것을 의미한다. 그리하여 예컨대 '이 집은 좋다'란 실연판단은 현존재자로서의 '이 집'의 개념에 '좋다'란 술어가 적합한 것인지 그렇지 않은지를 함의하게 된다.

50) 『대논리학』에서는 실연판단에 대해 다음과 같이 말한다.

"주어는 구체적인 개별자 일반이며, 술어는 그 구체적인 개별자를 개별자 그 자신의 개념에 대한 **현실성**이나 규정성, 혹은 **성질**과의 관계로서 언표한다." (Logik II, 303쪽).

"이 판단의 **확증**은 주관적인 **확언**에 불과하다. 어떤 것이 좋다든가 나쁘다든가, 옳다든가, 적절하다든가 그렇지 않다든가는 어떤 외적인 제3자에 있어서 그 어떤 것이 지니는 연관을 갖게 된다." (Logik II, 303~304쪽).

§37

따라서 실연판단의 확언에 대립해서 마찬가지로 그 **상호대립적인** 확언 또한 주장될 수 있다. 그리고 술어는 그 상호대립적인 규정성들에서 **단지 어느 한 규정성만을** 언표할 뿐이며, 주어는 보편적인 영역이란 점에서 고찰했을 때 **그 양자**, 곧 그 두 규정성들을 포함할 수 있다.[51] 그리하여 이 판단은 **개연**판단(das *problematische* Urteil)으로 이행하게 되며, 개연판단은 현존재가 개념에 적합한가 그렇지 않은가 하는 **가능성**만을 언표할 뿐이다.[52]

§38

따라서 주어의 보편성은 개념에 대한 현존재의 적합성이나 부적합성이 깃들어 있는 성질을 언표하게 되는 어떠한 제한에 의하여 정립된다. 술어는 사태의 성질과 사태의 개념 사이의 이와 같은 동등성이나 부등성 이외에는 그 어떤 것도 언표하지 않는다. 이 판단이 **필연적**(*apodiktisch*)이다.[53]

....

51) 예컨대 '이 행위는 나쁘다'란 실연판단에서 내리고 있는 확언에 대립해서 '이 행위는 좋다'라는 확언도 동시에 성립할 수 있으며, 따라서 술어는 '좋다'와 '나쁘다'란 두 규정 중에 어느 한 규정만을 언표하고 있다. 그것은 곧 주어인 보편자로서의 '이 행위'가 그 두 규정들을 포함할 수 있다는 것을 의미한다.

52) 『대논리학』에서 개연판단에 대해 다음과 같이 말한다.
"**개연**판단은 실연판단이 긍정적이면서도 또한 부정적인 것으로 간주되어야만 하는 한에 있어서, 곧 그러한 실연판단이다." (Logik II, 304쪽).

53) '이 행위는 나쁘다'란 필연판단(apodiktisches Urteil)에 있어서 주어인 '이 행위'는 '당위적인 존재성'과 어떠한 '성질'을 지닌다(참조, Logik II, 306쪽). 그리하여 술어인 '나쁘다'는 주어에 적합한가 적합하지 않은가라는 그 동등성과 부등성만을 언표하게 된다.

III. 추리

§39

추리는 개념에 대한 완전한 서술(die vollständige Darstellung des Begriffs)이다.[54] 추리는 일반적으로 **그 자신의 근거를 지닌 판단**을 포함한다.[55] 추리 속에서 두 규정들은 그들의 통일이기도 한 제3의 규정을 통해 통합된다. 개념의 통일 속에, 즉 추리의 중간자 속에, 그리고 개념의 분화 속에, 즉 추리의 양극, 양 항 속에 하나의 개념이 현존한다.[56]

§40[57]

추리의 양 항과 매개념의 관계는 직접적인 관계이다. 그러나 그들 양 항의 상호적인 관계는 매개념에 의하여 매개된다. 양 항의 두 직접적인 관계들이란 **전제들**(*Prämissen*)이라고 부르는 판단들이다.[58] 매개된 관계를 **결론**(*Schlußsatz*)이라고 일컫는다.

54) 추리가 '개념에 대한 완전한 서술'이란 말은 『대논리학』에 따르면 개념이 주관성에 있어서 추리에 이르러 완결되어 성취된다는 의미이며, "따라서 추리는 완전하게 정립된 **개념**이다. 그러므로 추리는 **이성적인 것**이다"(Logik II, 308쪽)라고 말한다.

55) 이때 '**그 자신의 근거를 지닌 판단**'이란 말에서 '근거'란 포괄적인 의미에서는 추리가 존립하는 근거, 또는 대개념과 소개념이 존립하는 근거를 의미한다. 「3. 하급반을 위한 논리학」 §〔65〕에서 추리는 상호관계 속에 있는 '개념의 두 계기들이 지닌 근거를 포함한다'고 말하며, 「5. 중급반을 위한 논리학」 §121〔98〕에서는 '추리는 그 자신의 근거를 지닌 판단이다'라고 말한다. 또한 『대논리학』에서는 다음과 같이 말하고 있다.
"추리의 본질적인 것은 양 항의 **통일**, 양 항을 결합하는 **중간자**, 그리고 양항을 유지하게 하는 **근거**이다."(Logik II, 310쪽).

56) '제3의 규정'이나 '중간자(die Mitte)' 등은 추리에 있어서 중개념, 또는 매개념을 의미하며, '추리의 양 항, 양극(die Extreme des Schlusses)'이란 대개념과 소개념을 의미한다. 따라서 추리를 구성하는 세 개의 개념, 즉 소개념과 대개념, 그리고 매개념의 관계 속에서 매개념을 중심으로 대 · 소 양 개념이 통일을 이루는가 하면 분화되기도 한다.

57) (원주) 참조, 「3. 하급반을 위한 논리학(1809년/10년)」 §§〔70〕~〔71〕

§41

추리는 우선 한갓된 **형식**을 통하여 그 자신의 계기들을 표현한다. 그리하여 매개념은 양 항에 대립한 그 고유한 규정성인 것이며, 계기들의 근거나 그들의 통일은 여전히 **주관적인** 규정성에 지나지 않다. 이때 즉자적으로 근원적인 것(das an sich Ursprüngliche)은 어떤 추론된 것이며, 귀결의 의미를 갖는다.[59]

A. 질의, 또는 내속의 추리들

§42

E-B-A, 곧 **개별자가 특수자**를 통해 **보편자**와 결합하는 이 추리의 형식은 추리 일반의 보편적 규칙이다. — 이 최초의 직접적인 추리에[60] 있어 특수자, 혹은 매개념은 개별자의 **어떤 하나의 질**이거나 규정성인 것이며,

58) 매개념과 대개념의 직접적인 관계로서의 대전제, 그리고 소개념과 매개념의 직접적인 관계로서의 소전제를 의미한다. 대개념과 소개념은 매개념을 통하여 매개된다.

59) 이 문단이 무엇을 의미하는지는 난해하다. 대개념과 소개념, 그리고 매개념으로 이루어진 추리의 형식은 여전히 '주관적인 규정성'에 불과하다. 이때 '주관적인 규정성'이란 아직 객관성으로서 개념의 실현으로 이행하지 않은 상태이며, 이를테면 추리가 주관성의 마지막 형식이기도 하다. 또한 그러한 추리에 있어서 계기들의 통일이나 그 근거가 '주관적인 규정성'인 것은 언제나 그 이전의 추리에 의하여 연역된 귀결이란 의미를 갖기 때문이다. 즉, 대전제나 소전제는 그 이전의 선행적인 추론의 결과로서 얻어진 결론이며, '즉자적으로 근원적인 것'이라고 하더라도 결국은 그러한 추론의 결과물에 지나지 않기 때문에 주관적인 것에 지나지 않는다.

60) 이때 '최초의 직접적인 추리'란 말은 추리의 제1형식, 곧 E-B-A의 형식을 의미한다. 따라서 '제1의 직접적인 추리'라고 번역해도 좋을 것이다. 또한 '직접적인 추리'란 말은 형식논리학에서 '간접추리'에 대한 '직접추리'란 말이 아니고, 삼단논법의 최초의 추리란 점에서 '직접적인 추리'인 것이다. 물론 E-B-A의 형식 자체만을 고려한다면 직접추리 형태를 띠고 있기도 하다. 여기서도 얼마간은 그런 의미도 함께 포함되어 있다.

또한 마찬가지로 보편자는 특수자의 어떤 규정성이다. 따라서 개별자 그 자신이 지니고 있는 **보다 많은** 규정성들에서 어느 하나의 **다른** 규정성을 통해 **개별자**로부터 어떤 **다른 보편자**로 이행해갈 수 있으며, 또한 그와 같은 규정성으로부터 다른 보편자로 이행해갈 수도 있다.[61] 마찬가지로 특수자 또한 상이한 규정들을 자기 자신 속에 포함하고 있기 때문에 **특수자**로부터 어떤 다른 보편자로 이행해갈 수 있는 것이다. 따라서 이와 같은 추리는 그 자신의 **형식**에 따른다면 물론 **정당한 것으로** 보이지만, 그러나 그 자신의 **내용**에 따른다면 **임의적**이고 **우연적인 것**으로 현상한다.

(녹색은 기분 좋은 색이다. 이 잎은 녹색이다. 따라서 이 잎은 기분 좋은 것이다.—감각적인 것은 좋은 것도 나쁜 것도 아니다. 그런데 인간은 감각적이다. 따라서 인간은 좋은 것도 나쁜 것도 아니다. — 용기는 덕이다. 알렉산드로스는 용기가 있었다. 따라서 그는 덕 있는 사람이었다. — 음주는 악덕이다. 알렉산드로스는 음주를 즐겼다. 따라서 그는 악덕한 자였다, 등등)

§43

두 전제들은 그 형식에 따른다면 직접적인 관계들이다. 그러나 추리의 형식은 그 두 전제들이 **똑같이 매개되지** 않으면 안 된다는, 또는 통상적인 표현으로는 그 두 전제들이 **증명되어야** 한다는 요구를 포함하고 있다. — 이와 같은 추리의 형식을 통한 증명은 상술한 형식에 대한 **반복**에 지나지 않을 뿐이며, 또한 그와 같은 요구가 무한히 반복되어왔었다.[62]

61) 개별자로부터 보편자로의 이행에 있어 개별자가 지니고 있는 많은 규정성들에서 어느 하나의 규정성을 통해 그 규정성에 따른 보편자로의 이행이 가능할 것이다. 물론 다른 규정성을 통해 다른 보편자로의 이행도 가능하다. 특수자로부터 보편자로의 이행도 마찬가지이다.

§44

매개, 곧 특수성과 보편성의 매개는 따라서 **개별성**의 계기를 통해서 이루어지지 않으면 안 된다. 이것이 추리의 **제2의** 형식, 곧 A－E－B로 나타난다. 이 추리는 첫째로, A－E가 타당한 판단인 한에 있어서만 정당한 것이다. 이때 판단이 그와 같은 경우, A는 개별화(partikulär) 하지 않으면 안 된다. 이런 방식에 있어서는 개별자가 그 본래적인 의미에서 매개념이 아니다.[63] 그리하여 추리는 제1의 추리의 형식으로 환원되지만, 그러나 결론은 특칭적(partikulär)이다. 〔많은 논리학자들은 그 다른 격(格, Figur)을 제1격으로 환원하는 것이 불필요한 것이라고 말한다. 왜냐하면 실제로는 **이와 같은** 제1격의 형식에 **의하여** 그 다른 격 속에서도 추론이 이루어질 수 있기 때문이다.〕[64] — 그러나 그 다음, 이 추리 일반은 직접적인 규정들이나 질들이 개별성을 통하여 결합되며, 그런 한에 있어서 우연적으로 결합된다는 의미를 갖는다.[65]

62) 이 문단이 무엇을 뜻하는지 이해가 쉽지 않다. 가령 삼단논법에서 두 전제들이 어떻게 그 전제들로 성립되어 놓이게 된 것인지, 다시 말해 그 전제들이 어떻게 다른 판단들로부터 매개되어 유래하게 된 것인지의 선행 과정이 증명되어야 한다는 의미가 아닌가 한다. 예컨대 대전제를 결론으로 하는 주어진 삼단논법, 그 삼단논법을 다시 거슬러 올라가 다시 또 대전제를 결론으로 하는 삼단논법 등, 마찬가지로 소전제에 있어서도 그를 증명해야 하는 선행적인 삼단논법이 무한하게 진행될 수 있는 반복이 거듭될 수 있다. 또한 사람들은 그와 같은 요구를 되풀이해서 주장하는 처지에 놓여 있었다는 의미이다.

63) A－E－B라는 추리가 정당하기 위해서는 먼저 A－E라는 판단이 타당한 판단이어야 한다. 따라서 A－E라는 판단이 타당하기 위해서는 A 그 자체가 개별화하지 않으면 안 된다. 만일 A가 개별화하여 E로 된다면 E－E라는 판단이 되겠기 때문에 결국 개별자로서의 매개념은 그 의미가 없어지고 만다.

64) 형식논리학에 있어서 삼단논법의 격(Figur)과 식(Schlußart)을 고려할 수도 있다. 물론 삼단논법에서 환원법에 따라 다른 제2, 3, 4격들은 제1격으로 환원될 수도 있다. 그러나 많은 논리학자들은 이와 같은 환원이 불필요하다고 말하기도 한다는 것이다. 왜냐하면 제1격을 바탕으로 다른 격들 속에서도 추론이 이루어지는 것이기 때문이다. 그 내용에 있어서는 약간 다른 의미이기는 하지만, 헤겔은 추리의 제2형식인 A－E－B를 그 제1형식인 E－B－A로 환원될 수도 있다는 의미에서, 그러나 그러한 환원이 불필요하다는 의미에서 그와 같이 말하고 있다.

§45

개별자가 **보편자**를 통하여 특수자와 결합됨으로써 추리의 제3의 형식, 곧 B－A－E가 나타난다. 이때 보편자는 매개하는 규정이며, 두 전제들에 있어서는 술어이다.[66] 그러나 두 규정들이 그 동일한 개별자에 내속해 있다는 것으로부터 그 두 규정들이 동일한 것이라는 결론이 나오는 것은 아니며, 또한 마찬가지로 두 규정들이 동일한 보편자 밑에 포섭되어 있다는 것으로부터 그 두 규정들이 주어와 술어로서 결합될 수 있다는 결론이 나오는 것도 아니다.[67] 상위 전제가 **부정적인** 한에 있어서만, 따라서 전도될 수 있는 한에 있어서만 이 추리는 제1의 추리로 환원되는 것이며, 그로써 정당한 형식을 지니게 된다.[68]

(어떠한 유한적인 존재도 신성한 것이 아니다. 신은 어떠한 유한적인 존재도 아니다. 따라서 신은 신성한 것이다.)

§46

이 추리의 객관적 의미는 특수성과 개별성의 합치가 오직 그 양자의 동일한 본성에 있어서만 그 합치의 근거를 갖는다고 하는 것이다.[69]

65) 제2의 추리 형식 A－E－B에서 매개념 E를 통하여 A와 B가 결합하는 것이지만, 그러나 그것은 우연적인 결합에 불과하다. 즉, E는 A와 B의 결합에 있어 필연적인 매개념의 역할을 할 수 없다.

66) B－A－E의 형식에서 그 두 전제들은 B－A와 E－A라고 하는 것이며, 그 매개념은 A이다.

67) 내속이 의미에서도 마찬가지지만, 포섭의 의미에서도 B가 A에, 그리고 E가 그 동일한 A에 포섭되어 있다고 해서 E가 곧 B일 수는 없다. 예컨대 '장미꽃은 꽃이다', 그리고 '이것도 꽃이다'라고 해서 '이것은 장미꽃이다'라고 할 수 없는 경우와 마찬가지이다.

68) §42~§45에서 '질의 추리'에 대한 3개의 형식이 언급되고 있다. 즉, 제1형식으로 E－B－A, 제2형식으로 A－E－B, 제3형식으로 B－A－E가 그것들이다. 그러나 헤겔은 『대논리학』의 '현존재의 추리'에서 4개의 추리 형식을 언급하고 있는바, 그 제1형식으로 E－B－A, 제2형식으로 B－E－A, 제3형식으로 E－A－B, 제4형식으로 A－A－A를 제시한다(참조, Logik II, 311쪽 이하).

§47

이와 같은 일련의 추리들에 있어서 첫째로, 세 개의 규정들은 저마다가 매개념을 형성했었다. 제2의 추리 형식과 제3의 추리 형식의 환원은 **질적인 것의 지양**(das *Aufheben des Qualitativen*)이기도 하다.[70] 둘째, 물론 제1의 추리에 있어 저마다의 직접적인 관계는 그 다음에 이어지는 추리들을 통해서 매개되는 것이기는 하지만, 그러나 이들 이어지는 추리는 각기 그 선행적인 추리를 전제하게 된다. 다시 말해 매개된 통일은 직접적인 동등성을 〔전제하게 된다〕.[71]

매개념을 이루는 매개된 통일은 직접적인 동등성을 전제한다.[72]

....

69) 예컨대 몇몇 장미꽃이 붉고, 이 장미꽃도 붉다고 했을 때, 즉 몇몇 장미꽃과 이 장미꽃이 그 본성에 있어서 동일하게 붉다고 한다면 이 장미꽃은 그 몇몇 장미꽃 속에 포함되는 것이다.

70) 제1의 형식은 매개념이 B, 제2의 형식은 매개념이 E, 제3의 형식은 매개념이 A이다. 따라서 '3개의 규정들'이란 말은 B, E, A를 지칭한다. 제2의, 그리고 제3의 추리 형식이 제1의 추리 형식으로 환원될 수 있으며, 이와 같은 환원이 '질적인 것의 지양'인 것은 '질의 추리들', 또는 '현존재의 추리들'이 지양되고 그 다음 반성의 추리로 이행해간다는 것을 의미한다.

71) 제1의 추리 형식은 제2의 형식을 통해, 제2의 형식은 제3의 형식을 통해 매개된다. 또한 제1의 추리 형식을 전제로 제2의 형식으로, 제2의 형식을 전제로 제3의 형식으로 나아간다. 그런 의미에서 제2의 형식이나 제3의 형식은 제1의 추리 형식으로 환원될 수 있다. 제2의 추리 형식이 제1의 형식을 전제한다는 것은 제2의 추리 형식을 매개로 제1의 형식이 이루어진다는 의미이며, 그것은 곧 매개된 통일로서의 매개념이 직접적인 동등성을 전제로 한다는 것이기도 하다. 그것은 제1의 추리 형식 E－B－A에서 매개념 B가 제2의 형식인 A－E－B에서 매개념 E로부터의 직접적인 동등성이기도 한 B를 전제로 한다는 것을 의미한다. 물론 제2의 형식의 매개념 E는 제3의 형식인 B－A－E에서 매개념 A와의 직접적인 동등성을 의미하는 E를 전제하게 된다.

72) 원문은 다음과 같다. "mittelte Einheit die unmittelbare Gleichheit voraus." 그러나 왜 이 말이 앞 문장에 이어 덧붙여진 것인지는 분명하지 않다. 다만 'mittelte'란 말이 매개를 의미하면서도 앞에 언급한 '매개념'을 의미하겠기 때문에 '매개념을 이루는 통일'이란 의미에서 덧붙인 말이 아닌가 한다.

B. 양의, 또는 반성의 추리들

§48

직접적으로 질이 결여된 추리는 **수학적** 추리이다. 이때 매개념은 두 타자들에 대해 동등한 그러한 것일 뿐이다. 수학적 추리를 명제로서 언표한다면 다음과 같다. 즉, 만일 두 개의 크기를 지닌 것(zwei Größen)이 어떤 제3의 크기를 지닌 것에 동등하다면, 그 두 크기를 지닌 것은 서로 동등하다.[73]

§49

둘째로, 양적 추리에 있어 개별성은 하나의 개별자로서가 아니라 **모든 개별자들**로서 매개념을 형성한다. 동시에 어떠한 질이 그 모든 것에 귀속해 있는 한에 있어서, 이와 같은 질은 개별자들이 속해 있는 그 보편적 영역의 질로서, 또는 유(類, Gattung) 그 자체의 질로서 언표된다.[74] 이것이 **귀납추리**이다.

....

73) 앞에서 Größe를 '분량'으로 번역했었다(참조, 「1. 상급반을 위한 철학 백과전서」 §31). 그러나 여기서는 그러한 양적 의미보다는 단지 크기를 지닌 어떤 사물들을 의미한다. 『대논리학』에서는 이와 같은 A－A－A의 추리 형식, 곧 수학적 추리는 현존재의 추리의 마지막 형식으로 다루어지고 있으며, 그로부터 반성의 추리로서의 양적 추리로 이행한다. 물론 이때 매개념 A는 두 타자들, 즉 A와 A에 서로 동등하다. 그것은 개념들의 내속이나 포섭의 관계가 소멸해버린다는 것을 의미한다(참조, Logik II, 326쪽 이하).

74) 『대논리학』에서 반성의 추리는 전일성의 추리, 귀납추리, 유비추리로 이행한다(참조, Logik II, 333쪽 이하). 이 문단에서 전일성의 주리에 대해서는 특별한 언급이 없다. 형식논리학에 있어 귀납추리는 두 전제에 있어 매개념을 주개념으로 하는 제3격의 형태로 전환하여 이해한다. 그러나 헤겔은 형식논리학과는 달리 귀납추리가 현존재의 추리의 제2격의 형태, 곧 A－E－B로 간주하여 이해한다. 물론 이때 매개념 E는 E이기보다는 보편성으로서의 A이다. 『대논리학』에서 귀납추리의 매개념에 대해 다음과 같이 말한다.

"**개별성**은 **보편성**과 **직접적으로 동일한 것**으로서만 매개념일 수 있다. 그러한 보편성은 그 본래적인 의미에서 **객관적** 보편성이며, 곧 **유**이다." (Logik II, 339쪽).

§50

보편자가 매개념인 추리는 **유비**(*Analogie*)를 통해서 다음과 같은 추론이 이루어진다. 즉, 두 개의 주어가 그들 자신의 보편적인 규정에 따라 동일한 것인 경우에 어떤 하나의 주어에 귀속해 있는 특수한 규정이 **또한** 그 다른 주어에도 귀속되리라는 것을 추론하게 된다.[75]

(a. 많은 개별자들은 보편적인 본성을 지닌다.

b. **여러 개별자들 중에 하나의 개별자는 질을 지닌다.**

c. 따라서 다른 개별자들도 또한 이와 같은 질을 지닌다.)

(귀납의 경우, 결론에 있어서 무엇이 주어로 되고 혹은 술어로 되어야 하는가 하는 문제가 중요하다. 예를 들어, 자유롭게 움직이는 그 무엇은, ― 동물이다, 혹은 동물은, ― 자유롭게 움직이는 그 무엇이다. ― 사자는 ― 포유동물이다, 혹은 포유동물인 그 무엇은, ― 사자이다. 그와는 반대로 유비의 경우에 매개는 다른 개별자가 동일한 보편적 본성을 갖는다는 것 속에 깃들어 있는가 하면, 그에 대해 귀납의 경우 보편적 본성의 특수한 규정성이 개별자 속에 근거해 있다는 것 속에 매개가 깃들어 있는 것이다. 유비는 보편적 본성으로부터 개별자의 특수한 규정성으로 추론해가게 된다. 예를 들면 다음과 같다. 즉, 지구는 운동을 한다. 달은 하나의 지구에 속한다. 따라서 달은 운동을 한다.)[76]

75) 형식논리학에서 유비추리는 매개념을 두 전제에서 술어로 지니는 제2격의 형태에 해당하는 것으로 간주한다. 그러나 헤겔은 유비추리가 현존재의 추리의 제3격의 형태, 곧 E-A-B에 관계되어 있는 것으로 이해한다(참조, Logik II, 339쪽). 따라서 유비추리에 있어 매개념은 보편자이다. 보편자인 매개념 속에서 두 주어가 동일하다고 한다면, 그 보편자에 있어서의 특수한 규정이 어느 한 주어에만 해당하는 것이 아니라 그 다른 주어에도 해당하기 마련이라는 논거에 기초한 추리인 것이다.

C. 관계의 추리들[77)]

§51

정언추리는 즉자대자적으로 존재하는 보편성이나 개별적인 주어의 본성을 그 매개념으로 삼는다. 그리하여 매개념 그 자체에 관하여 어떠한 본질적 특성이 언표되면서, 매개념에 의하여 그것이 이러한 주어와 통합되기에 이른다.[78)]

§52

가언추리는 어떠한 현존재의 근거로서 다른 현존재를 언표한다. 만일 A가 존재한다면, B도 존재한다. 이제 A가 존재한다. 따라서 B도 존재한

76) 형식논리학적인 귀납추리나 유비추리는 헤겔이 말하는 귀납추리나 유비추리와는 전혀 다르다고 말할 수는 없지만, 그러나 추리론의 구성 자체가 다른 것처럼 상당한 차이가 있는 것만은 사실이다. 여기에서는 귀납추리와 유비추리의 차이점을 들어 서술하고 있는 것이겠다. 그 본질적인 차이는 이미 §49에서도 언급하고 있는 것처럼 매개념이 두 추리에 있어 보편자이면서도 그 의미하는 바가 다르다고 하는 것에 있다. 유비추리에 있어서는 여러 개별자가 '동일한 보편적 본성'을 지닌다고 하는 의미에서 매개가 이루어지며, 귀납추리에 있어서는 '보편적 본성의 특수한 규정성'이 개별자 속에 근거해 있다는 점에서 보편자의 의미가 유비추리와는 다르다. 그러나 헤겔에 있어 귀납추리와 유비추리의 구분은 수평적인 구분은 아니며, 유비추리는 관계의 추리, 곧 필연성의 추리로 이행해가는 것이기 때문에 일정하게는 귀납추리가 지양되어 있기도 하다. 그런 의미에서 다시금 유비추리는 '보편적 본성으로부터 개별자의 특수한 규정성'으로 나아간다고 말한 것이 아닌가 한다. 헤겔이 예를 들고 있는 것처럼 지구와 달은 동일한 보편적 본성을 지니며, 개별자로서의 지구는 매개념이다. 또 하나의 다른 항을 이룬, 즉 예문에서 소전제의 주개념을 이루고 있는 달은 지구와 동일한 보편적 본성을 지니고 있다는 점에서 '운동을 한다'고 결론을 내리게 된다.
"—따라서 이때 개별자는 매개념이지만, 그러나 그 자신의 보편적 본성에 따른 매개념이다. 더 나아가 또 하나의 다른 개별자가 저 개별자와 함께 동일한 보편적 본성을 지니는 항이 되는 것이다." (Logik II, 339쪽).

77) 『대논리학』에서는 '관계의 추리'를 '필연성의 추리'라고 부른다(참조, Logik II, 343쪽 이하).

다. — 이들 규정은 더 이상 개별자, 특수자, 보편자로서의 상호관계 속에 있는 것이 아니다. 오히려 우선은 즉자적으로 존재하는 규정이거나 혹은 가능적 규정일 뿐인 B라는 규정이 현존재적이면서도 근거이기도 한 매개념으로서의 A를 통하여 현존재와 결합한다.[79)]

§53

선언추리에 있어서는 하나의 규정이 주어와 결합하는 근거가 다음과 같은 가운데 존립한다. 즉, 보편적 영역의 특수한 규정들에서 어느 한 부분이 주어에 귀속되는 것이 아니고, 따라서 그 나머지 부분이 주어에 귀속하게 된다는 것, 또는 그 규정이 주어로부터 분리되는 경우 곧 그 반대로 되기도 하는 가운데 존립하는 것이다. — A는 B이거나, C이거나, D이

78) 정언추리란 추리의 가장 전형적인 형식으로서, 형식논리학에 따르면 대전제와 소전제, 그리고 결론이 정언판단으로 이루어진 추리이다. 예컨대 '모든 사람은 죽는다. 소크라테스는 사람이다. 고로 소크라테스는 죽는다'는 삼단논법의 추리가 그것이다. 따라서 이 문단에서 '즉자대자적으로 존재하는 보편성'을 매개념으로 삼게 된다는 것은 예에서 보는 것처럼 매개념으로서 대전제의 주개념인 '모든 사람'을 의미하며, 또한 '개별적 주어의 본성'을 매개념으로 삼는다는 것은 소전제의 주어인 '소크라테스'가 지닌 본성, 곧 '사람'을 매개념으로 삼게 된다는 것을 의미한다. 결론에 이르러서는 매개념에 관하여 '본질적 특성'으로서의 '죽는다'고 하는 개념이 언표되면서, 매개념에 의하여 '소크라테스'라고 하는 '이와 같은 개별적인 주어'와 통합된다. 그리하여 매개념을 통해 '소크라테스는 죽는다'는 결론이 도출된다.
헤겔의 『대논리학』에 의하면 정언추리는 최초의 필연성의 추리로서 E-B-A의 형식을 갖는다. 그리하여 주어가 그 자신의 실체를 통해 술어와 결합되는 것이지만, 그러나 실체는 개념의 영역으로 고양됨으로써 곧 보편자인 것이며, 이와 같은 보편자는 즉자대자적으로 정립된 보편자이다. 물론 이때 실체는 매개념이기도 하다(참조, Logik II, 344~345쪽).

79) 가언추리에 있어 핵심적인 의미를 갖는 것은 물론 매개념이다. 이 문단에서 들고 있는 예에서는 A가 매개념이며, 이에 대해 『대논리학』에서는 다음과 같이 말한다. "이 추리는 주어와 술어의 관계를 추상적인 **계사**로서가 아니라 충족된 **매개적인** 통일로서 지닌다. 따라서 A의 **존재**는 **한갓된 직접성으로서가 아니고** 본질적으로는 **추리의 매개념**으로 간주된다." (Logik II, 347쪽).

다. 이제 A는 B도, C도 아니다. 따라서 A는 D이다.[80)]

§54

매개념은 따라서 그 자신의 완전한 특수화 속에 있는 보편적인 영역으로서의 주어이며, 그리고 동시에 주어가 지닌 이들 규정의 어느 부분에 대한 배제작용이나 정립작용을 포함한다. 주어는 즉자적인 보편자라는 점에서 보다 많은 규정들의 가능성이기도 하다. 주어 자신의 보편성이나 가능성으로부터 그 자신의 규정성이나 현실성으로 이행해간다.[81)]

§55

추리들의 형식을 개관하면 다음과 같은 점이 드러난다. 즉, 1. **질적** 추리에 있어서 계기들은 그들 자신의 질적인 구별 속에서 타당성을 갖게 된다. 따라서 그 계기들은 그들 자신의 직접적인 통일이면서도, 그러나 그들 외부에 놓여 있는 어떠한 매개자를 필요로 한다. 2. **양적** 추리들에 있어서 계기들의 질적인 구별은 무관여적이며, 그리고 또한 매개된 것과 직접적인 것의 상호관계 및 그 구별과도 무관여적이다.[82)] 3. **관계**의 추리들에 있어서 매개는 동시에 직접성을 내포한다. 따라서 그로부터

....

80) 'A는 B이거나, C이거나, D이다. 이제 A는 B도, C도 아니다. 따라서 A는 D이다'라는 선언추리에서 보편자로서의 주어 A는 B나 C나 D와 결합되는 것이 아니고, 예컨대 B와 C가 주어와 결합되지 않을 경우 D가 주어 A와 결합하게 된다는 의미이다. '또는 그 규정이 주어로부터 분리되는 경우 곧 그 반대로 되기도 하는'이란 말은 위의 예에서 '이제 A는 D가 아니나. 따라서 A는 B이거나 C이다'라는 선언추리의 형태가 되기도 한다는 것이다.

81) 선언추리에 있어 매개념은 물론 보편자로서의 주어이다. 대전제인 선언판단에서 선언지들은 매개념 그 자신의 '완전한 특수화', 곧 매개념 자체가 그 총체적 외연량에 있어 동일한 상태의 선언지들로 분화되는 것이며, 이들 선언지들 사이에 배제하거나 정립하는 작용이 뒤따르게 된다. 물론 보편자로서의 매개념이기도 한 주어는 더욱더 많은 선언지로서 그 규정들의 가능성을 지니고 있다. 그리하여 주어는 보편성으로부터 규정성으로, 가능성으로부터 현실성으로 이행해간다.

자연에 있어서의 직접성의 개념(der Begriff einer Unmittelbarkeit der Natur)이나 질적인 구별에 있어서의 직접성의 개념이 출현하게 되며, 이 때 직접성이란 동시에 즉자대자적으로 매개이자 목적이며, 그리고 과정이다.[83]

제2편 개념의 실현[84]

§56

판단 및 추리 속에서 개념은 주어와 술어의 직접적인 실재성에 있어서, 곧 주어와 술어의 무관여적인 현존재에 있어서 존재하는가 하면, 또한 추리의 양 항, 양극은 상호대립적으로 나아가며, 그리고 매개념에도 대립하여 이행해간다.[85] **객관적인 것**은 이와 같은 계기들 자체가 그들 자신에 있어서 전체가 된다고 하는 것, 따라서 그들 계기 자신의 직접성이

....

82) 질적 추리와는 달리 양적 추리에 있어서는 물론 계기들의 질적인 구별에는 관여되어 있지 않으며, 매개된 것과 직접적인 것 사이의 상호관계에도 관여되어 있지 않다는 의미이다.

83) 『대논리학』에서는 관계의 추리, 즉 필연성의 추리로부터 객관성으로 이행해간다. 이와 같은 이행의 중심개념은 매개념이며, 그와 관련하여 다음과 같이 말한다.
"따라서 그러한 결과는 **매개의 지양**을 통해 출현하는 직접성이며, 매개와 동일한 **존재**, 곧 개념이기도 한 어떠한 존재이다. 이 개념은 그 자신의 타자존재로부터, 그리고 타자존재 속에서 자기 자신을 산출하게 된다. 따라서 이러한 **존재**는 **즉자대자적으로** 존재하는 하나의 **사태**, ― 곧 **객관성**이다." (Logik II, 352쪽).

84) 이 '개념의 실현'을 『대논리학』 및 『소논리학』에서는 '객관성', 또는 '객관'이라고 지칭한다. 그리하여 앞서 주관성으로서의 개념, 판단, 추리가 지양되면서, 개념이 실현되어가는 객관성은 기계론, 화학론, 목적론으로 이행해간다. 그러나 여기서는 목적론을 먼저 다루고 있으며, §63에서 기계론을, §64에서 화학론을 간단하게 다루고 있을 뿐이다. 그 이유는 객관성을 목적론으로 일괄하여 다루면서 기계론과 화학론을 그 속에 포함하여 다루게 된다는 의미를 갖는다.
"그로써 **개념** 일반이 실현되었다. 좀 더 자세히 말하면, 개념은 **객관성**이기도 한 그러한 실재성을 획득하기에 이르렀던 것이다." (Logik II, 351쪽).

바로 전체라고 하는 그것이다.[86]

§57

목적에 있어서 귀결이고 결과인 그것은 동시에 직접적인 활동의 근거이다. 목적은 외면적인 현존재와는 분리된 채 주관적인 것으로서 존재하며, 그리고 활동성은 주관적인 형식이 객관성으로 전환해가는 가운데 존립한다. 이와 같은 이행 속에서 목적은 동시에 그 자신의 개념으로 복귀한다.[87]

§58

합목적적 행위의 추리(der Schluß des zweckmäßigen Tuns)는 다음과 같은 세 가지 계기들을 갖는다. 주관적인 목적, 매개, 그리고 현존재적인 목적이 그것이다. 이들 계기는 저마다 각기 추리가 지닌 보편적 규정들의 **총체성**이다.[88]

···············

85) 판단 속에서 개념은 주어와 술어의 직접적인 실재성, 곧 주어와 술어가 관여되어 있지 않는 현존재 속에 존재한다. 다시 말해 판단에 있어서 개념은 주어와 술어가 관여되어 있지 않는 계사 속에 존재한다. 추리에 있어서는 그 양 항들, 곧 대개념과 소개념은 서로 대립하면서, 그리고 그 두 개념은 매개념에도 대립하면서 이행해간다.

86) 이때 '이와 같은 계기들'이란 판단에 있어서는 개념으로서의 계사를, 추리에 있어서는 대개념과 소개념이 그에 대립하여 이행하게 되는 매개념을 의미한다. 물론 앞 문장에서는 직접적으로 그것을 지칭하지는 않고 있지만, 그러나 개념으로서의 계사와 매개념을 통해 '객관적인 것'으로 이행하게 된다. 이들 계기는 그 자체로서 총체성이기도 한 전체이며, 따라서 객관성이 그 자체 추리에 이르기까지의 주관성에 대립한 것이 아니라 주관성 그 자체가 지양된 전체이다. 『대논리학』에서는 객관성을 '즉자대자적으로 존재하는 개념의 존재성(das an-und fürsichseiende Sein des Begriffes)'이라고 말한다(참조, Logik II, 358쪽).

87) 『소논리학』에서는 목적에 대해 다음과 같이 말한다.
"목적은 직접적인 객관성의 부정에 의하여 자유로운 실존으로 들어서게 되면서 **대자적으로 존재하는** 개념이다."(Enz.I, §204, 359쪽).

§59

1. **주관적인 목적**은 다음과 같은 것들을 포함한다. 즉, a)주관 일반의 무규정적인 **자유로운 활동성**을 포함하며, 그와 같은 활동성은, b)자기 자신을 규정하거나 자신의 보편성을 **특수화하며**, 그리고 자기 자신에게 어떤 규정된 내용을 부여한다. c)이때 활동성은 개별성의 계기를 지니며, 그 계기에 따라 활동성은 자기 자신에 대립하여 부정적인 것이 되는가 하면, **주관적인 것을 지양함**으로써 주관으로부터 벗어나 자유로운 **외적인** 현존재(ein *äußeres*, vom Subjekt freies Dasein)를 산출한다.

§60

2. **매개**는, 혹은 객관성으로의 이행은 그 자체에 있어 두 가지 측면을 갖는다. a)**객관성**의 측면. 이 측면은 **수단**(*Mittel*)으로서의 외면적인 사물이다. 이때 외면적인 사물은 주관의 위력 아래(unter die Macht des Subjekts) 정립되기에 이르며, 그리고 그 위력을 통해 수단으로 규정되는가 하면, 수단 그 자신에 의해 외적인 현존재를 향해 나아가게 된다. b)**주관성**의 측면은 매개적인 활동성이다. 이 활동성은 한편으로는 수단을 목적에 관계시키며, 목적에 종속시키는가 하면, 다른 한편으로는 수단을 타자를 향해 나아가도록 하면서 외면적인 것이 지닌 규정들의 지양

....

88) 『대논리학』 및 『소논리학』에서의 객관성의 전개는 기계론, 화학론, 그리고 목적론의 배열과 체계로 이루어져 있다. 그리고 목적론은 '주관적인 목적', '수단', '성취된 목적'으로 이행해가며, 그리고 이념으로 전개되어간다. 따라서 여기에서 언급하고 있는 세 가지 계기들로서의 '주관적인 목적', '매개', 그리고 '현존재적인 목적'은 『대논리학』에서 개진되고 있는 '주관적인 목적', '수단', '성취된 목적'에 상응하는 개념들이다(참조, Logik II, 383쪽 이하). 『소논리학』에서는 그것을 다음과 같이 말한다.

"목적의 이념으로의 전개는 다음과 같은 세 가지 단계를 통해 이루어진다. **첫째**로 주관적인 목적의 단계, **둘째**는 스스로를 성취해가는 목적의 단계, **셋째**는 성취된 목적의 단계가 그것이다." (Enz.I, §206, 보론, 363쪽).

을 통해 그 목적에 현존성을 부여한다.

§61

3. **성취된** 목적은, a) 객관성 일반의 현존재이지만, 그러나 b) 단지 직접적인 현존재인 것만이 아니라 정립된 현존재이고 매개된 현존재이며, c) 주관적인 목적과도 동일한 내용을 지닌 것으로 존재한다.[89)]

§62

이와 같은 목적관계가 지닌 결함(der Mangel dieser Zweckbeziehung)이란 상호적인 관계를 맺게 되는 세 가지 계기들 각자의 직접적인 실존일 것이다. 따라서 그러한 실존을 위해 그들 계기가 그 속에 지니고 있는 관계와 규정들이 외면적으로 부가되기에 이른다.[90)] 그리하여 개념이 실현되어가는 전체 운동은 전적으로 주관적인 행위에 불과하다. **객관적인** 행위로서의 이 실현은 **그의 고유한 본성에 따라** 수행되는 추리에 있어서

…………….

89) 『소논리학』에서 목적을 수행하고 성취하는 것과 관련하여 다음과 같이 말하기도 한다.
"목적의 성취는 목적을 실현하는 매개된 방식이다. 그러나 직접적인 실현 또한 그와 마찬가지로 필요한 것이다."(Enz.I, §208, 보론, 364쪽).
"따라서 실현된 목적은 주관적인 것과 객관적인 것의 **정립된 통일**이다."(Enz. I, §210, 365쪽).

90) '이와 같은 목적관계가 지닌 결함'이란 말이 무엇을 의미하는 것인지 이해하기가 쉽지 않다. 물론 앞 단락에서 언급하고 있는 세 가지 것들의 필연적인 관계성과 관련된 의미일 수도 있다. 그러나 세 계기들이 추리와 관련하여서는 대개념, 소개념, 매개념을 지칭할 것이며, 이들 계기의 고립적인 '직접적인 실존'과 관련된 결함일 것이기 때문에, 그것은 아직 다루고 있지 못한 기계론과 화학론을 문제 삼지 않을 수 없다는 의미가 아닌가 한다. 약간 다른 맥락이기는 하지만, 『소논리학』에서는 '목적론적 관계(die teleologische Beziehung)'에 대해 다음과 같이 언급한다.
"목적론적 관계는 주관적인 목적이 매개념을 통하여 그 자신에 외면적인 객관성과 결합하게 되는 추리이다. 이때 매개념은 **합목적적 활동성** 및 목적 아래에 **직접적으로** 정립된 객관성이란 점에서 주관적 목적과 객관성 그 양자의 통일, 곧 수단이다."(Enz.I, §206, 363쪽).

그 계기들의 내면적인 관계로서의 **과정**이다. 이 과정 속에서 현실적인 대상들은 자립적인 양 항, 양극들로서 관계를 갖게 되지만, 그러나 그 양 항들의 내적인 규정은 그 다른 규정과 매개되어 있으며, 그 다른 규정과 결합하게 된다는 것이다.[91)]

§63

1. 한갓된 **기계론**(*Mechanismus*)의 경우에는[92)] 대상들이 어떤 제3의 강제력(eine dritte Gewalt)을 통해 결합되거나 변화되며,[93)] 그리하여 이러한 결합과 변화는 대상의 본성 속에 이미 깃들어 있는 것이 아니고, 대상에 대해 외면적이고 우연적이며, 따라서 대상들은 그들 자신의 본성 속에 자립적으로 머물러 있다.

§64

2. **화학론**(*Chemismus*)[94)]에 있어서 양 극점(極點)들은 저마다가(jedes

91) 개념이 실현되어가는 과정은 먼저 개념, 판단, 추리로서의 주관성 속에서 이루어지며, 그에 이어 객관성 속에서는, 곧 추리가 지닌 세 계기들인 대개념, 소개념, 매개념이 기계론과 화학론에서 실현되어가는 과정 속에 있기도 하다. 즉, '자립적인 양항들'로서의 대개념과 소개념은 매개념을 통하여 결합하게 되는 내적인 관계를 지닌다.

92) 여기서는 기계론이 형식적으로 목적론 다음에 서술되고 있지만, 그러나 『대논리학』이나 『소논리학』에서는 이미 말한 것처럼 기계론이 화학론이나 목적론에 앞서 서술되고 있다. 이를테면 "기계론은 객관성의 최초의 형식"(Enz. I, §195, 보론, 353쪽)이다. 물론 그것은 넓은 의미에서 기계론이나 화학론이 목적론의 일부로서 다루어지고 있다는 것을 의미한다.

93) 『소논리학』에 "객관이 그 비자립성에 따라 강제력에 시달리게 되는"(Enz. I, §196, 355쪽)이란 말이 나온다. 여기서도 그와 같은 의미이다.

94) 물론 이 문단의 화학론이 이념으로 이행해가는 객관성의 마지막 단계는 아니며, 다만 다음에 이어지는 §65에서 이념으로의 이행의 의미가 간단하게 서술되고 있다. 그것은 기계론과 마찬가지로 화학론 역시 목적론의 일부로서 다루어지고 있음을 보여주는 것이겠다.

der beiden Extreme),[95] a)그 자신의 현존재에 따라 어떤 규정된 극점이며, 동시에 다른 극점에 대해서는 본질적으로 상호대립적인 극점이다. b)상호대립된 것으로서의 극점은 **즉자적으로는** 다른 극점에 대한 관계이다. 극점은 극점 그 자체일 뿐만 아니라, 또한 다른 극점과 합일을 이루는 것으로 현존할 뿐이라고 하는 규정도 지니는 것이다. 그런가 하면 그 극점 자신의 본성이 자기 자신 속으로 응집됨으로써, 다른 극점과 대립하는 가운데 정신화되기도 한다.[96] c)양 극점의 통일이 곧 **중성적 생산물**(das *neutrale Produkt*)인 것이며, 이 생산물은 양 극점이 지닌 관계의 근거와 그들 극점이 과정으로 진입하는 근거를 형성한다.[97] 그러나 이러한 통일은 양 극점들 속에서 단지 즉자적으로 존재하는 관계로서만 현존할 뿐이다. 이 통일은 과정에 앞서 대자적으로 자유로이 실존하는 것이 아니다. 이것이 바로 목적에 있어서 일어나는 사태인 셈이다.

....

95) 'jedes der beiden Extreme'를 '양 극점들 저마다가'라고 번역한다. 물론 추리론에서는 '양극들', 또는 '양 항들'이라고 번역하였으며, 그것이 대개념과 소개념을 의미하기 때문이다. 그러나 여기 화학론에서는 그와 같은 추리의 의미도 지니지만, 그러나 약간 다른 의미도 있기 때문에 '양 극점들'이라고 번역한다.

96) 원문의 일부는 다음과 같다.
"(……), oder seine Natur ist in sich gespannt und gegen das andere begeistet."
이와 관련하여 『소논리학』에서는 "분화의 **정신적인** 원리(das *begeistende* Prinzip der Differentiirung)" (Enz.I, §202, 358쪽)란 말이 나온다. 따라서 극점의 본성이 자기 자신 속에서 확장되어가면서, 또는 극점의 본성 자신으로 응집됨으로써 다른 극점과는 분화되어 대립하게 되고, 그리하여 정신화하게 된다는 의미가 아닌가 한다.

97) 양 극점의 통일로서 '**중성적 생산물**'이란 추리에 있어서의 매개념을 의미하며, 일정하게는 추리와도 대비될 수 있는 표현이기도 하다.
『소논리학』에서는 다음과 같이 말한다.
"따라서 화학적 과정은 과정 그 자신이 확장된 극점들의 **중성적인 것**(das *Neutrale*)을 생산물로 지니게 되며, 이들 극점이 **즉자적**으로 중성적인 것이기도 하다." (Enz.I, §201, 358쪽).

§65

3. 따라서 보다 고차적인 통일은 활동성이 생산물 속에 자기 자신을 유지하고 있는 것이거나, 또는 **생산물이 자기 자신을 생산하는 활동을 하고 있다**는 것(daß *das Produkte selbst produzierend ist*)[98]을 의미한다. 그리하여 계기들의 중성화(Neutralisierung)는 그 계기들의 분화인가 하면, 나아가 또한 양 극점의 결합 속에서 과정이 소멸한다는 것은 곧 그 과정이 다시 점화되는 것이기도 하다. 따라서 이와 같이 생산 활동을 하는 생산물의 활동성이 **자기보존**(*Selbsterhaltung*)인 것이다. 이미 현존하고 있는 것만이 자기 자신을 산출할 뿐이다.[99]

제3편 이념론

§66

이념은 객관적인 참된 것이거나 적합한 개념(der adäquate Begriff)이다.[100] 적합한 개념 속에서 현존재는 자기 자신에 내재하는 그 자신의 개념을 통해 규정되며, 자기 자신을 생산하는 생산물로서의 실존은 그 자

98) 생명체의 자기보존 활동이란 생산물 그 자체가 자기 자신을 부단히 생산하고 산출하는 활동이며, 그것은 무기적인 자연에 대립한 자기보존의 과정이기도 하다. 이에 대해서는 다음 문단, 즉 §66에서도 다시 언급하고 있다(참조, 「1. 상급반을 위한 철학 백과전서」 §87, §91).

99) 이 문단이 『대논리학』이나 『소논리학』의 어느 부분에 해당하는 것인지 정확하게 말하기는 어렵다. 물론 목적론에서도 '자기보존'과 관련하여 얼마간 언급하고 있기는 하다. 그러나 여기에서 '자기보존'의 개념은 『대논리학』 이념론의 '생명'에서 보다 직접적으로 다루고 있지 않나 싶다. 즉, '재생산(Reproduktion)'으로서 '개체적인 자기 동일성'의 개념이 '자기보존'을 의미할 것이다.
"재생산은 감수성의 단순한 계기로서의 부정성이며, 감응성은 오직 생명적인 저항력이다. 외면적인 것에 대한 그 상호관계가 재생산이며, 개체적인 자기 동일성이다."(Logik II, 422쪽).

신의 목적과의 외적인 통일 속에 존재한다. 이념은 그 자신의 외부에 현존하는 어떠한 표상이나, 또는 개념에 상응하는 현실성이 아니라 이념 그 자신의 고유한 개념에 상응하는 그러한 현실성이다. 따라서 이념은 즉자대자적으로 존재하지 않으면 안 되면서도, 이와 같은 이념 그 자신의 개념 자체를 포함하게 되는 것과 마찬가지로 현실성 또한 그처럼 존재하게 되는 것이다. — **이상**(*Ideal*)은 **실존**의 측면에 따라 고찰했을 때 이념인 것이지만, 그러나 개념에 적합한 그러한 실존으로서의 이념이다. 따라서 이상은 그 자신의 최고의 진리에 있어서 현실적인 것이다. — 이상이란 표현과 구별하여, **개념**의 측면에 따라 고찰했을 때 우리는 오히려 이념을 참된 것이라고 일컫는다.

§67

다음과 같은 세 가지 이념들이 존재한다. 즉, 1. 생명의 이념, 2. 인식의 이념과 선의 이념, 3. 학문의 이념, 혹은 진리 그 자체의 이념이 그것들이다.[101)]

I. 생명의 이념

§68

생명이란 이념 그 자신의 직접적인 현존재 속에 깃들어 있는 그러한 이념이다.[102)] 이념은 그 자신의 직접적인 현존재를 통해서 현상의 현장

100) 이와 관련하여 『대논리학』에서는 다음과 같이 말한다.
"이념은 **적합한 개념**이며, 객관적인 **참된 것**, 또는 **참된 것 그 자체**이다. 어떤 것이 진리를 갖는다면, 그 어떤 것은 이념을 통해 진리를 갖는 것이며, 나아가 **어떤 것이 이념인 한에 있어서만 그 어떤 것은 진리를 지닐 뿐이다**."(Logik II, 407쪽).

101) 『대논리학』에서는 이념이 '생명', '인식의 이념', '절대이념'으로 구분된다(참조, Logik II, 407쪽 이하).

(現場)(das Feld der Erscheinung) 속으로 뛰어드는가 하면, 가변적이면서도 자기 자신을 다양하게 그리고 외면적으로 규정하는 존재의 현장 및 무기적(無機的)인 자연의 현장 속으로 뛰어들게 된다.

§69

생명은 개념과 현존재의 직접적인 통일로서 곧 그러한 전체이다. 그 전체 속에서 부분들은 그 자체로서 존재하는 어떤 것이 아니라 전체를 통해서, 그리고 전체 속에서 존재하는가 하면, 전체 또한 마찬가지로 부분들을 통해서 존재하게 되는 것이다. 생명은 하나의 **유기적인 체계**(ein *organisches System*)이다.

II. 인식의 이념과 선의 이념[103)]

§70

이와 같은 이념 속에서 개념과 현실성은 서로 분리되기에 이른다. 한편으로는 전자, 즉 개념은 그 자체로서는 공허한 것이어서 그 자신의 규정과 충족을 현실성으로부터 인입하지 않으면 안 되며, 다른 한편으로는 후자, 즉 현실성은 자립적 규정에서 벗어나 개념으로부터 그 자신의 규정을 이끌어내지 않으면 안 된다.

....

102) 생명의 이념이란 이념 그 자신의 직접적인 현존재로서의 생명을 의미하며, 생명은 곧 그러한 이념인 것이다. 다시 말해 생명은 이념의 직접적이고 구체적인 모습이다(참조, Logik II, 413쪽 이하).

103) 『대논리학』에서 인식의 이념은 '진의 이념'에서 '선의 이념'으로 이행하고, '진의 이념'은 다시 분석적 인식에서 종합적 인식으로 이행하며, 종합적 인식에서 정의(定義), 분류(Einteilung), 정리(定理, Lehrsatz, Theorem) 등이 다루어진다(참조, Logik II, 429쪽 이하).
"생명은 직접적인 이념이거나, 또는 아직 그 자체에 있어 실현되지 못한 **개념**으로서의 이념이다. 이념은 그 자신의 **판단** 속에서는 **인식** 일반이다."(Logik II, 429쪽).

1. 인식[104]

§71

인식은 개념과 현실성의 관계이다. 즉자적으로 오직 자기 자신으로만 충족된 사유, 그리고 **그러한 한에서의** 공허한 사유는 인식 활동을 통해 현존재로부터 보편적인 서술로 고양된 특수한 내용으로 충족되기에 이른다.

§72

정의(*Definition*)란 그 자신 속에서 개별자나 특수자로서 관계되는 어떠한 대상에 관하여 언표한다. 즉, 정의는 어떠한 대상에 관하여 그 **보편적** 본질로서의 **유**(類, *Gattung*)와, 그리고 이 보편자의 특수한 규정성을 언표하게 되며, 이때의 규정성을 통하여 보편자가 곧 이와 같은 대상이라는 것을 언표한다.[105]

§73

분류(*Einteilung*)란 유(類)나 보편자 일반에 관하여, 또는 종(種), 목(目)

---

104) 여기 인식을 다루고 있는 부분은『대논리학』에서의 체계와는 다르다. 즉, '정의'와 '분류'가 먼저 다루어진 다음 '분석적 인식'과 '종합적 인식'이 다루어지고 있다. 그러나 앞서 언급했던 것처럼『대논리학』에서는 정의와 분류, 정리 등이 종합적 인식 속에서 다루어진다.

105) 형식논리학에서 정의는 종차와 유개념의 결합이다. 여기에서도 정의에 대해 피정의항, 곧 정의 대상에 관하여 그 술어로서의 보편자인 유개념과 종차로서의 특수한 규정성의 관계를 언표한다. 그리하여 '이때의 규정성을 통하여 보편자는 곧 이와 같은 대상이라는 것'은 정의가 규정성과 보편자의 결합을 통하여 어떤 대상에 관하여 언표하게 된다는 의미이다. 종차와 관련하여『대논리학』에서는 다음과 같이 말한다.

"대상은 **종차**(種差, die spezifische Differenz)에 있어서 이와 같은 구별을 지니며, 종차는 대상을 특정한 종으로 전환시키면서 여타의 다른 종들에 대립하여 대상을 분리하는 토대가 된다."(Logik II, 452쪽).

등등에 관하여 **그 특수화된 것들**(die *Besonderungen*)을 언표하는 것이다. 분류는 그와 같은 특수화된 것들에 있어 **종들**(*Arten*)의 다양성으로서 실존한다. 하나의 통일 속에 포함되어 있는 이 특수화된 것들은 공통적인 분류근거(Einteilungsgrund)로부터 발원하지 않으면 안 된다.[106)]

§74

인식은 한편으로는 분석적(analytisch)이고, 또 한편으로는 종합적(synthetisch)이다.[107)]

§75

분석적 인식은 어떠한 개념이나 또는 구체적인 규정으로부터 출발하며, 단지 직접적인 규정들의 다양성이나 그 속에 포함되어 있는 동일적인 단순한 규정들의 다양성만을 전개할 뿐이다.

....

106) 형식논리학에 따르면 분류란 피분류체, 분류지, 그리고 분류근거로서의 분류 원리에 의하여 이루어진다. 분류 원리로서의 '공통적인 분류근거'란 유개념, 또는 보편자로서의 피분류체로부터 종개념, 또는 특수화된 것들로서의 분류지를 이끌어낼 때 오직 하나의 분류 기준이 적용되어야 함을 의미한다. 또한 분류지들은 동위적이어야 하며 그들 외연량의 총화는 피분류체의 외연량과 동일하지 않으면 안 된다. 임석진 역시 '분류'란 말로 번역하며, 형식논리학에서는 '분류' 대신에 '구분'이란 말을 사용하기도 한다(참조, 『대논리학, -개념론-』, 372쪽 이하). 『대논리학』에서는 분류에 대해 다음과 같이 말한다.
"분류지들의 상호관계, 즉 종들의 상호관계는 그들 종이 이미 채용된 분류근거에 따라 상호적으로 규정된다고 하는 이러한 보편적 규정만을 지닐 뿐이다. 만일 그들 종의 상이성에 대해 또 다른 관점에 의거한다면, 종들은 동일선상에서 상호 동위적일 수 없다는 것을 의미한다." (Logik II, 461~462쪽).

107) 『소논리학』에서 분석적 방법과 종합적 방법에 대해 다음과 같이 말한다.
"종합적 방법의 운동은 분석적 방법과 정반대이다. 이 후자, 즉 분석적 방법은 개별자로부터 출발하여 보편자로 진전해가는 한편, 그와는 달리 전자, 즉 종합적 방법의 경우에는 (**정의**로서의) 보편자가 출발점을 형성하게 되고, 그로부터 (**분류** 속에서) 특수화를 통하여 개별자로(**정리**로) 진전해간다. 이에 따라 종합적 방법은 대상에 있어서 개념의 계기들이 발전하는 것으로 나타난다." (Enz.I, §228, 보론, 381쪽).

§76

그와는 달리 **종합적** 인식은 전체가 지닌 규정들을 전개한다. 이들 규정은 전체 속에 직접적으로 포함되어 있는 것이 아니며, 그리고 상호적으로 동일하게 발원하는 것도 아니려니와 오히려 서로 상이성의 형태를 띠고 있다. 종합적 인식은 그들 규정 자신의 규정된 상호관계의 필연성을 밝힌다.[108]

§77

이와 같은 일은 **구성**(*Konstruktion*)과 **증명**(*Beweis*)을 통해 나타난다. 구성은, 한편으로는 개념이나 명제를 그 자신의 실재적 규정들에 있어서 서술하게 되는가 하면, 다른 한편으로는 증명을 위해 이와 같은 개념이나 명제의 실재성을 구분하고 해체하는 가운데 서술한다. 그리하여 실재성 그 자신의 개념으로의 이행이 시작된다.[109]

§78

증명은 해체된 부분들(die aufgelösten Teile)을 파악하게 되고,[110] 그러

……………

108) 『대논리학』에서는 이에 대해 다음과 같이 말한다.
"종합적 인식은 **존재하는** 것에 대한 **개념적 파악**으로 나아가며, 다시 말해 규정들의 다양성을 그들 자신의 통일 속에서 파악하고자 한다. 따라서 종합적 인식은 **상이한 것** 자체가 관계하는 추리의 두 번째 전제이다. 그 때문에 이 인식의 목표는 **필연성** 일반이다."(Logik II, 450쪽).

109) 이 문단에서 언급하고 있는 '**구성**'과 '**증명**'은 『대논리학』에서는 '정리(定理, Lehrsatz, Theorem)' 속에서 다루며(참조, Logik II, 464쪽 이하), 『소논리학』에서는 다음과 같이 말한다.
"정의에 있어서의 단순한 규정성이 **하나의 상호관계**로 파악되며, **구체적인 개별성**에 있어서 대상은 구별된 규정들의 종합적인 관계이다. — 곧 **정리**(*Theorem*)이다. 이들 규정은 상이한 규정들이기 때문에 이들 규정의 동일성은 **매개된** 동일성이다. 매개항들(Mittelglieder)을 형성하는 질료를 산출하는 것이 **구성**이며, 매개로부터 인식에 있어서 저 종합적인 관계의 필연성이 출현하게 되는바, 이때의 매개 그 자체가 **증명**이다."(Enz.I, §231, 382~383쪽).

한 부분들의 상호관계를 비교함으로써 정리(定理, Lehrsatz) 속에 언표되어 있는 전체의 상호관계를 형성하는 부분들을 결합하기에 이른다. 또한 증명은 실재적인 규정들에 관하여 그들 규정이 어떻게 개념의 계기들이 되는 것이며, 그들 규정의 총괄적인 상호관계가 어떻게 그 자신의 총체성 속에서 개념을 서술하게 되는가를 제시한다.[111)]

§79

그 가장 엄밀한 형식에 있어서 기하학적 인식이라고 할 이와 같은 인식에서, 1. 구성은 개념으로부터 산출되는 것이 아니고, 단지 증명과의 관계 속에서 합목적적인 것으로 제시되는 어떤 고안된 장치에 지나지 않거니와, 그 다른 경우에 있어서도 역시 어떠한 경험적인 기술(記述)에 지나지 않는다. 2. 증명에 있어서는, 그러나 분석적 규정들을 위하여 이미 알려져 있거나 형성되어 있는 종합적 명제들을 어떤 다른 곳에서 끌어오게 되고, 바로 앞에 놓여 있는 것을 그 밑에 포섭시키고 결합시킨다. 증명은 대상 그 자체의 고유한 과정과 내적 필연성을 서술하는 것이 아니라 단지 통찰을 위한 필연성만을 서술함으로써, 그를 통해 증명은 우연성의 가상을 지닌다.[112)]

....

110) 이때 '해체된 부분들'이란 말은 앞 문단에서 개념의 실재성이 구분되고 해체된다는 의미에서 사용하고 있는 말이다. 다시 말해 구성에 있어서 개념의 실재성이 구분되면서 해체되는 가운데, 증명은 그와 같이 해체된 부분들을 파악하는 것이란 의미이다.

111) 『대논리학』에서는 다음과 같이 말한다.
"증명은 이미 앞에서 말한 바와 같이, 정리 속에서 결합된 것으로 언표되었던 것의 매개를 포함한다. 이와 같은 매개를 통해서 이 결합은 비로소 **필연적인** 결합으로 **현상한다**. 구성이 개념의 주관성을 결여하고 있는 것처럼 증명은 객관성이 결여된 주관적 행위이다."(Logik II, 470~471쪽).

112) 헤겔은 『대논리학』에서 이와 같은 구성과 증명의 의미에 대한 좋은 예로 기하학적 인식을 들고 있으며, 아울러 기하학이 지닌 한계를 언급하고 있다.
"종합적인 방법의 훌륭한 예로는 기하학이 있다. — 그러나 그 학문은 부적절하게도 다른 학문은 물론 철학에까지도 적용되었던 것이다."(Logik II, 471쪽).

2. 당위(das Sollen), 또는 선[113)]

§80

인식의 이념에 있어서 개념이 추구되며, 그리고 개념은 대상에 적합하지 않으면 안 된다. 그와는 달리 선의 이념에 있어서 개념은 최초의 것으로 간주되며, 그리고 현실성 속에서 실현**되어야 하는**(*soll*) 즉자적으로 존재하는 목적으로 간주된다.

§81

즉자적인 선(das an sich Gute)은, 그것이 비로소 실현되어야만 하는 것이기 때문에 그에 상응하지 않는 세계와 대립하며, 자기 자신의 고유한 필연성의 법칙들을 지니면서도 자유의 법칙들에 대해서는 **무관여적인** 자연과도 대립한다.

§82

선은 절대적 목적으로서, 한편으로는 그 결과들을 전혀 고려하지 않은 채 즉자적으로 실행되어야만 한다. 왜냐하면 선은 선과는 독립해 있으면서 선이 **전도될 수도 있는** 현실성에 내맡겨져 있기도 하기 때문이다.[114)]

§83

그러나 동시에 그 속에는 **즉자적으로** 현실성이 선과 **합치한다는** 규정,

....

113) 이 부분에 대해서는 『대논리학』에서 '선의 이념'이란 표제 아래 서술하고 있으며, 『소논리학』에서는 '당위(das Sollen)'란 말 대신에 '의욕(das Wollen)'이란 말을 사용한다(참조, Enz.I, §233, 386쪽).

114) 『소논리학』에서는 선에 대해 다음과 같이 말한다.
"즉자대자적으로 규정된 것으로서의, 그리고 자기 자신과 동등하면서도 단순한 내용으로서의 주관적 이념이 선이다."(Enz.I, §233, 386쪽).

또는 어떠한 도덕적 세계질서에 대한 믿음이 깃들어 있다.

Ⅲ. 지식의, 또는 진리의 이념

§84

절대적 지식, 곧 절대지는 개념이며, 이때 개념은 자기 자신을 대상과 내용으로 간직하면서도, 그 자신의 고유한 실재성이기도 하다.[115]

§85

절대지의 진행이나 그 **방법**은 분석적이면서도 종합적이다. 개념 속에 내포되어 있는 그것의 전개, 곧 분석은 개념 속에 내포되어 있으면서도 그 자체로서는 직접적으로 주어져 있지 않는 상이한 여러 규정들의 출현을 의미하며, 따라서 동시에 종합적이기도 하다. 이때 그 자신의 실재적 규정들에 있어서 개념의 서술은 개념 그 자체로부터 출현하며, 또한 여기에서 통상적인 인식에 있어 증명을 형성하는 것은 상이성으로 이행한 개념의 계기들이 그 통일로 복귀하는 것이다. 이 통일이 곧 **총체성**이며, 충만해 있으면서도 자기 자신이 그 내용이 되는 개념이다.[116]

....

115) '절대지'는 '절대적 이념'이기도 하며, 그에 대해 『소논리학』에서는 다음과 같이 말한다.
"절대적 이념은 우선 이론적 이념과 실천적 이념의 통일이며, 그와 동시에 생명의 이념과 인식의 이념의 통일이다."(Enz.I, §236, 보론, 388쪽).

116) 헤겔에 있어서 '철학적 방법(die philosophische Methode)'은 분석적이면서 종합적인 방법이어야 한다고 말한다. 다시 말해 분석적인 방법이나 종합적인 방법이 지양된 분석적이면서 동시에 종합적인 방법이 철학적인 방법인 것이다. 그에 대해 『소논리학』에서는 다음과 같이 말한다.
"이와 같은 진행은 직접적인 개념 속에 포함되어 있는 것이 내재적 변증법을 통해 정립됨으로써 **분석적**인가 하면, — 이 개념 속에 이와 같은 구별이 아직 정립되어 있지 않았었기 때문에 **종합적**이기도 하다."(Enz.I, §239, 391쪽).

§86

개념의 이와 같은 자기 자신과의 매개는 **주관적인 인식의 진행**일 뿐만 아니라 **사태 그 자체의 고유한 운동**(*die eigene Bewegung der Sache selbst*)이기도 하다. 절대적 인식에 있어서 개념은 그 자신이 바로 결과이기도 한 것과 마찬가지로 그 단초이기도 하다.[117)]

§87

보다 확대된 개념들로의, 혹은 어떤 새로운 영역으로의 진행은 그 선행적인 영역을 통해 도출되는 것이며, 그리고 그 진행은 필연적이다. 실재성을 향해 생성되어갔었던 개념은 동시에 다시금 그 실재화의 운동을 즉자적으로 서술하지 않으면 안 되는 통일이기도 하다. 그러나 그 통일 속에 내포되어 있는 대립의 전개는 통일이 바로 그로부터 생성되기에 이른 그러한 계기들로의 한갓된 해소는 아닌 것이며, 오히려 이들 계기가 이제는 그 통일을 관통하여 나아감으로써 단지 다른 형태를 띠게 될 뿐이다. 그리하여 계기들은 새로운 전개 속에서 그들 자신의 상호관계를 통하여 존재하게 되는 그것으로 정립되기에 이른다. 따라서 계기들은 새로운 규정을 지닌다.

117) 이 문장의 의미는 절대적 인식에 있어서 개념은 그 단초와 결과가 동일하다고 하는 것이다. 다시 말해 단초가 결과이고 결과가 곧 단초이다. 『대논리학』에서는 다음과 같이 말한다.
"이제 이러한 결과는 자체 내로 이행해가는 자기**동일적인** 전체로서 다시금 **직접성**의 형식을 갖추게 된다. 따라서 결과 그 자체는 **단초적인 것**이 규정되었던 바와 같은 바로 그러한 결과이다."(Logik II, 499쪽).

5

중급반을 위한 논리학[1)]
(1810년/11년)

서론

§1

논리학의 학문[2]은 사유와 그의 규정들의 범위를 그 대상으로 한다. 우리는 자연적 논리학(natürliche Logik)을 인간 일반이 본성적으로 지니게 되는 자연적인 오성을 의미하는 것으로 이해하며, 인간이 그에 대해 직접적으로 이용한 것이란 의미로 이해한다.[3] 그러나 논리학의 학문은 사

....

1) (원주) 이 텍스트는 로젠크란츠에 있어서는 중급반을 위한 '정신현상학과 논리학' 과정의 제2부로 간행된다(최초의 친우회 판 『헤겔전집』 제18권, 113쪽 이하). — 여기에 제시된 텍스트는 §28까지 로젠크란츠의 간행본을 따른 것이며, 그 이후의 것은 호프마이스터에 의하여 편집된 수고본을 따른 것이다. — §29까지 괄호 안의 보론들은 헤겔의 필사본에 따른 로젠크란츠의 것이다. §29부터 작은 활자체로 덧붙인 보론들은 헤겔이 난외의 여백에다 써놓은 글들이다.
(역주) 이 「5. 중급반을 위한 논리학(1810년/11년)」은 원래의 번역 대본에서는 「7. 중급반을 위한 논리학(1810년/11년)」이며, 이 번역본에서는 그 일련번호를 7에서 5로 바꾸었다.

2) 헤겔은 우리가 통상 '논리학'이라고 부른 학문을 '논리학의 학문(die Wissenschaft der Logik)'이라고 부른다. 『대논리학』도 그 본래 명칭은 '논리학의 학문'이다. 여기서도 특별한 경우가 아니라면 그대로 '논리학'으로 번역하지만, 바로 아래에 'Logik'이란 말이 나오고 있기 때문에 약간 구별하여 '논리학의 학문'으로 번역한다.

유 그 자신의 진리에 있어서 사유에 대한 지식이다.

해명.[4] 논리학은 사상 일반의 분야를 고찰한다. 사유는 사상 자신의 고유한 영역이다. 사유는 그 자체로서 전체이다. 논리학의 내용은 사유 이외에는 그 어떤 다른 근거도 지니지 않는 사유 그 자체의 본래적인 규정들이다. 사유에게 **타율적인 것**(das ihm *Heteronomische*)은 표상 일반을 통하여 **주어진 것**이다. 따라서 논리학은 위대한 학문이다. 물론 순수 사상과 실재성은 구별되지 않으면 안 된다. 그러나 참된 현실성을 실재성으로 이해하는 한에서는 사상은 또한 실재성을 지니기 마련이다. 더욱이 감성적이고 외면적인 현존재만이 실재성으로 고려되는 한에서는 사상은 훨씬 더 고차적인 실재성을 지닌다. 따라서 사유는 어떠한 내용을 지니게 되고, 물론 **자율적인** 방식으로(auf *autonomische* Weise) 자기 자신을 그 내용으로 한다.[5] — 또한 우리는 논리학에 대한 연구를 통해서 보다 올바르게 사유할 수 있는 것을 배우게 되는바, 왜냐하면 우리가 사유의 사유(das Denken des Denkens)를 사유하게 됨으로써 정신이 그에 의해 자기 자신의 힘을 갖추게 되는 것이겠기 때문이다. 우리는 사유의 본성을 이해하게 되고, 그를 통해 사유가 어느 때 오류의 유혹에 빠지기 쉬운가를 감지할 수 있다. 우리는 자기 자신의 행위에 대하여 자신에게 답변을 부여할 줄 아는 법을 배우지 않으면 안 된다.[6] 그를 통해 우리는

....

3) 자연적 논리학에 대해 『대논리학』에서는 다음과 같이 말한다.
"앞서 자연적 논리학이라고 일컬었던 범주들에 대한 그러한 이용은 무의식적이다." (Logik I, 13쪽).

4) 원문에는 '**해명**(*Erläuterung*)'이 줄만 바뀐 채 그대로 이어서 쓰여져 있지만, 이하에서는 편의를 위해 한 칸을 띄어 번역한다. 이때 '해명'이란 『소논리학』에서의 '보론(Zusatz)'에 해당될 것이며, '논구(論究)'란 번역어가 좀 더 적절할 수도 있을 것이다.

5) 이때 '자율적인'이란 말은 앞에서의 '타율적인 것'이란 말과 대구적으로 사용된 것이며, 그것은 사유의 본질적인 자율성을 의미한다.

다른 사람들에 의해 현혹되지 않는 확고함을 성취한다.[7)]

§2

사유란 일반적으로 **다양한 것을 통일 속에서** 파악하고 통합하는 작용이다. 다양한 것 그 자체는 외면성 일반에, 곧 감정과 감성적인 직관에 속한다.

해명. 사유는 모든 다양한 것들을 통일하는 가운데 존립한다. 정신이 사물들에 대해 사유함으로써, 정신은 그 사물들을 정신의 순수규정들이기도 한 단순한 형식들로 전환시킨다. 다양한 것은 처음에는 사유에 대해 외면적이다. 우리가 감성적인 다양한 것을 파악하는 한에 있어서는 아직 사유를 하고 있는 것이 아니며, 다양한 것을 관계시키는 것이 비로소 사유인 것이다. 우리는 다양한 것에 대한 직접적인 파악을 감정이나 감각이라고 부른다. 내가 느끼고 있을 때, 나는 어떤 것에 대해서 단순하게 알고 있을 뿐이다. 그러나 직관에 있어서는 나는 어떤 것을 공간과 시간 속에서 나에게 외면적인 것으로서 바라보게 된다. 감정(Gefühl)은 그것이 시간적으로, 그리고 공간적으로 규정될 때 직관으로 된다.

§3

지성(Intelligenz)이 구체적인 직관들로부터 출발해서, 다양한 규정들 중에 어느 하나의 규정을 버리고 다른 하나의 규정을 끌어올려 그 규정에 사

....

6) 일반적인 의미에서는 '자기의 행위에 대하여 스스로 책임을 질 줄 아는 법을 배우지 않으면 안 된다'고 번역할 수 있다. 그러나 논리학과 관련하여서는 위에서와 같이 번역하는 것이 좋지 않은가 싶다.

7) 헤겔은 논리학을 전통적인 의미에서의 학문의 원리와 방법으로만 이해하지 않으며, 서구의 근세철학이 국가나 종교 등에 대항하여 벌이게 된 사상이나 이념투쟁의 흐름과 결부된 학문이란 것을 깊이 통찰하고 있었다. 또한 그것이 근세철학의 핵심적인 관심의 하나였다는 것을 말한다(참조, Enz.I, §19, 보론 3, 71쪽).

유의 단순한 형식을 부여하는 한에 있어서 사유는 **추상**(*Abstraktion*)이다.[8)]

해명. 만일 내가 어떠한 대상으로부터 **그 모든** 규정들을 버린다면, 남는 것은 **아무것도 없다**. 그와는 달리 만일 내가 **하나의** 규정을 버리고 다른 하나의 규정을 이끌어낸다면, 이것은 추상적이다. 예를 들면 **자아**(das *Ich*)란 추상적 규정이다. 내가 모든 규정들로부터 나를 분리하는 한에서 나는 오직 나에 관해서만 알게 될 뿐이다. 그러나 이것은 부정적 수단(ein negatives Mittel)이다. 나는 나에 관한 규정들을 부정하며, 나를 오직 그 자체로서만 남겨둘 뿐이다. 추상 작용은 사유의 **부정적** 측면이다.

§4

표상들의 **내용**은 경험으로부터 얻게 되지만, 그러나 **통일의 형식** 그 자체와 그의 보다 넓은 규정들은 그들 규정의 직접적인 것 자체 속에 그 근원들을 갖는 것이 아니고, 사유 속에 그 근원들을 갖는다.

해명. **자아**란 전적으로 **사유**를 의미한다. 만일 내가 '**나는 사유한다**'고 말한다면, 이것은 어떤 동일적인 것을 의미한다.[9)] 나는 완전히 단순한 것이다. 나는 **사유적인 존재이며**, 물론 **언제나** 그러하다. 그러나 우리는 '나는 언제나 사유한다'고 말할 수는 없다. 물론 즉자적으로는 그러하며, 우리의 대상이 언제나 사유인 것도 아니다. 그러나 우리는 우리가 곧 자아인 것이라고 하는 의미에서 '우리는 언제나 사유한다'고 말할 수 있다. 왜냐하면 자아는 언제나 자기 자신과의 단순한 동일성이기 때문이며, 그것이 사유이기 때문이다.[10)] 우리는 자아라는 점에서 우리의 모든

....

8) 'Abstraktion'이란 말은 추상(抽象)작용과 동시에 사상(捨象)작용을 의미한다. 이 문단도 그러한 의미가 아닌가 한다.

9) '어떤 동일적인 것'이란 자아와 사유의 동일성을 의미한다.

규정들의 근거이다. 대상이 사유되는 한에 있어서 대상은 사유의 형식을 지니게 되며, **사유된 대상**으로 되는 것이다. 대상은 자아와 동등하게 되며, 다시 말해 대상은 사유되는 것이다.

§5

이와 같은 사실은 마치 이때의 통일이 사유를 통하여 비로소 대상들의 다양한 것으로 다가가게 되고, 그 결합이 외부로부터 그 다양한 것 내부로 들어오게 되는 것처럼 이해되어서는 안 된다. 오히려 통일은 **곧바로**(*ebensosehr*) 객관에 속하면서도 또한 통일은 그의 규정들에 의하여 객관 자신의 고유한 본성을 형성한다.[11)]

§6

사상(der Gedanken)이란 다음과 같은 세 가지 것들을 의미한다. 즉, 1. **범주들**, 2. **반성규정들**, 3. **개념들**이 그것이다. 앞의 두 가지 것에 대한 이론은 **객관적인** 논리학, 혹은[12)] 형이상학을 형성한다. 개념들에 대한 이론은 본래적인 논리학, 또는 **주관적인** 논리학을 형성한다.[13)]

....

10) '우리'와 '자아'의 구별이 여기서 분명하지는 않은 것 같다. 다시 말해 우리가 자아인 한에서는 '우리는 언제나 사유한다'고 말할 수 있다고 하지만, 그것이 자아와 사유의 동일성과 어떤 관계가 있는 것인지 분명하지 않다. 다만 우리와 자아의 관계가 단순히 포섭의 관계인 것만은 아니라는 의미에서 그와 같이 말하고 있는 것이 아닌가 한다. 그에 대해 『소논리학』에서는 다음과 같이 말한다.
"인간은 사유적인 존재이며 보편자이지만, 그러나 보편자는 인간에 **있어서** 존재하기 때문에 인간은 오직 사유적인 존재이다. 동물 또한 **즉자적으로는** 보편자이지만, 그러나 보편자는 그 자체 동물에 **있어서** 존재하는 것이 아니고 언제나 개별자만이 존재할 뿐이다." (Enz.I, §24, 보론 1, 82쪽).

11) 대상의 다양한 것들이 통일을 이룬다고 할 때, 그것은 그 다양한 것들 외부로부터, 또는 어떤 사유로부터 그 다양한 것들에 부가되어 이루어지는 것이 아니라 객관 그 자체가 지니고 있는 고유한 본성으로서의 통일이기도 한 것이다. 이때 '**곧바로**'란 말이 강조된 것은 '동시에(zugleich)'란 의미에서이며, 객관 그 자체가 통일성을 담지하면서도 그 고유한 본성이기도 하다는 의미에서이다.

해명. 논리학은 순수사유의 체계를 포함한다. **존재**는, 1. 직접적인 존재이며, 2. 내면적인 존재이다.[14] 사유규정들은 다시금 자기 자신으로 복귀한다. 통상적인 형이상학의 대상들은 사물, 세계, 그리고 정신과 신이며, 그와 같은 대상들을 통해 상이한 여러 형이상학적 학문들, 즉 존재론(Ontologie), 우주론(Kosmologie), 영혼론(Pneumatologie), 그리고 신학(Theologie)이 발생하게 된다.

3. **개념**이 서술하는 그것은 어떤 **존재자**(ein *Seiendes*)이지만, 그러나 역시 어떤 **본질적인 것**(ein *Wesentliches*)이다. 직접적인 것으로서의 존재는 매개적인 것으로서의 본질에 관계된다. 사물들은 일반적으로 존재하기 마련이지만, 그러나 그들의 존재는 그들의 본질을 지시하는 가운데 존립할 뿐이다. 존재는 그 자체 본질로 화하게 되며, 그것을 우리는 다음과 같이 언표할 수도 있을 것이다. 즉, 존재는 본질을 전제한다. 그러나 본질이 비록 존재와의 상호관계 속에서 매개된 것으로서 현상한다고 하더라도, 본질은 역시 **근원적인 것**이다. 존재는 본질 속에서 그 자신의 근거로 복귀한다. 존재는 본질 속에서 자기 자신을 지양한다. 존재 자신의 본질은 이와 같은 방식으로 어떤 생성된 것이거나 산출된 것이지만, 그러나 오히려 생성된 것으로서 현상하는 그 무엇이며, 역시 근원적인 것이다. 사멸적인 것은 본질을 그 자신의 근저로 삼게 되며, 본질로부터 생성

12) (원주) 로젠크란츠의 간행본에는 '형이상학에 있어서의 객관적인 논리학'이라고 표기되어 있다.
(역주) '객관적 논리학, 혹은 형이상학을 형성한다'가 로젠크란츠 간행본에는 '형이상학에 있어서의 객관적인 논리학을 형성한다'로 되어 있는 것이다.

13) 『대논리학』에 따른다면 존재 논리학으로서의 '범주들', 본질 논리학으로서의 '반성규정들'이 객관 논리학에 속한다. 이것이 전통적인 의미의 형이상학이기도 하다. 또한 '본래적인 논리학'이란 말은 전통적인 형식논리학에서 다루는 개념, 판단, 추리의 의미까지 포함하여 개념 그 자체를 대상으로 하는 논리학, 곧 주관 논리학을 지칭한다(참조, Logik I, 41쪽 이하).

14) 이때 직접적인 존재를 다루는 논리학이 존재 논리학이며, 내면적인 존재를 다루는 논리학이 본질 논리학이다.

되는 것이다.

우리는 개념들을 만들어낸다. 이들 개념은 우리에 의하여 어떤 **정립된 것**(etwas von uns *Gesetztes*)이지만, 그러나 개념은 역시 즉자대자적인 사태(die Sache an und für sich selbst)를 내포하고 있다. 본질은 개념과의 관계 속에서 다시금 정립된 것이지만, 그러나 그 정립된 것은 참된 것으로서 관계를 갖는다. **개념**은 한편으로는 **주관적인** 개념이며, 다른 한편으로는 **객관적인** 개념이다. **이념**은 주관적인 것과 객관적인 것의 통일이다.[15] 우리가 '그것은 한갓된 개념에 지나지 않는다'고 말한다면, 우리는 그 속에 실재성이 없음을 아쉬워하는 말이기도 하다. 그와는 달리 한갓된 객관성은 몰개념적인 것(ein Begriffloses)이다. 그러나 이념은 실재성이 개념을 통해 어떻게 규정되는가를 제시해준다. 모든 현실적인 것은 어떠한 이념이다.

§7

학문은 정신 그 자신과 진리의 분리가 이미 지양되었다는 것을 전제하거나, 또는 정신이 의식의 이론에서 고찰된 것처럼 더 이상 현상에 속하는 것이 아니라는 것을 전제한다.[16] 정신 그 자체의 확신성은 의식에 있어 대상이 되는 그 모든 것을 포괄한다.[17] 즉, 의식에 있어 대상이 되

15) 개념 논리학이 주관성, 객관성, 그리고 이념으로 구분되는 것을 말한다. 물론 『대논리학』의 『개념 논리학』도 그렇게 구분되어 있다.

16) 이때 정신에 대해 의식론에서 이미 고찰했다는 것은 번역 대본에서의 「2. 중급반을 위한 의식론(1808년/09년)」이나 「4. 중급반을 위한 의식론(1809년 이후)」 등등에서 다루었다는 것을 의미한다.

"의식은 일단 어떤 대상에 대한 지식이다. 대상이 정신의 도움 없이 의식으로 드러나든, 또는 대상이 정신을 통해 산출되든 그것과는 상관없이 외적 대상이거나 내적 대상이거나 대상에 대한 지식이다. 정신 그 자신의 의식의 규정들이 정신 그 자체에 귀속되어 있는 한, 정신은 그 자신의 활동성들에 따라 고찰된다."(NHS, 112쪽).

는 것이 즉자존재와 대자존재의 어떠한 계기들(alle Momente des An-und Fürsichseins)도 자기 자신 속에 포함하지 않는 한에 있어서[18] 그것이 외면적인 사물이든 또는 정신으로부터 산출된 사상이든 정신의 확신성은 그 모든 것을 포괄하는 것이다. 이들 계기로는 **즉자적으로 존재하는 것**이거나 또는 단순한 자기 동등성, **현존재**나 규정성을 지니는 것, 대타존재(Sein-für-Anderes)이며, 그리고 **대자적으로 존재하는 것**, 타자존재 속에서 단순하게 자기 자신으로 복귀하여 곧 자기 자신 그대로(bei sich) 존재하는 것이 그것들이다.[19] 학문은 진리를 **추구하는** 것이 아니라 진리 속에 **존재하는** 것이며, 진리 그 자체이다.

17) 이 문장에서 '정신 그 자체의 확신성(die Gewißheit seiner selbst)'을 '의식 그 자체의 확신성'으로 번역하는 것이 옳은지 분명하지는 않다. 다만 학문과 그 진리를 언급하고 있기 때문에 '정신 그 자체의 확신성'으로 번역하는 것이 옳지 않나 싶다. 그러나 의식의 확신성과 관련하여 번역 대본에서의 「2. 중급반을 위한 의식론」에서는 다음과 같이 말한다.
"**단순한 감성적 의식**은 외적 대상에 대한 직접적 확신성이다."(NHS, 74쪽).
또한 정신철학을 다루고 있는 『철학 백과전서(III)』에서는 다음과 같이 말한다.
"의식이란 점에 있어서 정신이 도달하고자 한 목표는 이와 같은 정신 그 자신의 현상이 그의 본질과 동일하게 되는 것이며, **정신 그 자신의 확신성이 진리로** 고양된다고 하는 것이다."(Enz.III, §416, 203쪽).

18) (원주)호프마이스터의 간행본에는 "……포함하지 않는 한에 있어서"란 말 대신에 "〔그와 같은 확신성이 그 속에 존립한다〕"고 되어 있다.
(역주)전체적인 의미는 난해하지만, 그러나 호프마이스터의 간행본에 따른 것을 토대로 하는 것이 좀 더 분명하게 이해할 수 있지 않을까 싶다.

19) 이 문장은 앞 문장과 연결되어 있으며, 그것은 정신의 확신성이 그 대상을 모두 포괄한다고 하더라도 그 속에 즉자존재와 대자존재의 어떠한 계기들도 포함하지 않는 한에서, 다시 말해 즉자적인 측면의 계기나 대자적인 측면의 계기를 이미 지양해버린 상태에서 그들 계기를 포함하고 있지 않는 한에서의 모든 의식의 대상을 포괄하게 된다는 의미이다. 즉자존재에 있어 그 계기들이란 즉자적으로 존재한다는 것이거나 단순한 자기 동등성인 것이며, 현존재나 규정성을 지닌다고 하는 것, 그리고 대타존재가 그것들이다. 대자존재에 있어 그 계기들이란 대자적으로 존재한다는 것, 그리고 타자존재 속에서 자기 자신으로 복귀하여 자기 자신 그대로 존재하는 것이 그것들이다. 이때 '자기 자신 그대로(bei sich)'란 말은 자기복귀가 이루어짐으로써 자기의 본질이 실현된 상태를 의미한다.

제1부
존재

제1편 질

§8

질은 직접적인 규정성이며, 그 규정성의 변화는 상호대립된 것으로 이행해가는 운동이다.

A. 존재, 무, 생성

§9

존재는 단순한 무내용적인 직접성이며, 이때의 직접성은 그 자신의 대립을 순수 무에 있어서 지니게 되고, 이들 〔양자의〕 결합이 **생성**인 것이다. 즉, 무로부터 존재로의 이행은 **발생**이며, 그 반대는 **소멸**이다.[20)]

……………

20) 이를 간단히 요약하면, 존재는 무이다. 존재와 무의 결합과 통일이 생성이며, 무로부터 존재로의 이행이 발생이고, 존재로부터 무로의 이행이 소멸이다(참조, Logik I, 66~67쪽).

(일면적인 추상이 스스로 자주 그러하듯이, 건전한 인간의 오성은 존재와 무의 결합을 거부한다. 즉, 존재는 존재하거나, 또는 존재는 존재하지 않는다는 것이다. 거기에는 어떠한 제3자도 **존재하지** 않는다. 존재하는 것이 시초를 지니는 것도 아니며, 존재하지 않는 것 또한 시초를 지니는 것도 아니다. 따라서 그와 같은 인간의 오성은 **시초**의 불가능성을 주장한다.)[21]

B. 현존재

§10

현존재는 생성되고 규정된 존재이며, 동시에 **타자와의 관계**(*Beziehung auf Anderes*)를, 따라서 그 자신의 비존재와의 관계를 갖는 어떠한 존재이다.

§11

a) 현존재는 따라서 자기 자신 속에서 분할된 존재이다. 현존재는 한 번은 **즉자적으로** 존재하고, 또 한 번은 타자와의 **관계**이다. 현존재를 이와 같은 두 규정들과 함께 고려했을 때, 현존재는 **실재성**(*Realität*)이다.[22]

....

21) 일면적인 추상에만 매달리는 소위 건전한 인간의 오성이란 존재는 존재이고 무는 무일 뿐, 존재와 무의 결합과 통일을 부당한 것이라고 주장한다. 존재하는 것이 시초를 갖는 것도 아니고, 존재하지 않는 것이 시초를 갖는 것도 아니기 때문에, 이때의 오성은 시초 자체의 불가능성을 주장할 뿐이다.

22) 현존재는 즉자적 현존재이며, 동시에 그 자신의 타자인 비현존재이다. 이와 같은 두 규정, 즉 즉자적 현존재와 비현존재가 실재성으로서의 현존재이다. 현존재의 이와 같은 실재성에 대해서는 개정판(1832년)의 『존재 논리학』에서는 약간 다르게 서술하고 있으며, 초판(1812년)의 『존재 논리학』과는 구성이 다르다. 그러나 초판의 『존재 논리학』에서는 실재성에 대해 현존재를 다루면서 자세히 언급하고 있다. "이렇게 볼 때 즉자적 존재와 대타적 존재는 다 같이 현존재를 구성하는 두 계기이며, 또 그 내적 구별을 의미하는 것이 된다."(『대논리학, -존재론-』, 112쪽).

§12

b) 거기에 존재하고 있는, 즉 현존하고 있는 어떤 것(Etwas)은 타자와 관계를 갖는다.[23] 타자는 어떤 것의 비존재로서의 현존재자이다. 따라서 어떤 것은 먼저 **한계**(*Grenze*)나 **제한**(*Schranke*)을 지니게 되며, 그리하여 **유한적**이다. 어떤 것이 어떻게 즉자적으로 존재해야 하는가가 어떤 것 그 자신의 **규정**이다.[24]

§13

어떤 것이 타자에 대해 어떻게 존재하는가, 어떤 것이 타자와 어떻게 관련되는가, 따라서 어떤 것이 그 자체에 있어 타자를 통하여 어떻게 직접적으로 정립되는가 하는 것이 곧 그 어떤 것 자신의 **성질**(*Beschaffenheit*)이다.[25]

§14

어떤 것이 즉자적으로 어떻게 존재하는가, 마찬가지로 자체 내에서 타자에 대해 어떻게 존재하는가 하는 것이 어떤 것 그 자신의 **규정성**, 혹은

················

23) 원문의 'Etwas, das da ist, (……)'란 말은 'Dasein'을 그렇게 풀어서 쓰고 있는 것이기 때문에 '거기에 존재하는 어떤 것', 즉 '현존하는 어떤 것'이며, '현존재자(das Daseiende)'를 의미한다.

24) 현존하는 어떤 것, 즉 현존재자는 타자와의 관계 속에 존재한다. 이 관계란 어떤 것은 타자의 비존재이고, 타자는 어떤 것의 비존재를 의미한다. 그것이 어떤 것의 한계이고 제한이며, 따라서 어떤 것은 유한적이다. 그리하여 어떤 것이 어떻게 존재해야 하는가가 그 어떤 것의 '**규정**'인 것이다.

25) '성질(Beschafenheit)'에 대해서는 『대논리학』에서도 자세히 다루고 있으며, 다음과 같이 말한다.

"따라서 규정과 성질은 서로 구별된다. 어떤 것은 그 자신의 규정에 따르면 규정성에 대해서는 무관여적이다."(Logik I, 111쪽).

"그러나 규정은 그 자체에 있어 성질로 이행하게 되고, 성질도 규정으로 이행한다."(Logik I, 111쪽).

질이다. 한계란 단지 한갓된 중단만을 의미하는 것이 아니고, 즉자적인 그 어떤 것에 속해 있는 것이다.[26]

§15

c)어떤 것은 그 자신의 질을 통해서, 즉 어떤 것이 **무엇인가**(*was*) 하는 바로 그것을 통해서 **변화**(*Veründerung*)에 직면하게 된다. 어떤 것은 그 자신의 규정성이 타자와의 관련 속에서 그 성질로 되는 한에 있어서 변화한다.[27]

C. 대자존재

§16

변화를 통해 성질 일반이 지양됨으로써, 변화 그 자체도 역시 지양된다. 따라서 존재는 자기 자신으로 복귀하게 되며, 자기 자신으로부터 타자를 배제하게 된다. 존재는 **대자적**(*für sich*)이다.[28]

§17

존재는 **일자**(*Eins*)이며, 이 일자는 오직 자기 자신에만 관계되고 타자에 대립하여 **반발하는 것**(*repellierend*)으로서 상호 관계된다.

....

26) 어떤 것이 지닌 한계란 어떤 것을 그 범위 내에서 한계를 짓게 됨으로써 그것이 중단되기에 이른다는 의미만이 아니라 어떤 것 그 자체가 지니고 있는 규정성이나 질이기도 하다는 의미이다.

27) 앞서 §13에서 언급한 것처럼 어떤 것의 '성질'이란 타자와의 관련을 의미하며, 따라서 어떤 것이 변화한다고 하는 것은 어떤 것이 지닌 그 '성질'로서의 타자와의 관련 속에서 타자화, 곧 변화된다는 것을 의미한다.

28) 『대논리학』에서는 대자존재와 관련하여 다음과 같이 말한다.
"**질적 존재는 대자존재** 속에서 **완성된다**. 그 대자존재는 무한적인 존재이다." (Logik I, 147쪽).

§18

이와 같은 배제는 동시에 타자에 대한 어떠한 관계이며, 따라서 동시에 **견인하는 것**(*attrahierend*)으로서 상호 관계된다. 견인이 없는 어떠한 반발도 없으며, 그 반대도 마찬가지이다.[29)]

§19

나아가 일자의 반발(Repulsion)에 의해서 **다수의** 일자들이 직접적으로 정립된다. 그러나 그 다수의 일자들은 서로 구별되지 않는다. 일자는 다른 일자인 바의 그것이다. 일자는 견인(Attraktion)이 정립됨으로써 곧 그와 같은 다수의 일자들의 지양이다.[30)]

§20

일자는 다른 일자들과는 절대적으로 구별되는 대자적으로 존재하는 일자이다. 그러나 이 구별, 곧 반발은 견인을 통해서 지양되기 때문에, 구별은 **지양된** 구별로서 정립되며, 그리하여 다른 규정으로, 즉 양으로 이행한다.

(어떤 것은 그 자신의 한계가 없이는 아무런 의미도 갖지 못한다. 만일

---

29) 아마 좀 더 일반적으로는 '인력이 없는 척력은 없으며, 그 반대도 마찬가지이다'라고 인력과 척력의 관계로 이해할 수도 있다. 그러나 역학적인 의미의 인력과 척력은 아니며, 따라서 여기서는 임석진의 번역에 따른 것이다(참조, 『대논리학, -존재론-』, 179쪽 이하). 『대논리학』에서는 반발과 견인에 대해 다음과 같이 말한다. "**둘째로**, 일자는 **일자의 다수성**으로 이행하며, ― 이것이 **반발**이며, 일자의 타자존재는 일자 자신의 관념성 속에서 지양된다. ― 이것이 **견인**이다."(Logik I, 147쪽).

30) 이 문단은 일자에 있어서 견인과 반발의 의미를 정리하고 있다. 즉, 일자로부터 벗어나고자 하는 반발은 다수의 일자를 정립하게 되며, 그럼에도 불구하고 그것들은 여전이 동일한 일자에 지나지 않는다. 그것은 동시에 일자로 견인됨으로써 다수의 일자들이 지양되는 것이기도 하다. 『소논리학』에서는 다음과 같이 말한다. "부정자의 자기관계는 **부정적인** 관계이며, 따라서 일자의 자기 자신과의 구별이고, 일자의 **반발**, 즉 **다수의 일자들의** 정립(Setzen *vieler Eins*)이다."(Enz.I, §97, 205쪽).

내가 어떤 것에 대해 그 한계를 변화시킨다면, 어떤 것은 그것이 존재하고 있는 그대로는 더 이상 머물러 있지 못한다. 만일 내가 어떤 **농경지**에 대해서 그 한계를 변화시킨다면, 농경지는 농경지로 머무를 것이고, 다만 얼마간 더 커질 것이다. 그러나 이때 나는 농경지의 한계를 농경지라는 점에서 변화시킨 것은 아니며, 그 정량이란 점에서 변화시킨 것이다. 농경지의 크기를 농경지라는 그 점에서 변화시킨다고 하는 것은, 예컨대 농경지를 **숲**으로 만든다고 하는 것을 의미할 것이다.)[31]

제2편 양

§21

질을 통해서 어떤 것은 그것이 존재하는 바의 바로 그것이다.[32] 질의 변화를 통해 단지 어떤 것에 있어서 혹은 유한자에 있어서 규정만이 변화하는 것이 아니라, 오히려 유한자 그 자체가 변화한다. 그와는 달리 양은 더 이상 사태 그 자체의 본성을 형성하는 규정이 아니고, 오히려 **무관여적인** 구별로서의 규정이며, 그러한 구별의 변화에 있어서도 사태는 사태인 바의 그것으로 머물러 있다.[33]

---

31) 예컨대 농경지의 한계를 변화시킨다고 했을 때, 이때 한계란 그 크기에 있어서의 변화와 농경지 그 자체에 대한 변화를 의미한다. 양과 질의 한계를 구별하여 언급하고 있는 것이다. 즉, 농경지를 넓힌다고 해서 그 질이 변화하는 것은 아니며, 농경지의 한계를 벗어나 숲으로 만들었을 때 그 질은 변화한 것이겠다.

32) 어떤 것에 대한 명명에 있어서도 양적인 의미가 아니라 질적인 의미를 갖는다. 어떤 것의 존재성은 우선은 질을 통해 이루어진다. 그 때문에 『대논리학』에서도 질, 곧 규정성으로부터 다루게 된다.
"질과 양을 비교함으로써 질이 그 본성에 따라 최초의 것이란 것은 쉽게 밝혀질 수 있다. 왜냐하면 양은 이미 부정적으로 생성된 질이기 때문이다." (Logik I, 65쪽).

§22

양은 지양된 대자존재이거나 지양된 일자이다. 따라서 양은 자체 내로의 단절 없는 **연속성**(*Kontinuität*)이다. 그러나 양은 그처럼 일자를 포함하고 있기 때문에, 양은 또한 자체 내에 있어 **분리성**(*Diskretion*)의 계기도 지닌다.[34)]

§23

a) 크기(die Größe)[35)]는 연속적이거나 분리적이다. 그러나 크기의 이 두 **종류들**은 저마다 그 자체에 있어 분리성도 지니는가 하면 연속성도 지니며, 그리고 그 구별은 단지 분리적인 크기, 즉 분리량에 있어서는 분리성이, 그러나 연속적인 크기, 즉 연속량에 있어서는 연속성이 원리를 형성한다는 구별일 뿐이다.[36)]

§24

b) 크기 혹은 양은 한계를 갖는 양이라는 점에서 **정량**(*Quantum*)이다. 이 한계는 즉자대자적으로 규정된 어떠한 것도 아니기 때문에, 정량은

---

33) 이때 양이 '**무관여적인** 구별'로서의 규정이란 말은 구별에는 관여되어 있지 않는 규정이란 의미이며, 따라서 양으로서의 구별이 변화한다고 해도 어떤 것은 어떤 것 그대로 머물러 있게 된다는 의미이다. 즉, 장미꽃은 한 송이이든 열 송이이든 장미꽃일 뿐이다. 집이 한 채이든 두 채이든 그것은 집일 뿐이다(참조, Enz.I, §99, 209쪽).

34) 이때 '*Diskretion*'이란 말은 앞의 '*Kontinuität*'와 대립적인 의미를 갖기 때문에 '불연속성(Diskontinuität)'을 의미한다. 그러나 '*Diskretion*'을, 수학적인 의미에서 'diskret'가 '관련이 없는, 분리된, 개별화된' 등의 의미이기 때문에 '분리성'으로 번역하는 것이 좋지 않을까 한다. 임석진도 그렇게 번역한다(참조, 『대논리학, -존재론-』, 216쪽 이하).

35) 이하에서는 'die Größe'를 통상적인 의미대로 '크기', 또는 '양'으로 번역한다. 그러나 「1. 상급반을 위한 철학 백과전서」의 §31과 §32에서는 잠정적으로 '분량'으로 번역하기도 했다.

무규정적인 것으로 증가될 수도 있는가 하면, 또한 감소될 수도 있다.

§25

자기 내적 존재(Insichsein)의 형식에 있어서 정량의 한계는 **내포**량(die *intensive* Größe)이며, 외면성의 형식에 있어서 정량의 한계는 **외연**량(die *extensive* Größe)이다. 그러나 또한 외연적인 현존재의 형식을 지니지 않는 내포적인 것은 없으며, 그 반대도 마찬가지이다.[37)]

§26

c) 정량은 그 자체에 있어 규정된 어떠한 한계도 지니지 않는다. 따라서 정량을 초월한 보다 큰 정량이나 보다 작은 정량이 정립될 수 없는 그러한 어떤 정량이란 존재하지 않는다. 궁극적인 정량을 초월한 보다 큰 정량이나 보다 작은 정량이 **당위적으로**(*soll*) 정립되어서는 안 되며, 그러한 궁극적인 정량이어야만 하는 정량은 통상적으로 **무한대**(das *unend-*

....

36) 이 문단에서 '분리적인 크기(diskrete Größe)'를 '분리량'으로, '연속적인 크기(kontinuierliche Größe)'를 '연속량'으로 번역할 수도 있다. 임석진은 그렇게 번역한다(참조, 『대논리학, -존재론-』, 216쪽 이하). 『대논리학』에서도 이에 대해 자세히 다루고 있다. 그 의미는 분리량에 있어서는 분리성이, 연속량에 있어서는 연속성이 그 원리를 이루지만, 그럼에도 불구하고 분리량이 분리성뿐만 아니라 연속성도, 마찬가지로 연속량이 연속성뿐만 아니라 분리성도 동시에 지닌다. 이와 관련하여 『대논리학』이나 『소논리학』에서는 다음과 같이 말한다.
"양은 연속성과 분리성이라는 두 계기들을 포함한다. 양은 그 자신의 규정들로서의 이 두 계기들 속에서 정립되지 않으면 안 된다." (Logik I, 193쪽).
"양은 우선 그 자신의 자기 자신에 대한 직접적인 관계에 있어서, 또는 견인을 통해 정립된 자기 동등성의 규정에 있어서 **연속**량이다. 양은 그 자신 속에 포함되어 있는 일자의 다른 규정에 있어서는 분리량이다." (Enz.I, §100, 212쪽).

37) 이 문단과 관련하여 『소논리학』에서는 다음과 같이 말한다.
"**한계**는 정량 그 자체의 전체와 동일하다. 한계는 **자체 속에** 여럿이라는 점에서는 **외연**량이지만, 자체 속에서 **단일한** 규정성이란 점에서는 **내포**량, 또는 **도**(度, Grad)이다." (Enz.I, §103, 216쪽).

lich Große)나 **무한소**(das *unendlich Kleine*)를 의미한다.[38]

§27

그러나 그 때문에 일반적으로는 어떠한 정량이 존재한다는 것이 중단되고 마는 것이며, 곧 그 자체에 있어 영(0)으로 되는 것이다. 정량은 역시 어떠한 상호관계의 규정으로서의 의미만을 지닐 뿐이며, 그 속에서 정량은 그 자체에 있어 더 이상 아무런 크기도 지니지 않으며, 단지 타자와의 관계에 있어서만 어떤 규정을 지닐 뿐이다. 이것이 바로 **수학적인 무한자**(das *mathematisch Unendliche*)에 대한 보다 정확한 개념이다.

§28

무한자 일반은 무한누진(無限累進, der unendliche Progreß) 속에서 우선 질적 제한이든 양적 제한이든 제한의 지양이며, 그리하여 이 제한은 긍정자로 간주됨으로써 부정에 대립하여 언제나 다시금 발생하게 된다.[39] 그러나 **참된 무한자**(das *wahrhaft Unendliche*)는 제한이 곧 부정으로 포착됨으로써 **부정의 부정**(die *Negation der Negation*)을 의미한다. 참

38) 정량(定量)이란 규정된 양이며, 한계를 갖는 양이다. 그러나 그 자체에 있어서는 어떠한 규정된 한계도 지니지 않는다. 따라서 보다 큰 정량이나 보다 더 작은 정량이 정립될 수 있지만, 그것은 궁극적인 정량을 초월하여 보다 큰 정량이라든가 보다 적은 정량일 수는 없다. 궁극적인 정량으로서의 무한대나 무한소는 악무한적인 그러한 '당위'에 지나지 않을 뿐이다. '정량의 무한성'에 대해 『대논리학』에서는 다음과 같이 말한다.
"**무한대**나 **무한소**로서의 **무한적 정량**은 그 자체 즉자적으로는 무한누진(無限累進, der unendliche Progreß)이다. 그것은 어떤 큰 것이나 작은 것으로서의 정량이며, 동시에 정량의 비존재이다."(Logik I, 236쪽).
"**무한계열**은 이를테면 악무한성을 포함한다. 왜냐하면 그 계열이 표현하고자 하는 그것은 **당위**(Sollen)에 머무르기 마련이며, 계열이 표현하는 그것은 소멸하지 않는 피안에 얽매인 채 당위적으로 표현되어야 하는 그것과는 상이하기 때문이다."(Logik I, 248쪽).

된 무한자에 있어서는 유한자를 초월하여 나아가게 됨으로써 또다시 새로운 제한이 정립되는 것이 아니고, 오히려 제한을 지양함으로써 현존재가 자기 동등성으로 회복되는 것이다.[40)]

§29〔29〕[41)]

정량은 무한자 속에서 지양됨으로써, 곧 이것은 정량을 형성하는 무관여적인 외적 규정이 지양되고, 그리하여 내면적 규정으로, 즉 질적 규정으로 화하게 된다는 의미를 갖는다.[42)]

39) 악무한의 경우를 말한 것이겠다. 즉, 유한자의 부정으로서의 무한자란 무한적인 누진 속에서 그 제한이 지양된 것이지만, 그러나 그때마다 제한의 지양은 제한 그 자체가 유한자란 의미에서 긍정자로 간주되며, 무한자에 대립하여 언제나 다시금 되풀이해서 나타나곤 한다.
"이와 같은 정량 그 자신의 탈자존재(Außersichsein)는 우선은 정량 일반의 추상적인 비존재, 즉 악무한성이다." (Logik I, 236~237쪽).

40) 진무한의 경우, 무한자에 대한 제한 그 자체가 부정인 것이기 때문에 부정으로서의 무한자와 그에 대한 부정으로서의 제한, 따라서 부정의 부정이 바로 진무한이다. 그것은 현존재의 자기복귀, 또는 자기 동등성이 실현되는 무한자이기도 하다.
"무한자, 즉 부정의 부정으로서의 긍정은 존재와 무, 어떤 것과 타자 등등과 같은 추상적인 측면들 대신에, 이제 질과 양을 그 자신의 측면들로 지니게 되었다." (Enz.I, §111, 228쪽).

41) (원주) 여기서부터 텍스트는 호프마이스터의 수고본에 따라 이어진다. 로젠크란츠의 텍스트에서 벗어난 것들은 그럴 만한 의미가 있을 때에만 언급할 것이다. 이 텍스트 이외의 첨가된 부분들은 꺾음괄호, 즉 '〈 〉'로 표시한다. — 이어지는 문단 번호는 수고본 속에 연필로 쓰여 있다(호프마이스터는 로젠크란츠의 것으로 추측한다). 대괄호, 즉 '〔〕' 속의 번호는 로젠크란츠의 텍스트에 따른 것이다.

42) 이와 관련하여 『대논리학』에서는 다음과 같이 말한다.
"무한누진 속에서 비존재의 공허한 의미만을 지닌, 즉 도달할 수는 없지만 그러나 부단히 추구되는 피안의 공허한 의미만을 지닌 무한자는 실제로는 질 이외에 어떤 다른 것이 아니다." (Logik I, 238쪽).

제3편[43] 도량

§30〔30〕

도량(Maß)은 그것이 외면적이 아니라 사태의 본성을 통해서, 즉 질을 통해서 규정되는 한에 있어서 비율적 정량(比率的 定量, ein spezifisches Quantum)이다.[44]

§31〔31〕

도량 내부에서 이루어지는 정량의 변화 속에서, 즉 그 증가나 감소 속에서 비율화가 나타나게 된다. 왜냐하면 크기의 외면적이고 무관여적인 상승과 하강(das äußerliche gleichgültige Auf-und Abgehen der Größe)은 동시에 사태의 본성을 통해 그 자체로부터 규정되면서 양상을 달리하기 때문이다.[45]

§32〔32〕

어떠한 사태의 도량이 변화됨으로써 사태 그 자체도 변화한다. 그리고 어떤 것이 그의 도량을 초월하여 증가하거나 감소되면서, 즉 그 자신

....

43) (원주)수고본에는 '제3편' 대신에 "C."로 되어 있다.

44) 'Maß'란 말은 '질량', '한도' 등 여러 번역어가 사용되고 있으나 '도량'이나 '척도'란 번역어가 적절하지 않을까 한다. 여기서는 '도량(度量)'으로 번역한다. 도량이란 질적인 양, 또는 질적인 정량이며, 그런 의미에서 질과 양의 통일이다(참조, Logik I, 336쪽).

또한 'ein spezifisches Quantum'을 '비율적 정량(比率的 定量)'으로 번역한다(참조,『대논리학, -존재론-』, 336쪽 이하).「I. 상급반을 위한 철학 백과전서」의 §32에서는 '비율적 분량(比率的 分量, spezifische Größe)'이란 말이 있었다.『대논리학』에서는 다음과 같이 말한다.

"질적인 양은 **첫째** 직접적인 **비율적 정량**이다.

둘째로, 타자에 대한 관계로서의 정량은 양적인 비율화가 되며, 즉 무관여적인 정량이 지양되기에 이른다."(Logik I, 342쪽).

의 도량을 초월하여 나아감으로써 그 어떤 것은 소멸한다.

45) 도량이란 수학적인 의미로 말한다면 일종의 비례관계이다. 이때 관계되는, 즉 비교되는 두 수는 서로 자립적으로 존재하는 것이 아니라 그 비례관계 속에서 존립하며, 그 역시 하나의 양을 의미한다. 예컨대 3과 6은 비례관계에서 보면 2이다. 그러나 3과 6은 그 비례관계로서의 2에 대해서는 각각 외면적이며 무관여적이다. 따라서 2는 양적인 규정이기도 하지만 단순한 수적 의미를 떠나 어떤 질적인 규정도 담지한다.

"비례관계의 두 측면들은 직접적인 정량들이며, 질적인 규정과 양적인 규정은 또한 서로 외면적이다."(Enz.I, §106, 223쪽).

즉, 비례관계에 있는 두 수는 각각 정량이며, 그 두 수 자체는 비례관계라는 의미에 있어서는 양적인 규정도 질적인 규정도 아니다. 이때 양적 규정은 비례관계 속에서 나타나며, 그러나 그 관계는 질에 의하여 달라지며, 비례관계에 있는 두 수의 의미도 전혀 달라진다. 이와 같은 비례관계에 있어 크기의 증감이라는 것은 사태의 본성, 곧 질에 의하여 그 양상 또한 달라진다(참조, Enz.I, §105, 보론, 222~223쪽).

제2부
본질

§33〔33〕

본질은 존재가 그 자신의 직접성으로부터 자기 자신으로 복귀하여 회복된 존재(das aus seiner Unmittelbarkeit in sich zurückgenommene Sein)이며, 존재 그 자신의 규정들이 단순한 통일 속에서 지양된 존재이다.

제1편 본질의 규정들[46)]

§34

규정들이 직접적인 존재에 속하면서도, 내적인 통일 속에 포함되어 있

....

46) 이 '본질의 규정들'이란 『대논리학』에 따르면 '반성규정들'을 의미한다. 동일성이나 구별, 대립, 모순 등이 그것들이다. 「1. 상급반을 위한 철학 백과전서」의 §36 이하에서는 '명제'라는 표현으로, 그리고 「3. 하급반을 위한 논리학」의 §23 이하에서는 '대상 일반의 본질적인 규정'이란 표현으로 이와 같은 '본질의 규정들'의 의미를 다루고 있다.

지 않는 한에 있어서, 그러한 규정들은 비본질적인 규정들이며 본질과는 구별된다.

§35

본질적인 규정들이 본질의 통일 속에 포함되어 있기 때문에 그들 규정의 현존재는 **피정립적 존재**(*Gesetztsein*)이다. 다시 말해 그들 규정은 그 자신의 현존재 속에서 직접적이고도 대자적으로 존재하는 것이 아니라, 오히려 매개되어 있다. 따라서 그것이 곧 반성들의 형식에 있어서 사유규정들이다.[47)]

§36〔35〕

1. 최초의 규정은 자기 자신과의 본질적인 통일, 곧 **동일성**이다. 동일성의 명제로서 언표되는 것은 다음과 같다. 즉, A=A이다. 또는 부정적으로는 모순의 명제로서 다음과 같이 언표된다. 즉, A는 A이면서 동시에 비A일 수는 없다.[48)]

§37〔36〕

2. **상이성**의 규정, 즉 상호 무관여적이면서 어떠한 규정성을 통해 구별

47) (원주)로젠크란츠의 텍스트에는 다음과 같이 되어 있다.
"§34. 본질은 자기 자신 속으로 가현하면서 스스로를 규정한다. 그러나 본질 자신의 규정들은 통일을 이루고 있다. 그들 규정은 단지 **피정립적 존재**(*Gesetztsein*)일 뿐이며, 다시 말해 그 자체로써 직접적으로 존재하는 것이 아니고, 그들 자신의 통일 속에 머물러 있는 그러한 규정들인 것이다. 따라서 그들 규정은 **관계들**이다. 그것이 곧 반성규정들이다."

48) 『대논리학』에 따르면 이 부분은 '반성규정들', 또는 '본질성들'을 다루고 있는 부분이며, 형식논리학의 원리론에서 '사유의 근본원리'에 해당한다. 다만 형식논리학과는 달리 동일률과 모순율을 구분하지 않고 함께 다루고 있다는 점에서 차이가 있다. 물론 『대논리학』에서도 동일률과 모순율은 함께 다룬다(참조, Logik II, 23쪽 이하).

되는 현존재의 규정. 상이성의 규정을 언표하는 명제는 다음과 같다. 즉, 서로 동등한 두 사물은 존재하지 않는다.

3. **상호대립.**[49] 긍정자와 부정자로서의 상호대립 속에서 그 하나의 것의 규정성은 오직 그 다른 것의 규정성에 의해서만 정립될 뿐이며, 그들 규정성은 저마다 그 다른 규정성이 존재하는 한에 있어서만 동시에 존재하지만, 그러나 어느 한 규정성이 그 다른 규정성이 아닌 한에 있어서 저마다 각각 존재할 뿐이다. 명제에 있어서는 다음과 같이 언표된다. 즉, 어떤 것은 A이거나 비A이며, 제3자는 존재하지 않는다(배중률, Der Satz *exclusi tertii*).[50]

§38〔37〕

4. 정립된 규정들 일반이 그 속에 지양되어 있는 제3자는 그러한 한에서 **근거**이기도 한 본질이다. 근거의 명제는 다음과 같다. 즉, 모든 것은 **그 자신의 충분한 근거**를 갖는다.[51]

(근거는 정립 활동을 하는 것, 곧 정립자 일반이며, 어떤 것이 정립자를 통해 현존재에 이르게 되는 한에 있어서 그러하다.[52] 이때의 정립자는 존재에 있어서의 생성과 마찬가지로 상호대립적인 규정들로의 어떠한 이행을 의미하는 것은 아니며, 오히려 그들 규정 속에 깃들어 있는 관

....

49) (원주)〔여백에〕아버지, 아들. 형(그 자체인 한에서는 형이 아니다)
(역주)아버지는 그 자체로서 아버지인 것이 아니라 아들에 대해서 아버지이며, 아들 또한 마찬가지이다. 형도 동생에 대해 형이며, 동생도 형에 대해 동생이다.

50) 여기와는 달리 『대논리학』에서는 배중률이 모순을 다루면서 그 주석에서 다루어진다(참조, Logik II, 56~57쪽). 『대논리학』에서 본질성들, 또는 반성규정들은 동일성에서 구별로, 그리고 구별에서 절대적 구별, 상이성, 상호대립, 모순으로 이행한다. 그리하여 다시 모순으로부터 근거로 이행해간다(참조, Logik II, 23쪽 이하).

51) 형식논리학의 충족이유율을 의미한다.

52) 'das Setzende'를 '정립 활동을 하는 것', 또는 '정립자'라고 번역한다. 따라서 이 문장의 의미는 어떤 것이 정립 활동을 통해 현존재에 이르게 된다는 점에서 근거는 그와 같은 정립 활동을 하는 것, 곧 정립자이다.

계의 통일이다. 정립된 현존재가 비록 그 자신의 근거와는 상이한 어떤 형태일 수 있다고 하더라도, 정립된 현존재는 동시에 그 근거 속에 포함되어 있지 않으면 안 된다.)

§39〔38〕

직접적인 현존재가 한낱 정립된 현존재로 간주되는 한에 있어서, 현존재로부터 본질 속으로의 복귀가, 혹은 근거로의 복귀가 이루어진다. 이때 전자, 곧 직접적인 현존재는 최초의 것, 즉 그로부터 출발하게 되는 최초의 것이다. 그러나 이와 같은 복귀 속에서 오히려 최초의 것일 수도 있는 후자, 곧 정립된 현존재는 지양되며, 따라서 근거가 최초의 것이자 본질적인 것으로 인식되기에 이른다.

§40〔39〕

근거는 그 자신의 본질적인 규정들에 따른다면 그 자신을 통해 근거지어진 바의 그것을 포함한다. 근거와 피근거자의 관계는 〔통일〕인 것이며, 비록 근거 지어진 현존재가 역시 어떠한 현존재이기도 한 그 자신의 근거와는 상이한 형태를 지닌다고 하더라도, 그 관계가 상호대립적인 것으로의 이행은 아닌 것이다. 그 중심규정(die Hauptbestimmung)은 그들 양자의 공통적인 내용이다.

어떤 것이 자기 자신을 근거로 삼게 된다는 것은 바로 그 본래적인 의미에 있어서는 여기에 해당하는 것이기도 하다.[53]

....

53) 이와 같이 몇몇 문단들의 하단에 약간 작은 글씨체로 첨부한 글들은 앞에서 언급한 대로 헤겔이 여백에 써놓은 것이며, 그 내용은 매우 암시적으로 구성되어 있기 때문에 온전한 번역은 불가능하다. 따라서 확실하다고 판단되는 내용의 문장 이외에는 암시적인 낱말이나 문장 그대로 번역하여 첨부하는 것으로 만족할 수밖에 없다.

제2편 현상

A. 사물

§41

근거는 우선 구별된 규정들의 단순한 통일이며, 따라서 그들 규정은 근거 속에서 상호 외적으로 존재하는 것이 아니며, 상호 분리되어 있는 것도 아니다. 그들 규정은 근거 속에서 지양된 규정들의 형식을 지닌다. 그리고 근거는 그들 규정의 존립을 형성한다. 현존재적인 것으로서의 이와 같은 전체가 곧 수많은 **특성들**로 이루어진 어떠한 **사물**(ein *Ding* von vielen *Eigenschaften*)이다.[54)]

§42

사물은 근거로부터 벗어나 현존재로 나아간다. 이때 근거가 자기 자신으로 복귀하게 되는 정립 작용이거나, 또는 〔자기 자신과〕 동일하게 된 구별인 한에 있어서, 따라서 근거가 다시 회복된 직접성이자 어떠한

....

54) '사물과 그의 특성들'이란 표제로 『대논리학』의 『본질 논리학』에서도 '실존'의 장에서 다룬다. 이때 '특성들'이라고 옮긴 'Eigenschaften'을 임석진도 '특성들'이라고 옮기며, 여기서도 그에 따른다(『대논리학, -본질론-』, 178쪽 이하). 'Eigenschaft'는 『대논리학』의 『존재 논리학』에서, 그리고 앞에서의 §13에서 언급한 '성질(Beschaffenheit)'이란 말에 상응한 개념이며, 그 때문에 '특성'으로 번역한 것이 아닌가 한다(참조, Logik I, 110쪽 이하). 특히 『대논리학』의 『본질 논리학』에서 '실체'를 다루면서 '속성(Attribut)'이란 말이 나오며, 그와 구별하여 'Eigenschaft'를 '특성'으로 번역한 것이기도 하다(참조, Logik II, 160쪽 이하). 일본에서도 'Eigenschaft'를 '특성'으로, 'Attribut'를 '속성'으로 구분하여 번역한다(참조, ヘーゲル, 武市健人 譯, 改譯 大論理學, 中卷, 岩波書店, 1994, 148쪽 이하, 218쪽 이하). 「1. 상급반을 위한 철학 백과전서」 §49에서 실체를 다루면서 그의 '속성'에 대해 간단히 언급하고 있으며, 다른 곳에서는 그렇게 자주 언급하고 있지는 않다. "사물은 **특성들**을 지닌다. **첫째**로, 특성들은 **타자**에 대한 사물 자신의 규정된 관계이다."(Logik II, 110쪽).

현존재, 곧 그 자체 직접적인 것이 아니고 실존이라고 부를 수 있는 어떠한 현존재인 한에 있어서 그러하다.

실존은 지양된 매개를 통해서 매개된다. 근거는 그 자신의 실존 속에서 근거로 향해 간다. (근거는 사라지지 않는다는 사실을 우리는 곧잘 표상하게 되는바, 왜냐하면 근거는 그 자신의 내용에 따라 존속하는 것이기 때문이다).[55]

§43〔42〕

사물의 특성들은 사물 그 자신의 실존의 규정들이며, 이들 규정은 상호 무관여적인 상이성을 지닌다. 그리고 마찬가지로 사물은 단순한 자기 동일성이란 점에서 무규정적이며, 규정들로서의 특성들에 대해서도 무관여적이다.[56]

특성들 그 자신의 존립의 무관여성이 사물이며, **또 역시**(*auch*)를 의미하기도 한다. 즉, 사물은 그것이 실존하기 이전부터 **존재한다.**[57]

§44〔43〕

규정들이란 물성(物性, Dingheit)을 통하여 자기 자신과 동일하게 된다. 그리고 사물은 자기 자신과 물성의 이와 같은 동일성 이외에 아무것도 아니다. 왜냐하면 이 동일성은 그 자체로는 고립적이어서 아무런 진

....

55) (원주)로젠크란츠의 텍스트에는 다음과 같이 쓰여 있다.
"§40. 근거는 그 자신의 내면적인 규정을 통해 현존재로 정립되어가며, 이때 현존재는 근거로부터 출현하게 된 것이란 점에서 실존이기도 하다.
§41. 실존의 규정들 전체로서의 실존적인 것이 **사물**이다."

56) 사물이 지닌 특성들 상호 간에도 무관여적이지만, 사물 자체 또한 그 자신의 특성들에 대해서도 관여되어 있지 않다. 즉, 자기 동등성으로서의 무규정적인 사물은 그 특성들에 대해서도 관여되어 있지 않다. 『소논리학』에서는 다음과 같이 말한다. "**사물**이란 근거와 실존이라는 규정들이 일자 속에 정립된 채 그것이 전개되어가는 것으로서의 총체성이다."(Enz.I, §125, 256쪽).

리도 지니지 않기 때문이다. 따라서 사물은 그 때문에 그 자체로서 존립하는 물질들 속으로 해소됨으로써 그 자신의 특성들에 있어 해소되기에 이른다.[58)]

§45〔44〕

그러나 물질들이 사물의 통일 속으로 결합되어감으로써, 〔그것들은〕 상호 침투하게 되며 (물질들은 절대적으로 다공적이며), 상호 내부 속으로 해소되기에 이른다.[59)] 따라서 사물은 그 자체 내의 이와 같은 모순이거나 즉자적으로 한낱 해소된 사물로서, 즉 현상으로서 정립된다.

....

57) 무규정적인 사물은 그 특성들의 존립에 대해서도 관여되어 있지 않다. 사물이 그의 특성들에 관여되어 있지 않다는 것은 사물이 실존하기 이전부터 존재한다는 것, 즉 사물이 어떤 특성들로 이루어지지만, 그 특성들의 존립에 대해 관여되어 있지 않기 때문에 또 다른 특성들로 이루어지기도 하는 것이며, 따라서 사물의 실존이 갖는 구별을 벗어나 있다는 의미가 아닌가 한다. 이때 '**또 역시**(*auch*)'란 말이 강조된 것은 '무관여성'이란 말과 관련하여 사물로서의 제한을 벗어난다는 의미이기도 하지만, 그것이 실존으로 규정되기 이전의 사물의 존재성을 의미한다는 것을 강조하고 있는 표현이다. 『대논리학』에서는 사물에 대해 물질과 관련하여, 그리고 '또 역시'와 관련하여 다음과 같이 말한다.
"물질은 **이 특정한** 사물을 **초월하여** 나아가며, 다른 사물들 속으로 연속적으로 이어져가게 되고, 이 사물에 속하는 것이 아무런 물질의 제한도 되지 못한다." (Logik II, 116~117쪽).
"사물은 원소의 어떠한 정량으로 **이루어지며, 또 역시** 다른 원소의 정량으로 이루어지는가 하면, **또 역시** 다른 원소의 정량으로 이루어진다. 아무런 연관도 지니지 않는 이와 같은 연관을 오직 사물만이 형성한다." (Logik II, 117쪽).
"물질들은 모두 **점성**(**Punktualität**) 속에서 존재하며, 그들 물질의 **또 역시**(das **Auch**)나 혹은 그 연장은 오직 이와 같은 점성에 지나지 않는다. 왜냐하면 물성으로서의 그 또 역시는 본질적으로 부정적 통일로서 규정되기 때문이다." (Logik II, 119쪽).

58) 앞 문단에서 사물의 특성들은 그의 실존의 규정들이라고 했다. 그와 같은 특성들로서의 규정들이란 물성을 통해 자기 자신과 동일하게 된다. 물성을 통한 사물의 자기 동일성은 동일성 그 자체로서는 아무런 진리일 수도 없기 때문에 사물은 결국 그 자체로서 존립하는 물질들 속으로 해소되기에 이른다. 『대논리학』에서는 다음과 같이 말한다.
"따라서 사물은 **이것**으로서의 사물이 되는 그의 절대적 규정성 속에서 한낱 해소될 수밖에 없는 사물인 것이다." (Logik II, 117쪽).

B. 현상[60]

§46

1. 사물이면서도 물질들이기도 한 그 자기 동일성은 해소된다.[61] 따라서 규정들은 즉자적으로 존재하는 것이 아니라 단지 어떤 타자 속에서만 존재할 뿐인 그러한 규정들이다. 이들 규정은 단지 정립된 규정들로서만 존재하거나 혹은 현상으로서만 존재한다.

2. 현상에 있어서의 자기 동일성은 무규정적인 것이고, 그저 규정을 받아들이는 한갓된 능력이며,[62] 수동적인 것(das Passive), 곧 **질료**(*Materie*)이다. 상호적인 관계에 있어서 규정들의 동일성이 능동적인 것(das Aktive), 곧 **형식**(*Form*)을 형성한다.[63]

....

59) 사물을 이루고 있는 물질들은 '또 역시'와 마찬가지로 '다공적(多孔的, porös)'이며, 따라서 그와 같은 물질들의 결합은 다공성을 통해 상호 침투함으로써 해소된다. "사물 그 자체는 고유한 척도나 형식이 없는 절대적 다공성(die absolute Porosität)이다."(Logik II, 117쪽).

60) (원주)로젠크란츠에 있어서는 이 표제 아래의 §§45~48까지는 다른 양식을 취하고 있으며, 특히 텍스트가 변형되어 있고 축약되어 있다.

61) "Die Identität mit sich selbst, welche sowohl das Ding als die Materien, ist aufgelöst; (……)"
사물은 물질들로 이루어져 있으며, 물질들은 다공성(Porosität)으로 말미암아 서로 침투하면서 해소되기에 이른다. 따라서 물질들의 통일로서의 사물 또한 해소되는 것이며, 그런 의미에서 물질들의 자기 동일성과 마찬가지로 사물의 자기 동일성 역시 해소된다는 의미이다.

62) "(……) das Unbestimmte und der Bestimmung schlechthin Fähige, (……)"
이는 '수동적인 것'이란 말과 관련하여 이해해야 할 것이며, '무규정적인 것이고 그저 규정을 받아들이는 한갓된 능력'으로 번역한다.

63) 형식과 질료의 관계에 대해서는 『대논리학』에 따르면 '현상' 속에서 다루는 것이 아니라 '근거' 속에서 다룬다(참조, Logik II, 70쪽 이하). 그러나 『소논리학』에서는 '사물'을 다루면서 형식과 질료를 서술하고 있으며(참조, Enz.I, §129, 260쪽), 여기서도 『소논리학』에서와 큰 차이 없이 '현상' 속에서 다루고 있다. 또한 'Materie'란 말도 사물과 관련하여서는 '물질'로, 형식과 관련하여서는 '질료'로 번역한다.
"—무관여적인 것으로 규정된 것인 질료는 **능동적인 것**(Tätiges)으로서의 형식에 대립해 있는 **수동적인 것**(das Passive)이다."(Logik II, 71쪽).

§47

본질은 현상하지 않으면 안 된다. 왜냐하면 한편으로는 현존재가 그 자체에 있어 해소되면서 그 자신의 근거로 복귀하기 때문이며, — 이것이 부정적 현상(die negative Erscheinung)이다.[64] 다른 한편으로는 근거로서의 본질은 단순한 직접성이며, 그를 통해 본질이 존재 일반을 의미하는 한에 있어서 본질은 현상하지 않으면 안 된다. — 근거와 실존의 동일성 때문에 본질 속에 존재하지 않는 그 어떤 것도 현상 속에 존재하지 않으며, 그와 반대로 현상 속에 존재하지 않는 그 어떤 것도 본질 속에 존재하지 않는다.

§48

질료가 형식에 의하여 규정됨으로써, 그 양자는 자립적이고도 독립적인 것으로서 상호 전제하게 된다. 그러나 질료 없는 그 어떤 형식도 존재하지 않으며, 형식 없는 그 어떤 질료도 존재하지 않는다. 〈질료와 형식은 **상호적으로** 서로를 산출한다.〉

§49

질료의 영원성(Ewigkeit der Materie).[65]

§50

형식은 질료를 규정한다. 형식은 어떤 타자에 대하여, 곧 질료에 대하여 활동적(tätig)이다.[66] 이 활동성은 다음과 같은 이중적인 방식을 띠고 있는 반성작용이다.

---

64) 이에 대해 『대논리학』에서는 다음과 같이 말한다.
"따라서 실존하는 것은 그 자신의 부정을 통한, 그리고 이와 같은 그 자신의 부정의 부정을 통한 자기 자신으로의 복귀이다." (Logik II, 124쪽).

1. 형식은 규정들을 질료 속으로 끌어들여 정립한다. 즉, 이들 규정은 질료 속에서 존립하거나, 또는 형식이 규정들 자체의 이와 같은 존립을 형성한다.[67] 그러나 이 규정들은 그들의 통일과 관계되어 있는 (형식에 속한) 이와 같은 외면성 속에 머물러 있거나, 또는 반성된 규정들인가 하면, 형식은 전적으로 그들 규정의 자기 자신과의 통일 속에 머물러 있다.

....

65) '질료의 영원성', 또는 '물질의 영원성'이란 말이 이때 무엇을 뜻하는지 이해하기는 어렵다. 다만 앞에서 'Materie'란 말을 사물과 관련하여서는 '물질'로, 형식과 관련하여서는 '질료'로 번역하였으며, 여기에서 형식과 질료의 관계를 서술하고 있기 때문에 '질료의 영원성'으로 번역한 것이다. 물론 『대논리학』이나 『소논리학』에서 형식과 질료의 관계를 다루면서 '질료의 영원성'에 대해 따로 언급하고 있지는 않으며, 물자체로서의 질료란 의미에서 그렇게 언급하고 있는 것이 아닌가 한다. 그에 대해 『대논리학』과 『소논리학』에서는 다음과 같이 말한다.
"그러나 그 때문에 그 양자(형식과 질료 - 역자)는 외면적이고도 우연적으로 서로 맞서 **있는 것은** 아니다. 질료도 형식도 자기 자신에만 기인하여 존재하는 것은 아니며, 달리 말해 자기 자신만으로 **영원히** 존재하는 것이 아니다."(Logik II, 70쪽).
"이와 같은 하나의 질료, 곧 몰규정적인 질료는 물자체인 바의 그것과 동일한 것이다. 이 후자, 즉 물자체는 단지 그 자체에 있어 완전히 추상적인 것으로서의 물자체일 뿐이며, 전자는, 다시 말해 질료는 즉자적으로 역시 대타적인 것(für-Anderes)에 대한, 즉 형식에 대한 존재자로서의 질료이다."(Enz.I, §128, 259쪽).

66) 이때 '형식이 타자, 곧 질료에 대하여 활동적'이란 말은 두 가지 의미를 함축한다. 즉, 형식은 질료를 향하여 활동적이란 의미와 형식은 수동적인 질료에 대립하여 능동적이란 의미가 그것이다. 따라서 'tätig'를 '능동적'이라고 번역해도 좋을 것이다(참조, 「2. 중급반을 위한 논리학」 §〔13/45〕).

67) 이 문장의 원문은 다음과 같다.
"Die Form setzt Bestimmungen in die Materie ; diese Bestimmungen erhalten Bestehen in derselben, oder sie macht dies Bestehen derselben selbst aus."
형식의 활동성, 또는 그 능동성은 규정들을 질료 속으로 끌어들여 정립함으로써 질료가 그러한 규정들이 되도록 한다. 다시 말해 형식의 활동성을 통해 질료를 규정들로서 정립하는 것이다. 형식의 활동성에 대해 『대논리학』에서는 다음과 같이 말한다.
"따라서 질료를 규정하는 **형식의 활동성**은 자기 자신에 대립한 형식의 부정적인 상태 속에 존립한다."(Logik II, 73쪽).
"**형식의 활동성**으로서 현상하는 이와 같은 것은 더 나아가 **질료** 자체의 **고유한 운동**이기도 하다."(Logik II, 73쪽).

§51

2. 형식이 질료에 관계됨으로써, 동시에 질료는 타자로서의 형식에 관계된다. 그러나 질료는 자기 자신과의 동일성이다. 따라서 형식은 규정하는 것으로서 자기 동일성에 관계되거나, 또는 그와 더불어 자체 내로 자기 자신을 반성하게 된다. 그리고 이때의 동일성이 비로소 이와 같은 반성을 통해 존재하게 되는 것이다. 그리하여 질료는 형식의 규정작용을 통해 산출된다.[68] 질료는 따라서 규정작용에 있어 전제된 것이기는 하지만, 그러나 형식의 활동성을 통하여 지양된 전제이고 그 결과로 되는 전제인 것이다.

형식은 그것이 힘과 대립되어 있는 한에 있어서 유한적이며, 그 자체에 있어 자신의 한계를 지닌다. 그 외부에 형식이 존재하고 있는 질료 또한 마찬가지로 유한적 질료이다. — 형식은 질료에 대립하여, 그리고 자기 자신에 대립하여 긍정적으로도 부정적으로도 관계한다. 즉 형식은, α)질료에 대립하여, αα)긍정적으로는, 형식 그 자신의 고유한 규정들을 정립하며, ββ)부정적으로는, 질료의 무규정성을 지양한다. 형식은 β)자기 자신에 대립하여, αα)긍정적으로는, 형식 그 자신의 고유한 규정들, 곧 자기반성을 정립하며, ββ)부정적으로는, 형식 그 자신의 부정적 자기 동일성을 지양한다. 그리하여 형식은 그 자신의 규정들에 그 존립성(Bestehen)을, 곧 질료성(Materialität)을 부여한다.

§52

형식과 질료의 이와 같은 본질적 통일에 있어서, 형식은 그의 규정들의 필연적인 관계라는 점에서 현상의 **법칙**(das *Gesetz* der Erscheinung)

68) (원주)〔여백에〕 질료는 이미 앞의 1. 속에 존재하고 있으며, 이를테면 형식의 자기반성으로서 존재한다.

이다.[69]

형식과 질료는 그것들이 사태로부터, 즉 그들의 통일로부터 분리되어 있는 한에 있어서 비본질적이다.

형식의 규정 아래 정립된 것으로서 현상하는 것은, 즉 형식화된 것(das Geformte)은 형식 그 자체와는 구별되는 **내용**을 형성한다. 왜냐하면 이 형식이 내용에 대립하여 어떠한 외면적인 관계로서 현상하기 때문이다.

§53

더 나아가 형식을 통하여 정립된 규정들이 자기 자신과 동일적이거나 질료적이기 때문에, 그들 규정은 자립적인 실존으로 현상하며, 그리고 그들 규정의 상호적인 관계는 **상호관계**(*Verhältnis*)를 형성한다.

형식과 질료는 이때 서로 구별되어 있는 것이 아니고, 오히려 그들의 통일과 구별되어 있다.

C. 상호관계[70]

§54〔49〕

상호관계란 두 측면들의 상호적인 관계이다. 그들 두 측면은 한편으

69) '현상의 법칙'에 대해서는 『대논리학』에서도 자세히 나루고 있다.
"이와 같은 동일성은, 즉 법칙을 형성하는 현상의 근저는 현상 그 자신의 고유한 계기이다. 이 계기가 실존을 현상으로 되도록 하는 본질성의 긍정적인 측면이다."(Logik II, 127쪽).

70) 『대논리학』에서는 '본질적인 상호관계'란 제목으로 '전체와 부분의 상호관계', '힘과 그 발현의 상호관계', '외적인 것과 내적인 것의 상호관계'를 다룬다(참조, Logik II, 136쪽 이하). 이와 같은 구도는 물론 『소논리학』에서도 마찬가지이다(참조, Enz.I, §135~§141, 267~279쪽).

로는 무관여적인 존립 상태를 유지하게 되지만, 그러나 다른 한편으로는 그 두 측면들 저마다가 오직 다른 측면을 통해서만 존재하게 되고, 규정된 존재의 이와 같은 통일 속에서 존재한다.

상호관계는 현상이다.

§55〔50〕

규정들이란, 한 번은 상호관계의 형식 속에서 정립된다. 또 다른 한 번은 그들 규정은 단지 **즉자적으로만** 이와 같은 형식의 규정들인 것이며, 독립적이고 직접적인 실존으로서 현상한다.[71] 이러한 관점에서 그들 규정은 내면적으로 이미 그 자체에 있어 형식의 총체성을 포함하고 있는 전제된 현존재이다. 이때 형식의 총체성은 저와 같은 전제된 현존재를 통해 실존을 지닐 수 있을 뿐이다.[72] 그런가 하면 그들 규정은 그러한 한에서 **제약들**(*Bedingungen*)인 것이며, 상호관계는 제약된 상호관계이기도 하다.

§56〔51〕

제약들 속에서, 그리고 제약된 상호관계 속에서 현상은 본질과 즉자

....

71) 이때 '규정들'에 대해 언급하는 것은 그 일반적인 규정의 의미를 천착하고자 한 것은 아니며, '상호관계'와 관련하여 '규정들'의 의미를 언급한 것이 아닌가 한다. 보다 직접적으로는 앞 문단, 즉 §54〔49〕에서 언급하고 있는 '두 측면'을 지칭한 것이다. 그에 따르면 규정이란 한편으로는 무관여적으로 존립하며, 또 한편으로는 각각 그 다른 규정을 통해 상호적으로 존재하게 되고 그들 규정의 통일 속에서 존재하게 된다. 여기에서도 그런 의미로 언급하고 있다.

72) 규정들, 즉 두 규정들은 상호관계 속에 있기 때문에 어느 한 규정이 다른 규정에 대해, 또는 그 반대로도 상호 전제된 현존재인 것이며, 이미 그들 규정 속에는 '형식의 총체성'이 포함되어 있기도 하다. 그리하여 어느 규정이든 각각 전제된 현존재로서 실존하게 된다.

존재로 복귀하기 시작한다. 그러나 그 속에는 현상이 즉자적으로 존재하는 한에 있어서의 그 현상과, 그리고 현상 그 자체와의 상이성이 또한 여전히 현존한다.

§57〔52〕

1. 직접적이고 제약된 상호관계란 전체와 부분들과의 상호관계이다. 부분들은 상호관계의 외부에 그 자체에 있어 존립한다는 점에서 한갓된 질료이며, 그리고 그런 한에 있어서는 부분들이 아니다.[73] 부분들은 단지 전체에 있어서만 부분들로서 그들 자신의 규정을 지니게 되며, 그리고 부분들이 부분들일 수 있기 위해서는 또한 전체와의 이와 같은 상호관계로 나아갈 수 있는 능력이 즉자대자적으로 있어야만 한다. 그리하여 그러한 한에서 부분들은 전체를 형성한다.

§58〔53〕

2. 내적인 활동 형식으로서의 그 전체가 **힘**(*Kraft*)이다. 힘은 어떠한 외적인 질료도 그 자신의 제약으로 삼지는 않으며, 곧 질료 그 자체 속에 존재한다.[74] 힘 그 자신의 제약은 단지 힘을 유발하는 외적인 반발(ein äußerer Anstoß)일 뿐이다. 이 반발은 그 자체 힘의 발현이며, 이 반발이 현상하기 위해서는 어떠한 유발(誘發, eine Sollizitation)을 필요로 한다. 따라서 전체에 있어는 무제약적이기도 한 상호적인 제약작용 및 제약된 존재가 현존하게 된다.[75]

....

73) 이때 '그런 한에 있어서는 부분들이 아니다'란 말은 부분들이 전체와의 상호관계를 떠난 상태에서 그 자체로서 존립한다면 그것들은 각기 서로 상이할 것이며, 그것들이 비록 질료이기는 하지만 그러나 부분들이라고도 할 수 없는 것들에 지나지 않을 것이라는 의미이다. 즉, 전체와의 상호관계에 있어서만 부분들은 부분들일 뿐이다(참조, Enz.I, §135, 267쪽).

§59〔54〕

형식으로서의 힘은 그 자신의 규정들을 자기 자신 속에 포함하고 있기 때문에, 힘은 그 내용에 따른다면 그의 발현 속에서 힘이 즉자적으로 존재하는 바의 그것을 서술한다. 또한 힘 그 자신의 내적인 것 속에 존재하지 않는 것은 그 자신의 발현 속에서도 존재하지 않는다.

§60〔55〕

3. 내용, 곧 무제약적이기도 한 내용은 내면적인 내용으로서, 그것은 단지 외면적인 내용으로서의 자기 자신에만 관계될 뿐이다. 그리하여 외적인 것과 내면적인 것은 그 상이한 측면들에 의해 고찰할 때에만 동일한 내용이 되는 것이다.[76] 내적인 것은 그 자체 현존재를 지닌 제약들의, 곧 내용규정들의 완전성(die Vollständigkeit der Inhaltsbestimmungen)을 갖추게 된다. 외면화되어가는 것(das Äußerlichwerden) 그 자체

74) (원주)〔여백에〕힘에 의한 해명, 동일적이며, 형식적인 바, 내용에 따른다면 아무것도 아니다. 우리는 힘의 본성을 알지 못한다고 통상적으로 말하곤 한다.
(역주) 위의 원주에서 말하고 있는 의미가 무엇인지 이해하기는 어렵다. 그러나 『소논리학』에서 다음과 같이 말하고 있는 것을 참고한다면 그 개략적인 의미를 짐작할 수 있지 않을까 한다.
"우리는 곧잘 **힘의 본성** 그 자체는 **알 수 없으며**, 단지 그 발현만을 인식하게 된다고 말하곤 한다. **힘의 전체적인 내용 규정**은 한편으로는 **그 발현**의 내용 규정과 동일한 것이다. 그 때문에 힘에 의한 현상의 해명은 공허한 동어반복일 뿐이다."(Enz.I, §136, 270쪽).
즉, 힘에 의한 현상의 해명은 동일적인 공허한 동어반복에 지나지 않으며, 힘과 그 발현은 내용에 있어 동일하기 때문에 형식적으로 어떤 구별도 있을 수 없다는 의미이다.

75) (원주)〔여백에〕다른 어떤 것의 전제는, 곧 자기 자신을 전제하게 되는 보다 최초의 것의 전제 아래서만 존재할 뿐이다.
(역주) 이 원주에서 전제란 말은 힘의 유발과 반발을 의미한다. 즉, 힘의 유발과 반발은 상호 제약적이며, 상호 피제약성을 지닌 전제이기도 하다. 그러나 무한적인 진행으로서의 전체라는 점에 있어서는 그와 같은 상호적인 제약관계는 무제약적이다.

는 내용규정들의 자체 내로의 반성이며, 이를 통해 실존을 유지하게 되는 전체의 통일로 통합되어간다.[77]

제3편 현실성

A. 실체[78]

§61〔56〕

실체란 외적인 것과 내적인 것의 무제약적인 내용을 의미하며, 즉 즉자대자적으로 존립하는 본질(das an und für sich bestehende Wesen)이

76) 이 문단은 '외적인 것과 내적인 것의 상호관계'를 서술한 것으로, 이에 대해 『대논리학』에서도 물론 상세히 서술되고 있다(참조, Logik II, 150쪽 이하). 즉, 내용이 무제약적이란 점에서 내면적인 것은 외면적인 것이기도 하다. 다시 말해 상호적인 제약관계가 아니라면 내적인 것, 또는 내면적인 것과 외적인 것, 또는 외면적인 것은 아무런 구별도 없을 것이다. 그럼에도 불구하고 그 두 측면이 상이한 경우에 동일한 내용을 지니는 것이 된다.
"따라서 외적인 것은 **첫째**, 내적인 것과 **동일한 내용**이다. 내면적으로 존재하는 것은 또한 외면적으로 현존하게 되며, 그 반대도 마찬가지이다. 현상은 본질 속에 존재하지 않는 그 어떤 것도 드러내지 않으며, 현시되지 않는 그 어떤 것도 본질 속에는 존재하지 않는다." (Enz.I, §139, 274쪽).

77) 이제 내적인 것은 그 내용규정이 충만하게 되어 완전성에 이르게 되고, 이와 같은 외면화의 운동은 곧 자체 내로의 반성이기도 하다.
"— 따라서 **내적인 것**은 그 형식에 따른다면 **본질**의 완성이다." (Logik II, 152쪽).

78) (원주)〔여백에〕 자기 원인, 곧 그 자체로 파악되며, 그 개념이 실존을 포함하며, 자기 자신을 현시하는 것, 단자들(*causa sui, quod per se concipitur, cuius conceptio involvit existentiam, manifestatio sui*, Monaden)
(역주) 여기서는 '실체'라는 표제로 다루고 있지만, 『대논리학』에서는 '현실성'에 있어서의 '절대적인 상호관계'의 하나로 '실체성의 상호관계'라는 표제 아래 다루고 있다. 좀 더 자세히 말하면, 『대논리학』에서의 '절대적인 상호관계'는 '실체성의 상호관계', '인과성의 상호관계', '상호작용'으로 서술되고 있으며, 그에 상응하여 여기에서는 '현실성'을 '실체', '원인', '상호작용'의 구도 아래 서술하고 있다(참조, Logik II, 184쪽 이하).

다. 실체가 어떤 타자를 통해 규정되는 것이 아니기 때문에 그 내용 규정의 관점에서 무제약적이며, 또한 실체의 외면성이 실체 그 자신의 고유한 내면성 속에 근거를 두고 있는 것이기 때문에 형식의 관점에서도 무제약적이다.

§62〔57〕

규정되고 제약된 모든 실존들이란 실체의 현상적인 규정들이며, 가변적이면서도 덧없이 지나가 버리는 현존재를 지닌다. 곧 그들 실존은 **우유적인 것들**(*Akzidenzen*)[79]에 지나지 않다. 실존들은 그들 자신의 총체성 속에서 실체를 형성한다.

§63

그 다양성 속에 있는 우유적인 것들은 그들 자신의 본질성에 있어서 실체의 내용 규정들을 서술하며 드러내게 된다. 그리하여 우유적인 것들은 비본질적인 상태들의 영역(den Kreis der unwesentlichen Umstände)을[80] 가로질러 가게 되며, 그 비본질적인 상태들은 저마다가 다른 상태 속에서 지양되면서, 오직 단순한 실체적인 규정만이 보존되기에 이른다.[81] 우유적인 것들은 그 자체에 있어 지양되지만, 그러나 동

79) 『대논리학』에서는 'Akzidenzen'을 '우유적인 것들'로, 'Akzidentalität'를 '우유성'으로 약간 구별하여 사용하고 있다(참조, Logik II, 185쪽 이하). 여기서도 그에 따라 구별하여 번역한다.

80) '비본질적인 상태들의 영역'이란 말은 '비본질적인 상태들의 원환궤도'라고 번역해도 좋을 것이다. 즉, 원환운동을 하는 비본질적인 상태들 속에 놓여 있는 우유적인 것들이 그와 같은 원환운동을 가로질러 나아가게 된다는 의미도 있겠기 때문이다.

81) 다양한 우유적인 것들이란 실체를 이루는 것들이기도 하며, 그 우유적인 것들은 '비본질적인 상태'에서 원환운동을 하는 가운데 그를 가로질러 나아간다. 그리하여 비본질적인 상태들이 그 다른 상태 속에서 지양되면서, 끝내는 '단순한 실체적 규정'만이 유지되고 보존되기에 이른다는 의미이다.

시에 이와 같은 지양 속에서 실체적인 것이 계시되기에 이르며, 그런 한에 있어서 실체는 우유적인 것들의 **위력**(*Macht*)이다.[82)]

§64〔58〕

우유적인 것들은 그것들이 **즉자적으로** 실체 속에 포함되어 있는 한에 있어서, **가능적**이다. 실체는 가능적인 것이 아니라, 오히려 가능성 그 자체이다.

§65〔59〕

어떤 것이 한낱 즉자존재의 형식에 있어서, 또는 자기 자신에 모순되지 않는 것으로서 사유되거나 표상됨으로써, 그 어떤 것은 가능적인 것이라고 부를 수 있다. 즉, 어떤 것은 즉자존재이지만, 단지 정립된 즉자존재일 뿐이며, 즉자대자적으로 존재하는 것은 아니다. 개별적인 규정은 현실성으로부터 분리된 그러한 가능성을 지닌다.

수의 누승(累乘, Potenzieren). 수는 우유성(4나 5 등등과 같이 존재할 수 있는 수 그 자신의 직접적이고 우연적인 존재성)을 지양하며, 그리고 이와 같은 지양,

82) 『소논리학』에서는 이와 관련하여 다음과 같이 말한다.
"따라서 실체는 우유적인 것들의 총체성이다. 그 우유적인 것들 속에서 실체는 우유적인 것들의 절대적인 부정성으로서, 즉 **절대적인 위력**으로서 계시되는가 하면, 동시에 **모든 내용을 품고 있는 풍요로운 왕국**(den *Reichtum alles Inhalts*)으로서 계시된다." (Enz.I, §151, 294쪽).
여기서 'Macht'는 'Kraft'와는 약간 다른 의미를 갖기 때문에 '위력'으로 번역하며, 'Kraft'가 대체로 물리적인 힘을 의미한다면 'Macht'는 실체의 운동으로서 좀 더 추상적인 의미의 힘을 의미한다고 볼 수 있다. '위력(Macht)'과 'Ohnmacht(무력)'에 대해서는 『대논리학』의 '인과성의 상호관계'에서 자세히 언급하고 있다(참조, Logik II, 191쪽 이하). 또한 '계시한다'로 번역한 'offenbaren'도 '현시한다'로 번역한 'manifestieren'과는 달리 사용하고 있기 때문에 여기에서도 구별하여 번역한다(참조, Logik II, 185쪽 이하).

즉 변화 속에서 수는 자기 자신을 현시하게 되고, 곧 위력으로 화한다. — 수는 우선 우연적일 뿐이다. 직접적인 것이다. 그러나 자승(自乘, Quadrat)이나 삼승(三乘, Kubus)은 자기동일적이며, 즉자적으로 생성되어가는 존재(An-sich-geworden-Sein)이다. 수는 변화하지만, 그러나 수는 이와 같은 그 자신의 변화를 규정하는 것이기도 하다. 자기규정이고, 자체 내로의 반성된 존재이다.

현실태와 잠재태(*actu* und *potentia*). 위력과 가능성의 구별, — 나는 그렇게 하고자 하지 않는다.[83)]

§66〔60〕

어떤 것은 오직 그 자신의 즉자존재적인 규정들의 총체성이란 점에 있어서만 참으로 가능적이다. 이와 같은 내적이고 완전한 가능성을 지닌 그것은 한낱 피정립적 존재인 것만이 아니라 즉자대자적이고도 직접적으로 **현실적**이다. 따라서 실체의 가능성은 실체 그 자신의 현실성이다.《(예컨대, 신은 도대체가 단순히 존재하고 있는 것만이 아니고, 참된 가능적인 것으로 존재한다. 신 그 자신의 가능성은 필연적 가능성이다. 신은 절대적으로 현실적이다.)》

현실**성**(Wirklich*keit*)은 자체 내로의 반성된 존재이다. 현실적인 **것**(Wirklich*es*)으로서 — 그 양자는 반성된 존재이다.[84)] 가능성은 즉자존재의 형식이다. 부정적인 반성된 존재. 무규정성의 형식에 대한 지양.

83) '나는 그렇게 구별하고자 하지 않는다'란 의미가 아닐까 싶다.
84) '현실**성**(Wirklich*keit*)'에서 '-*keit*'와 '현실적인 **것**(Wirklich*es*)'에서 '-*es*'가 강조된 이유는 전자가 보다 추상적인 형식의 의미에서, 후자가 보다 구체적인 내용의 의미에서 그러할 것이다.
"현실적인 것 그 자체는 그 자신의 가능성과 현존재의 통일이다."(참조, 「1. 상급반을 위한 철학 백과전서」 §48).

§67〔61〕

실체에 있어서 우유적인 것들의 연관(Zusammenhang)은 실체 그 자신의 **필연성**이다. 〈실체의 필연성은 가능성과 현실성의 통일이다.〉 연관이 한낱 내적인 연관인 한에 있어서, 또는 현실적인 것이 동시에 그 자신의 규정들의 즉자존재적인 **통일**보다 앞서, 즉 목적보다 앞서 현존하는 것이 아니고 그 규정들의 관계로부터 비로소 결과로서 나타나게 되는 한에 있어서, 필연성은 맹목적이다.

신은 절대적인 이성이념(absolute Vernunftidee)이며, 어떤 피정립적 존재나 상상된 어떤 것이 아니고, 한낱 가능적인 어떤 것도 아니다. 신은 필연적인 이념이다. 어떤 낯선 사유(ein fremdes Denken)를 통해 정립된 것이 아니다.

신의 인식은 직접적이면서도 간접적이다. 1. 이성 그 자신의 절대자에 관한 이성의 지식이란 점에서, 2. 간접적으로 매개되어 있다는 점에 있어서, — 즉 한낱 우연적인 것, 가능적인 것일 뿐인 유한자로부터 상승해 올라간다고 하는 것이다. 어떤 타자에 있어서 반성된 한낱 피정립적인 것. 그것의 자체 내로의 반성은 그 자신의 현실성이다. 그것은 근거로서의, 참된 최초의 것으로서의, — 또는 긍정자로서의 신의 가능성으로부터 존재하게 되는 것이 아니다. — 이 가능성은 우연적인 세계이다. 이 우연적인 세계는 그 자체에 있어 스스로를 지양하고, 그 자신의 타자 내로의 반성(Reflexion-in-Anderes)으로부터 자체 내로 반성하게 된다. 그리하여 우연적인 세계는 현실적이며, 현실성을 현시한다.

B. 원인

§68〔62〕

실체는 위력이란 점에 있어서 우유적인 것들의 발생과 소멸을 통하여 실체 그 자신을 현시하는 작용이다. 활동적인 실체는 근원적인 것으로서 어떠한 타자에 대립하여, 곧 우연적인 것에 대립하여 나아가게 되며, 이와 같은 타자에 작용하게 되는 원인이다.

§69〔63/64〕

실체의 활동성은, 이 활동성이 그 자신의 근원적인 내용을 **결과**로, 즉 어떤 낯선 것 속에 존재하는 피정립적인 것으로 전환시켜가는 가운데 존립한다. 원인 속에 존재하지 않는 어떤 것도 결과 속에 존재하지 않으며, 원인은 결과에 있어서만 원인일 뿐이다.

아래로 떨어지는 벽돌은 인간의 죽음의 원인이며, 어떤 지방에서 늪지의 공기는 열병의 원인이다. 전자는 우선 어떠한 압력이 원인이며, 후자의 원인은 과도한 습기에 있다. 그러나 여전히 다른 규정들을 지니고 있는 현실적인 것에 있어서의 결과는 그 속에서 또 다른 어떤 귀결을 낳게 된다.

§70

결과는 α)타자, 곧 원인에 의하여 존재한다. 이 원인은 활동성으로서, 결과 속에서 소멸한다. β)원인으로서의 타자는 소멸했다. 그러나 결과는 정립되어 있으며, 타자 **속에** 존재한다.[85)]

§71

그 형식에 따른다면 원인은 결과와는 구별된다. 그리하여 전자, 즉 원

85) 결과는 그의 타자인 원인에 의하여 존재하며, 결과 속에서 원인은 소멸한다. 원인의 소멸을 통해 원인의 타자인 결과가 정립된다. 그럼에도 불구하고 결과는 원인으로서의 '타자 **속에**' 존재한다. '타자 **속에**'란 말은 다음 문단, 즉 §71에서도 다시 언급하고 있다. 『대논리학』에서는 다음과 같이 말한다.
"원인은 결과를 산출하는 한에 있어서만 원인일 뿐이며, **원인은 결과를 지닌다고 하는 이와 같은 규정 이외에 아무것도 아니다. 결과 또한 원인을 지닌다고 하는 것 이외에 다른 것이 아니다.**"(Logik II, 191쪽).

인은 근원적으로 자기 자신에 기인하여 활동하는 현실성이지만, 그러나 후자, 즉 결과는 정립되어 있으면서 어떠한 타자 속에 존재한다.[86] 타자 속에, 즉 현실적인 것 속에 있는 규정으로서의 결과는 타자가 지닌 여타의 규정들과의 상호관계로 나아가며, 그리고 그를 통해 결과 이외에는 거기에 더 이상 아무것도 속하지 않는 어떤 형태를 갖추게 된다.[87]

§72〔65〕

원인은 결과로 이행하지만, 그러나 그 반대로 우리는 결과로부터 원인으로 나아간다. 이와 같은 역행은 우선 외적 반성에 속한다. 원인 그 자체는 규정된 내용을 지니게 되고, 우연적이며, 그리고 결과로서 정립되지 않으면 안 되기 때문에, 우리는 원인들과 결과들에 대한 일련의 퇴행을 무한하게 이어가게 된다.[88] 그와는 반대로 결과가 거기에서 발생하게 되는 바로 그것 그 자체가 근원적인 것인 한에 있어서, 그것은 곧 원인이며, 어떠한 타자 속에서 그 자신의 결과를 산출한다. —즉, 무한한 진행(unendlicher Progreß)으로서의 그 동일한 계열이 나타난다.[89]

....

86) (원주)〔여백에〕 필연성, 그러나 전체는 우연적이다.
(역주) 위의 원주에서 하고 있는 말이 무엇을 의미하는지 이해하기 어렵다. 다만 원인과 결과 사이에는 필연적이지만, 그러나 그 전체에 있어서는 우연적이기도 하다는 의미가 아닌가 한다. 본문의 내용은 앞 문단, 곧 §70에서 언급하고 있는 것을 다시 반복하고 있다.

87) 이때 타자란 현실적인 것이기도 하다. 그런 의미에서 원인이다. 즉, 결과는 그 타자인 원인 속에 존재한다. 그러나 원인과 결과 사이의 타자란 악무한적인 원환 상태를 의미하지는 않는다. 그것을 원인이 결과를 '지닌다'는 의미와 원인이 결과 '이다'란 의미와의 차이에서 이해할 수도 있다.
"따라서 물론 원인은 결과를 지니며, **그리고 동시에 원인 그 자체가 결과이다**. 결과는 원인을 지닐 뿐만 아니라 **또한 그 자체가 원인이기도 하다**. 그러나 원인을 **지닌** 결과와 **원인인** 결과는, — 그와 마찬가지로 결과를 **지닌** 원인과 **결과인** 원인은, — 서로 상이하다."(Logik II, 198쪽).

88) 결과에서 원인으로, 그리고 다시 그 원인의 원인으로 무한히 거슬러 올라가게 되는 퇴행을 의미한다.

외적 반성: 원인은 결과와는 다른 사태이다. ― 즉, 사태의 구별이다. ― 절대적 반성, 그 동일한 내용 ― 그 동일한 사태 ― 비와 습기 ― 단지 사태의 동일성일 뿐이다.[90] ― 2. 원인 속에 존재하는 것은 결과 속에도 존재한다. 우리는 다른 것으로부터 어느 하나를 인식한다,[91] ― 외면적인 동일성 ― 형식과 내용이나 사태가 서로 잘 구별되지 않는다. 원인과 결과는 형식의 구별이다. 원인은 사태로 간주되며, 그 다음에는 다시 단지 형식으로만 간주된다.

결과는 결과가 정립되기에 이른 그것과 결합함으로써 비로소 현실성을 지닌다.

C. 상호작용

§73〔66〕[92]

현실적인 것이 자기 자신 속에 결과를 받아들이지만, 그러나 동시에 자기 자신이 원인으로 되는 한에 있어서, 또한 그 자신의 외면적인 것으로서의 영향력에도 대립하여 스스로를 유지고자 하는 한에 있어서, 현

89) 결과에서 원인으로 거슬러 올라가거나, 또는 원인에서 결과로 나아가는 무한한 진행은 결국 동일한 일련의 계열이기도 하다. 헤겔은 이것을 "유한적인 인과성에 있어서 악무한적인 진행 속으로 빨려 들어가는 작용"(Logik II, 202쪽)이라고 말한다. 'unendlicher Progreß'란 말은 §28에서 수학적인 의미에서 '무한누진'으로 번역하였지만, 여기서는 굳이 그렇게 번역할 필요는 없을 것이다.

90) 그 다음 문장이 2이기 때문에, 1이 표기되어 있지는 않지만 앞에서 언급하고 있는 외적 반성과 절대적 반성이 1에 해당될 것이다. 따라서 1의 의미는, 외적 반성을 통해 원인과 결과가 다르다는 것을 인식하며, 절대적 반성을 통해 비와 습기가 동일한 것처럼 원인과 결과에 있어 내용의 동일성을 인식한다는 의미이다.

91) "(……); wir erkennen eins aus dem andern, ― (……)"
이 문장은 앞 문장과 관련하여 원인으로부터 결과를 인식하고 결과로부터 원인을 인식한다는 의미가 아닌가 싶다.

92) (원주)〔이에 앞서, 괄호 안의 글〕
§. 원인이 거기에 작용하게 되는 그것은 그 자체 원인이기는 하지만, 그러나 그 앞서의 최초의 원인에는 대립해 있으며, 이를 통해 반대로 결과가 되는 원인인 것이다. 인과성에 있어서 자기 자신으로 상호 복귀하는 이와 같은 규정작용이 곧 **상호작용**이다.

실적인 것은 반작용을 하게 된다. 그리고 그 반작용은 작용과 동등하다.[93)]

인과성은 어떤 근원적인 것, 즉 원인을 지니지만, 그러나 그 근원적인 것은 이행해가는 가운데 사라져버린다(따라서 근원적인 것으로부터 어떤 다른 원인으로 절대로 거슬러 올라갈 수는 없는 것이다) 등등.

현실적인 것 B 속에 정립된 결과는 다시 원인으로 된다. 이것이 부정적 행위이며, 다시 말해 결과가 지양된 것이며, 따라서 반작용이다.[94)]

§74〔67〕

반작용은 그에 의해 작용으로 정립된 〈또는 어떤 정립된 것으로 전환되기도 하는〉 최초의 원인을 향해 일어나게 된다. 그 작용을 통해 이제 최초의 원인이 즉자적으로 존재하는 바의 그것으로 정립되기에 이른다는 것, 다시 말해 참다운 근원적인 것이 아니고 이행하는 것(ein Übergehendes)에 지나지 않는다는 것 이외의 그 어떤 것도 발생하지 않는다.[95)]

....

93) 'Wirkung'이란 말을 앞에서는 원인과 관련하여 '결과'로, 그러나 이 마지막 문장에서는 '반작용(Rückwirkung)', 또는 '복귀작용'이란 말과 관련하여 '작용'으로 번역하는 것이 좋을 것이다. 물론 어느 만큼은 이때 '작용'을 '결과'란 의미로 이해할 수 있으며, 실제로는 그와 같은 교차적인 의미를 갖는 것이 'Wirkung'이란 낱말이기도 하다. 『대논리학』에서는 '상호작용'에 앞서 '작용과 반작용(Wirkiung und Gegenwirkung)'을 다루고 있다(참조, Logik II, 198쪽 이하). 따라서 여기에서도 상호작용이 작용과 반작용으로부터 이행한다는 의미를 갖는다면 일반적으로는 작용으로, 원인과 관련하여서는 결과란 말로 번역할 수 있다.

94) "Die Wirkung im Wirklichen B gesetzt wird wieder zur Ursache; (……)" 이때 'B'가 '개념(Begriff)'을, 아니면 무엇을 의미하는지, 즉 '현실적인 것이란 개념', 또는 '현실적인 것 속에서 정립된 결과라는 개념' 등등 이외에 무엇을 의미하는 것인지 분명하지 않다. 또한 끝 문장에서는 결과 그 자체가 지양됨으로써 원인으로 된다고 하는 것이 '부정적 행위'이며, 이 부정적 행위를 '반작용', 또는 '복귀작용'이라고 하고 있다.

§75〔68〕[96]

따라서 상호작용은 결과인 바의 그것이 상호대립적으로 원인이며, 원인인 바의 그것이 또한 상호대립적으로 결과이기도 한 가운데 존립한다. 여기에 참다운 근원성이 현존하게 된다. 왜냐하면 원인은 물론 결과로, 즉 피정립적 존재로 이행하지만, 그러나 사태에 따라서는 그와 같은 피정립적 존재로 머무르면서도, 또한 형식에 따라서는 그 자신의 피정립적 존재 속에서 자기 자신을 회복하겠기 때문이다.[97]

§76〔68〕

나아가 상호작용은 자기 자신과의 매개이다. 이 매개 속에서 근원적인 것은 규정되거나 어떤 피정립적인 것이 되지만, 그러나 그런 가운데 자체 내로 반성하게 되고, 그리하여 비로소 이와 같은 자기반성으로서

95) '반작용은 그에 의해 작용으로 정립된 〈또는 어떤 정립된 것으로 전환되기도 하는〉'이란 말은 반작용에 의해 작용이 정립되는 것이기도 하지만, '어떤 정립된 것', 즉 결과로 정립되기도 한다는 의미이다. 그리고 이와 같은 작용을 통해 그 최초의 원인은 '참다운 근원적인 것'으로 머물러 있는 것이 아니고 '이행하는 것'이 되는 것이다. 『대논리학』에서는 다음과 같이 말한다.
"**둘째로**, 반작용은 **최초의 작용하는 원인에 대립하여** 나아가게 된다. 즉, 이전의 수동적 실체가 자신 속에서 지양하는 작용이 곧 최초의 원인의 작용이기도 하다." (Logik II, 201쪽).

96) (원주)〔이에 앞서, 괄호 안의 글〕
§.(반작용은 제약된 인과성이다.) 그러나 **상호작용**은 상호 간에 자체 내로 복귀하는 무제약적 규정작용이다. 이를테면 어떠한 원인이 작용하게 되는 현실적인 것은 그 자체 원인이며, 그리고 근원적인 것으로서의 현실적인 것은 그 자신의 결과를 산출하지 못한다. 왜냐하면 어떠한 타자가 그에 앞서 현실적인 것에 작용하기 때문이다.

97) 상호작용은 원인과 결과의 상호대립적인 관계 속에서 존립한다. 그리하여 참된 근원성으로서 원인의 자기 복귀가 이루어진다.
"따라서 **상호작용**은 단지 인과성 그 자체일 뿐이다. 원인은 어떠한 결과를 지닐 뿐만 아니라, 오히려 결과 속에서 원인은 **원인**으로서 자기 자신과 관계한다" (Logik II, 203쪽).

의 참된 근원성을 갖추게 된다.[98)]

98) 물론 『대논리학』에서는 이와 같은 상호작용을 통해 주관성으로서의 개념으로 이행하게 된다.
"이를 통해 인과성은 그 **자신의 절대적 개념**으로 복귀하며, 동시에 **개념** 그 자체로 나아간다." (Logik II, 203쪽).

부록
이율배반에 대해서

§77〔69〕

범주들이란 단순한 규정들이다. 그러나 그들 규정은 규정의 최초 요소들을 형성하는 것은 아니며, 단지 그들 규정이 상호대립적인 계기들로서 그 속에서 단순성으로 환원되는 한에 있어서만 단순한 규정들이다. 이제 그러한 범주는 하나의 주어에 의해 술어화되고, 동시에 분석을 통해 저와 같은 상호대립적인 계기들이 전개됨으로써 그 두 계기들은 주어에 의해 술어화될 수 있다. 그리고 그 술어화를 통해 저마다가 각기 동등한 진리를 갖는 이율배반적인 두 명제가 발생한다.

§78〔70〕[99)]

칸트는 특별히 이율배반들에 대해 주목을 하였지만, 그럼에도 불구하고 이성의 이율배반성을 충분히 논구하지는 못했다. 칸트는 단지 그 이

99) (원주)다음의 문단들에 대해서는 참조, 「2. 중급반을 위한 논리학(1808년/09년)」 §§〔36/68〕~〔56/88〕 (이에 따라 보완됨). 로젠크란츠는 칸트의 텍스트를 충실하게 따르고 있다. 참조, 『순수이성비판』 B452쪽 이하.

율배반들의 몇몇 형식들만을 제시하고 말았기 때문이다. 다음과 같은 형식들이 그것이다.

§79〔71/72〕

제I의 이율배반

시간과 공간에 따른 세계의 유한성 또는 무한성에 대하여

a) 시간에 따른 세계의 유한성 또는 무한성의 이율배반

정립: 〔세계는 시간에 있어서 시초를 갖는다.

증명: 우리가 세계는 시간적으로 아무런 시초도 갖지 않는다고 가정해 보자. 그렇다면 각기 주어진 시점에 이르기까지 영원성이 경과하지 않으면 안 되었을 것이고, 그리하여 세계 속에 있는 사물들 상호 간의 이어지는 상태들의 무한한 계열이 그때까지 흘러가 버린 셈이다. 그러나 어떠한 계열의 무한성은 계기적 총괄(das sukzessive Zusammenfassen)을 통해서는 완성될 수 없다는 사실 속에 존립한다. 따라서 무한적인 세계의 계열은 불가능하며, 그러므로 시간에 있어서 세계의 시초는 필연적이다.〕

〔**반정립**: 세계는 시간에 있어서 아무런 시초도 갖지 않으며, 시간에 있어서 무한하다.

증명: 우리가 세계는 시초를 갖는다고 전제한다면, 그 시초에 앞서 세계가 거기에 있지 않는 어떠한 시간이, — 곧 공허한 시간이 존재할 것이다. 그러나 공허한 시간 속에서는 아무것도 발생할 수 없다. 왜냐하면 그 속에서는 현존재의 어떠한 제약도 존재하지 않기 때문이며, 현존재자가

현존재자를 제약으로 삼게 되거나 또는 오직 다른 현존재자에 의해서만 한정되겠기 때문이다. 따라서 세계는 아무런 시초도 지닐 수 없고, 오히려 저마다의 현존재가 다른 현존재를 전제하게 되며, 그와 같이 무한히 계속될 것이다.〕

§80〔73〕

이 이율배반의 증명은 다음과 같이 그 직접적인 대립으로 간단히 환원된다.

1. 세계는 시간에 따라 유한하거나 또는 한계를 갖는다. 다시 말해 정립의 증명에 있어 지금(das Jetzt)이란 무한성이 그 속에서 끝나버린, 즉 유한적으로 되어버린 현재적인 순간이다.

2. 현존재는 비현존재에 있어, 즉 공허한 시간에 있어 한계를 갖는 것이 아니고, 단지 어떠한 현존재에 있어서만 한계를 갖는다. 한계 지어진 것들은 역시 서로 긍정적으로 관계되어 있으며, 동시에 그 하나의 한계 지어진 것이 다른 한계 지어진 것과 동일한 규정을 갖는다.[100] 따라서 저마다의 현존재는 다른 현존재를 통해 한계가 지어지는 것이며, 동시에 저마다의 현존재는 유한적인 현존재, 다시 말해 초월해가지 않으면 안 되는 그러한 현존재이기 때문에, 그 진행이 무한히 정립되기에 이른다.[101]

....

100) 한계가 지어진 것으로서의 현존재는 다른 현존재와 관계되어 있다는 것을 의미하며, 이때 '동일한 규정'이란 어떤 현존재가 다른 현존재로부터 한계가 지어진 것이라고 한다면, 마찬가지로 그 다른 현존재도 그 어떤 현존재로부터 동일하게 한계가 지어지기 마련이라는 의미이다.

101) (원주)〔여백에〕 국토는 국토를 한계를 짓는다 — 국토는 국토에 의하여 한계가 지어지며, 공기에 의하여 한계가 지어지는 것은 아니다.
(역주) 어떤 현존재가 그 한계를 초월하여 다른 현존재로 나아가고, 그 다른 현존재는 다시금 그 한계를 초월하여 또 다른 현존재로 나아가며, 그와 같은 진행이 무한히 계속되기에 이른다.

§81〔74〕

이와 같은 이율배반의 참된 해소에 있어서, 앞에서와 같은 한계나 이 때의 무한자가 그 자체로서는 어떤 참된 것일 수가 없다고 하는 것이 문제〔이다〕. 왜냐하면 한계는 무한자를 초월해가지 않으면 안 되는 그러한 한계이기 때문이다. 그리고 이 무한자는 오직 한계가 언제나 다시금 거기에서 발생하는 그러한 무한자일 뿐이며, 한계를 초월하여 단지 공허한 부정자일 뿐인 그러한 무한자이기 때문이다. 참된 무한성은 자기반성(die Reflexion－in－sich)인 것이며, 그리하여 이성은 시간적인 세계를 고찰하는 것이 아니라 그 자신의 본질과 개념 속에서 세계를 고찰하는 것이다.

§82〔75/76〕

b) 공간에 있어서 세계의 유한성 또는 무한성의 이율배반

〔**정립** : 세계는 공간적으로 한정되어 있다.

증명 : 우리가 세계를 한정되어 있지 않다고 가정해보자. 그렇다면 세계는 동시적으로 실존하는 사물들이 무한하게 주어진 전체일 것이며, 또한 세계는 전적으로 하나의 대상일 것이다. 그러한 전체는 단지 내포된 부분들의 종합을 통해서만 완전한 것으로 간주될 수 있을 뿐이다. 그러나 이와 같은 완성에는 경과했던 것으로 간주해야 했던 무한한 시간이 속해 있었던 것이며, 그것은 불가능한 것이다. 그에 따라 실존적인 사물들의 무한한 집적은 주어진 전체로서, 따라서 동시적으로 주어진 전체로서 간주될 수는 없다. 세계는 결국 무한한 것이 아니고 한계들 속에 둘러싸여 있다.〕

〔**반정립** : 세계는 공간적으로 한정되어 있지 않다.

증명 : 우리가 세계는 한계를 갖는다고 가정해보자. 그렇다면 세계는 한계가 없는 공허한 공간 속에 놓이게 된다. 따라서 세계는 공허한 공간과의 관계를 갖는다. 이것은 그 대상이 없는 것에 대한 관계일 것이다. 그러나 그와 같은 관계란, 곧 공허한 공간에 대한 세계의 관계란 그 아무것도 아닌 것이다. 따라서 세계는 무한하다.〕

§83〔77〕

이 이율배반적인 명제들의 증명은 본래 다음과 같은 직접적인 주장들에 의거하고 있다.

1. 이 정립의 증명은 동시적으로 현존하는 공간적인 세계의 총체성에 대한 그 완성을 종합되지 않으면 안 되는 시간의 계기(繼起, die Sukzession der Zeit)에 대한 문제로 귀착시키고 있다. 그것은 한편으로는 부당하고, 또 한편으로는 불필요한 것이다. 왜냐하면 공간적인 세계에 있어서는 계기적인 연속(Aufeinanderfolge)에 관해서가 아니고, 병존성(Nebeneinander)에 관하여 말하는 것이겠기 때문이다.[102] 이제 흘러가 끝나버린 무한한 시간을 전제하게 됨으로써, 그것은 곧 지금(ein Jetzt)이라는 것을 전제하는 것이기도 하다. 그와 마찬가지로 공간에 있어서는 여기(ein Hier)라는 것이, 다시 말해 공간 일반의 한계가 전제될 수 있다.[103]

2. 공간 일반에 있어서 한계를 초월해가지 않으면 안 됨으로써, 그와

102) 공간적인 세계의 총체성이 완성되는 것을 시간적인 계기가 종합되는 것에 귀착시킴으로써 그 증명은 부당하다. 공간적인 현존재의 병존성과 시간적인 계기들의 연속성은 다르다. 공간적인 세계가 한정적인가 무한정적인가를 시간적인 의미로 전환시켜서는 안 된다는 의미이다. 그 반대도 마찬가지이다.

103) 시간으로서 '지금', 공간으로서 '여기'란 절대적 한계이며, 따라서 그것은 무한한 시간, 무한한 공간이 존재할 수 없다는 것을 의미한다. 그에 대해서는 「2. 중급반을 위한 논리학」 §〔37/69〕에서 좀 더 상세히 논하고 있다.

더불어 한계의 부정자(그 반대물, 곧 무한한 진행)가 정립된다. 그러나 이 부정자는 본질적으로 한계의 부정자일 뿐이기 때문에, 이 부정자는 한계를 통해 제약되며, 그리고 앞에서의 이율배반의 반정립들에 있어서와 같이 그 동일한 방식으로 무한한 진행이 정립되기에 이른다.

§84〔78〕
제Ⅱ의 이율배반

실체들의 단순성 또는 그 복합체에 대하여

정립 : 저마다의 실체는 단순한 부분들로 구성된다.

증명 : 우리가 복합적인 실체들(die zusammengesetzten Substanzen)이 단순한 부분들로 구성되어 있지 않다고 가정해보자. 그리하여 만일 모든 복합이 사상들로 지양된다면, 어떠한 복합적인 부분도 남지 않을 것이며, 그리고 아무런 단순한 부분들도 존재하지 않기 때문에 그 어떤 것도, 또한 어떠한 실체도 남아 있지 않을 것이다. 따라서 모든 복합은 사상들로 지양되어서는 안 된다.[104] 그러나 복합체는 다시 또 실체〔들〕로 구성되지도 않을 것이다. 왜냐하면 복합은 단지 실체들의 우연적인 관계일 뿐이기 때문이며, 그러한 우연적 관계를 떠나 실체들은 그 자체 고

....

104) 칸트의 『순수이성비판』에 나오는 제2의 이율배반에서 그 정립에 대한 증명을 서술한 것이지만, 그러나 칸트의 증명과는 상당히 다르게 서술되어 있다(참조, KrV, 458쪽). 이 증명에서 주목해야 할 것은 '복합적인 실체들'과 '모든 복합'이란 개념이다. 그러니까 복합적인 실체들이 부분들로 구성되어 있지 않다고 가정했을 때, 다음과 같은 모순이 발생한다. 즉, 이때 '모든 복합'이 사상들로 지양되어버린다면 복합적인 실체 자체가 존재하지 않을 것이며, 따라서 부분들이나 실체들도 존재하지 않게 될 것이다. 따라서 이 명제가 성립하려면 '모든 복합'은 사상들로 지양되어서는 안 된다는 모순이 발생하게 되며, 그리하여 복합적인 실체들은 부분들로 구성되지 않으면 안 된다.

정적인 본질로서 존립하지 않으면 안 되기 때문이다. 따라서 실체적인 복합체는 단순한 부분들로 구성되지 않으면 안 된다.[105)]

§85〔79〕

반정립 : 세계에 있어 복합적인 사물은 단순한 부분들로 구성되어 있지 않으며, 그리고 세계 속에는 어떠한 단순한 것도 실존하지 않는다.

증명 : 어떤 복합적인 사물이 단순한 부분들로 구성되어 있다고 가정해보자. 모든 외적인 상호관계는, 따라서 또한 실체들로 이루어진 모든 복합은 오직 공간 속에서만 가능한 것이기 때문에, 복합체가 그토록 많은 부분들로 구성된 것과 마찬가지로 복합체가 차지하고 있는 공간 또한 그와 같은 많은 부분들로 구성되지 않으면 안 된다. 이제 공간은 단순한 부분들로 구성된 것이 아니고 여러 공간들로 구성된다. 따라서 복합체 각각의 부분은 저마다 하나의 공간을 차지해야 한다. 그러나 모든 복합체의 한갓된 최초의 부분들은 단순한 것이다. 이제 하나의 공간을 차지하고 있는 모든 실재적인 것은 상호 외적으로 존재하는 다양한 것을 자기 자신 속에 포함하고 있기 때문에, 따라서 복합되어 있기 때문에,[106)] 단순한 것이 실체적인 복합체이기도 하다. 그것은 모순된다.[107)]

....

105) 그러나 또한 '복합적인 실체들'에서 복합체를 실체들이 구성할 수도 없다. 왜냐하면 복합체에 있어서 '복합'이란 실체들의 우연적인 관계를 의미할 뿐이며, 이와 같은 우연적인 관계를 떠나서 실체들이란 그 자체로서 고정되어 있는 본질로 존립하지 않으면 안 되기 때문이다. 따라서 복합체를 실체들로 구성할 수 없으며, 그리하여 오히려 실체적인 복합체가 단순한 부분들로 구성되지 않으면 안 된다.

106) (원주)〔여백에〕 감성적인 고찰 방식

107) 실체적인 복합체 그 자체가 단순한 것이라고 하는 것은 모순이다. 왜냐하면 실체적인 복합체가 단순한 것의 집합에 지나지 않는다고 한다면 그 복합체 역시 단순한 것에 불과하겠기 때문이다. 따라서 복합적인 사물이 단순한 부분들로 구성되어 있다는 것은 모순이며, 단순한 부분들로 구성되어 있는 어떠한 복합적인 사물도 이 세계에는 존재하지 않는다.

§86〔80〕

이 정립의 증명은, 복합은 우연적인 것 — 외면적인 관계 — 이며 따라서 단순한 것은 본질적인 것이라는 직접적인 주장을 내포하고 있다. — 반정립의 증명 또한 마찬가지로 실체들은 본질적으로 공간적이고 따라서 복합되어 있다는 주장을 직접적으로 〔포함하고 있다〕. — 이와 같은 이율배반은 그 자체에 있어 앞서의 이율배반, 즉 한계와 한계의 초월이 지닌 대립, 그것과도 동일한 것〔이다〕.

§〔81〕

제Ⅲ의 이율배반[108]

〔자연의 법칙들에 따른 인과성과 자유와의 대립에 대하여〕

〔**정립** : 자연의 법칙들에 따른 인과성은 세계의 현상들이 그로부터 도출될 수 있는 유일한 인과성은 아니다. 그러한 현상들을 해명하기 위해서는 자유에 의한 인과성을 받아들이지 않으면 안 된다는 것 또한 필연적이다.

증명 : 우리가 자연의 법칙에 따른 인과성 이외에 다른 어떠한 인과성도 없다고 가정해보자. 그렇다면 발생하는 모든 것은 그 이전의 상태를 전제하게 되고, 그에 이어 그 모든 것은 규칙에 따라 불가피하게 뒤따르게 된다. 그러나 이제 이전의 상태 그 자체는 발생했었던 그 어떤 것일 수밖에 없다. 왜냐하면 만일 그 발생했었던 것이 어느 때나 있었다고 한

108) (원주)〔여백에〕 해명에 있어 그것이 어떤 자유로운 것으로 도피해서는 안 된다.
(역주) 원주의 의미가 무엇인지 이해하기는 어렵다. 다만 자연법칙의 인과성을 증명하는 데 있어 그 증명 자체에 자유로운 어떤 것을 끌어들여서는 안 된다는 의미가 아닌가 한다.

다면, 그것의 결과도 처음으로 발생한 것이 아니고, 어느 때나 있었던 것이겠기 때문이다. 따라서 원인 그 자체의 인과성은 발생한 어떤 것이기 때문에 원인과 결과에 대한 일련의 무한적인 진행이 나타나게 된다. 다시 말해 한낱 불완전한 계열만이, 그리하여 충분한 상태로 규정되지 못하고 근거를 갖추지도 못한 원인만이 드러나게 된다.[109)]

따라서 절대적인 자율성이라고 할 인과성을 받아들이지 않으면 안 되며, 즉 자연의 법칙들에 따르는 현상들의 계열이 그 자체로부터 시작하게 되는 자유로운 원인이 인정되지 않으면 안 된다.〕

§〔82〕

〔**반정립** : 자유에 의한 인과성은 존재하지 않으며, 세계 속에 있는 모든 것은 다만 자연의 법칙들에 따라 발생할 뿐이다.

증명 : 자유에 따르는 인과성이 존재한다고, 다시 말해 그 일련의 귀결들이 뒤따르는 어떠한 상태를 시작하게 되는 능력이 존재한다고 전제해 보자. 그렇다면 자율성의 규정이 곧 시작되기에 이를 것이고, 그리하여 자유의 행위(die Handlung der Freiheit)를 규정하게 될 그 어떤 선행하는 것이란 없을 것이다. 그러나 행위를 하게 되는 그때마다의 시초는 아직 행위를 하지 않는 원인의 상태를 전제하게 되고, 행위에 대한 단적인 최초의 시초는 인과성이 그 행위에 대한 원인의 선행적인 상태와는 전혀 관련을 갖지 않는, 즉 어떠한 방식으로도 그와 같은 결과에는 이를 수 없

················

109) 물론 이 단락은 칸트의 『순수이성비판』 제3의 이율배반에서 인용하고 있으며, 그러나 여기에서는 좀 더 압축적으로 서술되어 있다(참조, KrV, 462~463쪽). 자연필연성의 인과성에 따른다면 원인과 결과 사이에 무한적인 계열의 진행이 나타나게 될 것이며, 최초의 원인이란 있을 수 없다. 또한 그와 같은 원인과 결과 사이에는 반복적으로 되풀이되기 때문에 반복적이고도 고정적인 원인의 규정만이 존재함으로써 결과 또한 마찬가지가 되고 만다. 그러한 원인은 물론 아무런 근거도 갖추지 못한 원인이다. 따라서 자유의 인과성 또한 승인될 수밖에 없다.

는 어떠한 상태를 전제하게 된다. 따라서 절대적인 자유는 인과율에 대립한다.」[110)]

§87〔83〕

이 이율배반은 일반적으로 인과성의 상호관계가 자기 자신 속에 지니고 있는 대립에 기인한다. 다시 말해 원인은, α)근원적인 사태이고, 최초의 자기 운동자(eine ursprüngliche Sache und erstes sich selbst Bewegendes)이다. β)그러나 원인은 원인이 작용하게 되는 그 어떤 것을 통해 제약된 어떤 것, 곧 피제약자이며, 그리하여 원인 그 자신의 활동성은 결과로 이행한다. 따라서 원인은 참된 근원적인 것이 아니고, 오히려 그 자체 다시금 어떤 **피정립자**로 간주되어야 한다. 첫 번째 측면에 따라 절대적인 인과성, 곧 자유에 의한 인과성이 승인되는 것이지만, 그러나 두 번째 측면에 따라서는 원인 그 자체가 발생된 어떤 것(ein Geschehenes)이 되며, 그리고 그를 통해 그 진행이 무한하게 산출된다.[111)]

§88〔84〕

이 이율배반의 참된 해소는 결과로 이행하는 원인이 이때의 결과에 있어서 다시금 원인적인 반작용을 지니게 되고, 이 반작용을 통해 최초

....

110) 자유에 의한 인과성을 인정한다고 했을 때, 예컨대 자유의 행위에 대한 시초 그 이전의 원인이란 있을 수 없다. 만일 그 시초 이전의 상태를 상정한다면 그것은 아직 행위하지 않는 상태일 것이며, 그 행위하지 않는 상태가 원인이라고 한다면 그 결과로서의 행위와는 전혀 관련이 없는 원인에 지나지 않는다. 따라서 자유에 의한 인과성이란 모순이며, 절대적 자유는 자연 필연적인 인과성과는 대립된다.

111) 첫 번째 측면은 자유에 의한 인과성을 말하며, 이때의 두 번째 측면이란 원인이 결과에 의하여 제약된 것, 즉 피제약자이자 피정립자를 의미하며, 따라서 원인은 그 자체 결과에 의하여 '발생된 어떤 것(ein Geschehenes)'이 된다. 그리고 그를 통해 무한한 진행이 일어나게 된다. 원인에서 거슬러 올라가 또 그의 원인으로 무한히 소급해가는 형태가 되는 것이다.

의 원인이 결과로, 곧 피정립자로 되고 만다는 상호작용을 의미한다. 따라서 이 상호작용 속에는 인과성의 두 계기들 중에 그 어느 것도 그 자체로서는 절대적인 계기가 아니고, 그것은 오직 즉자대자적으로 존재하면서도 총체성을 자기 자신 속에 간직하고 있는 이와 같은 전체적인 원환운동(dieser ganze in sich beschlossene Kreis der Totalität)일 뿐이라고 하는 사실이 포함되어 있다.[112)]

§〔85〕
〔제Ⅳ의 이율배반〕

〔**정립** : 세계에는 한갓된 필연적인 존재인 그 어떤 것이 속해 있다.[113)]

증명 : 모든 현상들의 전체로서 감각세계(Sinnenwelt)는 동시에 변화들의 계열을 포함한다. 그러나 각기 저마다의 변화는 그 자신의 제약 아래 놓여 있으며, 그러한 제약 아래 변화는 필연적이다. 그러나 이제 피제약자는 저마다 그 자신의 실존을 고려했을 때 오직 절대적으로 필연적일 뿐인 한갓된 무제약자에 이르기까지 제약들의 완전한 계열을 전제한다. 따라서 어떠한 변화가 그 귀결로서 실존하게 되는 것이라면, 어떤 절대적인 필연적인 것도 실존하지 않으면 안 된다. 그러나 이 필연적인 것은 그 자체 감각세계에 속한다. 왜냐하면 우리가 만일 필연적인 것이 감각세계 외부에 존재한다고 가정한다면, 세계 변화들의 계열은 이 필연적인 원인 그 자체가 감각세계에 속한다고 하는 사실을 떠나서 필연적인

112) 이에 대해 앞에서의 문단, 즉 §75〔68〕에서도 언급한 바 있다. 원인과 결과의 통일로서의 참된 근원성이 곧 이 이율배반에 대한 해소의 길이라는 것을 말한다. 『대논리학』에서는 '상호작용'에서 그것을 다루고 있다(참조, Logik II, 202쪽 이하).

113) 칸트는 『순수이성비판』에서 이 제4이율배반의 정립을 약간 달리 표현한다. "세계에는 그 부분으로서든 또는 그 원인으로서든 한갓된 필연적인 존재인 그 어떤 것이 속해 있다."(KrV, 465쪽).

것으로부터 그 자신의 시초를 도출하게 될 것이기 때문이다.[114] 이제 이것은 불가능하다. 왜냐하면 어떠한 시간 계열의 시초는 오직 시간에 따라 선행하는 바의 그것을 통해서만 규정될 수 있는 것이어서 변화들의 계열에 있어서 시초의 최상위 제약이 이와 같은 계열이 아직 존재하지 않았었던 시간 속에 실존하지 않으면 안 되기 때문이다. 따라서 이 최상위 제약은 시간에 속하며, 곧 현상이나 감각세계 자체에 속한다. 그리하여 세계 자체 속에는 어떤 한갓된 필연적인 것이 포함되어 있다.[115]〕

§〔86〕

〔**반정립** : 세계 속에도 세계 밖에도, 세계의 원인으로서의 한갓된 필연적인 존재는 실존하지 않는다.

증명 : 우리가 만일 세계 자체가 필연적인 존재이거나 또는 세계 속에 필연적인 존재가 있다고 가정한다면, 세계 그 자신의 변화들의 계열 속에는 시초가 존재하게 될 것이다. 그리고 이 시초는 무제약적으로 필연적이며, 따라서 원인이 없이 존재할 것이며, 그러한 것은 모든 현상들에 있어서 규정된 존재의 역학적인 법칙에는 모순된다.[116] 그런가 하면 또한 계열 그 자체가 어떠한 시초도 없이 존재할 것이며, 계열이 비록 그 자신의 모든 부분들에 있어서 우연적이며 제약적이라고 하더라도, 그러나 전체에 있어서는 오직 필연적이며 무제약적으로만 존재할 것이다.

....

114) 필연적인 원인이 감각세계에 속해 있다는 사실을 떠난 채 세계 변화들의 계열이 그 시초를 감각세계 속에 있는 이 필연적인 것으로부터 도출하게 된다는 것은 모순이라는 것을 지적하고 있다.

115) 최초의 원인을 제약하는 최상위 제약 역시 시간 속에, 또는 감각세계 속에 존재할 것이기 때문에 그것은 최상위의 제약일 수 없다. 따라서 그것을 초월한 필연적인 어떤 것이 이 세계 속에는 존재한다.

116) 세계가 무제약적으로 필연적인 원인을 갖는다면, 시초로서의 그 원인은 이 현상세계의 역학적 법칙에는 모순될 것이며, 따라서 그와 같은 원인은 존재하지 않는다는 의미이다.

그리고 그것은 자기 자신에 모순된다. 왜냐하면 만일 집합에 있어서 어떤 유일한 부분마저도 즉자적으로 필연적인 현존재를 지니지 않는다고 한다면, 하나의 집합 자신의 현존재도 필연적일 수가 없기 때문이다.[117] 더욱이 우리가 세계 밖에 한갓된 필연적인 세계원인(eine schlechthin notwendige Weltursache)이 존재한다고 가정한다면, 세계원인은 세계 변화들(Weltveränderungen)의 현존재로 될 것이며, 세계원인 그 자신의 계열이 무엇보다 먼저 시작되기에 이를 것이다. 세계원인이 행위를 시작하게 됨으로써, 그 자신의 인과성이 시간 속으로, 그리하여 현상들의 총괄개념 속으로 들어가게 되며, 따라서 세계 밖에는 존재하지 않게 될 것이다. 그러므로 세계 속에도 세계 밖에도 그 어떤 한갓된 필연적인 존재란 없다.[118]〕

§89〔87〕

이 이율배반은 그 전체에 있어서 선행의[119] 이율배반과 동일한 대립을 포함하고 있다. 피제약자(das Bedingte)는 어떤 제약을 전제하며, 물론 타자 속에 그 필연성을 갖는 것이 아니라 즉자대자적으로 필연적이라고 하는 절대적인 제약을 전제한다. 그러나 절대적인 제약은 피제약자와의

117) 모든 변화의 계열 그 자체가 아무런 시초도 갖지 않는다는 것은 무제약적이고 필연적이라는 의미이다. 물론 부분적인 변화의 계열은 우연적이고 제약적이며, 그런 의미에서는 시초를 지니게 될 것이다. 따라서 그것은 모순이다. 그것은 부분이 필연적이지 않은데 전체는 필연적이라고 하는 것이나 다름없기 때문이다.

118) 세계 밖에 필연적인 세계원인이 존재한다고 가정했을 때, 세계원인은 시초를 갖게 될 것이고, 그러한 시초를 갖는다는 것은 현상계의 인과성 속으로 들어오는 것이며, 그것은 세계 밖에 세계원인으로서의 시초가 존재하지 않는다는 것을 의미한다. 그것 또한 모순이다. 결국 세계 속에도 세계 밖에도 아무런 필연적인 존재란 없다.

119) (원주)〔여백에〕 매개
(역주) 원주에서 '매개'란 말은 이 제4의 이율배반을 매개하고 있는 것이 제3의 이율배반이란 의미에서 그렇게 표현하고 있는 것이 아닌가 한다.

관련 속에 존재하기 때문에, 절대적인 제약 그 자체는 피제약자의 영역에, 곧 세계에 속하게 된다. 전자, 즉 절대적인 제약의 측면에 따라 절대적인 필연적 존재가 정립되지만, 그러나 후자, 즉 피제약자의 측면에 따라서는 상대적인 필연성과 우연성이 정립된다. — 그러나 절대적인 제약이 피제약자의 영역에 속하거나 또는 그 자체 이와 같은 전체 영역인 것이기 때문에, 절대적인 제약 그 자체는 단지 피제약자 일반일 뿐이다.[120]

피제약자는 어떠한 제약을 **지닌다**(*hat*) — 그 자신의 개념에 있어 제약을 포함한다. 절대적으로 분리되어 있다.[121]

제약은 그 자신의 개념에 있어 피제약자를 포함한다. 그 자체 제약되어 **있다**(*ist*).

피제약자는 제약을 **지니거나** 혹은 제약되어 **있다.**[122]

---

120) '절대적인 제약 그 자체는 단지 피제약자 일반일 뿐이다'란 말은, 그 때문에 모순인 것이라는 의미이기도 하다.

121) 피제약자는 그 자신의 개념 속에 제약을 포함하고 있다는 의미에서 '**지닌다**'는 말을 강조하고 있을 것이다. 그러나 '절대적으로 분리되어 있다'란 무슨 의미인지는 이해하기 어렵다. 다만 피세약자와 제약이 절대적으로 분리되어 있다는 의미가 아닌가 한다.

122) 이 문단은 피제약자와 제약자(das Bedingende)의 관계에 대해 부연하고 있으며, 그 수동성과 능동성을 말하고 있는 것이 아닌가 한다. 『대논리학』에서는 실체의 수동성과 관련하여 다음과 같이 말한다.
"— 인과성은 제약되기도 하며, 제약하기도 한다. **제약자**는 **수동적인 것**이지만, 그러나 **피제약자**도 마찬가지로 **수동적**이다." (Logik II, 203쪽).

제3부
개념

주관 논리학

§90〔88〕

주관 논리학은 범주와 반성규정을 더 이상 그 자신의 대상으로 삼지 않으며, 개념들을 그 자신의 대상으로 삼는다. 첫 번째 논리학은 한계로서의 어떠한 규정성 속에 있는 존재이며, 두 번째 논리학은 타자의 전제를 통해 매개된 어떠한 규정 속에 있는 본질을 의미한다. 그와는 달리 개념은 그의 규정이 곧 그 자신의 자체 내로의 반성인 한에 있어서 근원적인 것이다. 그런가 하면 또한 개념은 그 자신의 규정들을 자체 속에 포함하고 있는 단순한 전체이면서도, 그 자신의 모든 규정들이 그로부터 발생하게 되는 단순한 전체이다.[123)]

§91〔89〕[124)]

주관 논리학은 다음과 같은 세 가지 그 주요 대상들을 포함한다. 즉, 1. 개념, 2. 목적, 3. 이념이 그것들이다. 다시 말해, 1. 형식적 개념 혹은 개념 그 자체, 2. 목적, 즉 자기 자신의 실현과의, 혹은 그 자신의 객관화와의 관계 속에 있는 개념, 3. 이념, 즉 실재적인 혹은 객관적인 개념이 그것들이다.

I. 개념

§92〔90〕

형식논리학은 개념, 판단, 추리라고 하는 세 가지 대상들을 지닌다.

A. 개념

§93〔91〕

개념은 개별성, 특수성, 보편성이라고 하는 세 계기들을 포함한다. 개념은 본질적이고도 구별된 규정들로서의 그들 계기를 포함하며, 동시에 그들 계기는 개념 속에 지양되어 있다. 또한 개념은 단순한 자기 동등성(die einfache Gleichheit mit sich)이기도 하다.

....

123) 직설적으로 표현하고 있지만, 그 내용은 첫 번째 논리학은 범주를 다루는 논리학, 곧 '한계로서의 어떠한 규정성 속에 있는 존재'를 대상으로 하는 논리학이며, 두 번째 논리학은 반성규정을 다루는 논리학, 곧 '타자의 전제를 통해 매개된 어떠한 규정 속에 있는 본질'을 대상으로 하는 논리학이란 의미이다. 이것이 『대논리학』에 있어서 객관 논리학이며, 전자는 '존재 논리학'이고, 후자는 '본질 논리학'을 지칭한다. 그리고 여기서부터 개념을 대상으로 한 주관 논리학을 다루게 된다.

124) (원주)〔바로 위, 괄호 안에〕§.개념은 보편성, 특수성 그리고 개별성이라는 계기들을 지닌다. 그러나 계기들은 본래 저마다가 그 자체 총체성이며, 이들 계기는 어떠한 규정 속에 단지 정립되어 있을 뿐이다. 그리하여 계기들은 결합하여 다시금 총체성을 형성한다.

§94〔91〕

개별성은 규정들이 지양된 규정들로서, 곧 계기들〔로서〕 내속하는 개념의 부정적 자기반성(die negative Reflexion des Begriffs in sich)이다. 그리고 이때 부정적 자기반성은 그 자체 규정됨으로써 다른 규정들을 자기 자신으로부터 배제하거나 혹은 절대적으로 규정된다.[125)]

§95〔91〕

보편성은 상호대립적인 것이 〔서로를〕 배제하지 않는 개념의 긍정적 자기반성(die positive Reflexion des Begriffs in sich)이다. 긍정적 자기반성은 오히려 그 상호대립적인 것을 자기 자신 속에 포함하며, 그리하여 보편성은 상호대립적인 것에 대해 무관여적이면서도 동시에 그 속에 무규정적으로 머물러 있다.[126)]

---

125) 『대논리학』에서는 개념에 대해 보편, 특수, 그리고 개별로 서술해간다(참조, Logik II, 240쪽 이하). 그러나 여기서는 먼저 §94〔91〕에서 개별성을, §95〔91〕에서 보편성을, 그리고 §96〔91〕에서 특수성을 서술하고 있다. 개념으로서의 개별성이 부정적 자기반성이란 것은 그 속에 규정들이 지양된 규정들로서 내속해 있으며, 또한 규정적이란 점에서 다른 규정들을 자신으로부터 배제할 뿐만 아니라 절대적으로 규정되어 있다는 것을 의미한다. 『대논리학』에서는 다음과 같이 말한다.
"따라서 우선 개별성은 개념이 그 자신의 규정성에 기인하여 **자체 내로의 반성**으로 현상한다." (Logik II, 260쪽).

126) 앞 문단에서 개별성이 '개념의 부정적 자기반성'인 데 반하여, 여기에서는 보편성이 '개념의 긍정적인 자기반성'이라고 말한다. 이와 같은 긍정적 자기반성으로서의 보편성 속에는 상호대립적인 것이 포함되며, 그리하여 보편성은 그 대립적인 것에 대해 관여하지 않을 뿐만 아니라, 동시에 그 속에 무규정적인 상태로 머물러 있다. 다시 말해 보편성 자체 속에 상호대립적인 것이 포함되어 있기는 하지만, 그러나 무관여적이고도 무규정적인 상태로 머물러 있을 뿐이다. 『대논리학』에서는 '긍정적'인 것의 의미를 '보편성을 통한 개념의 자유로운 자기관계'라고 한다(참조, Logik II, 244쪽).

§96〔91〕

특수성은 개별성과 보편성의 상호적인 관계이다. 보편자는 어떠한 규정 속에서 정립된다.[127)]

§97〔92〕

개념의 계기들로서의 이와 같은 규정들이 서로 구별되는 것과 마찬가지로 개념들은 그 상이한 내용에 의해 서로 구별되며, 곧 보편자, 특수자, 그리고 개별자의 개념들로서 구별된다.[128)]

§98〔93〕[129)]

특수자가 개별자를 **자기 밑에**(*unter sich*) 포섭하는 것과 마찬가지로 보편자는 특수자와 개별자를 자기 밑에 포섭하거나 혹은 포괄한다. — 개별자는 특수자와 보편자를 **자기 속에**(*in sich*) 포괄하며, 특수자는 보편자를 자기 속에 포괄한다.[130)]

개별자는 특수자 및 보편자와 동일한 규정들을 지니거나, 또는 동시에

....

127) 개별성과 보편성의 상호적인 관계로서의 특수성과 관련하여 '보편자가 어떠한 규정 속에서 정립된다'는 말은 보편자가 어떠한 규정 속에서 정립됨으로써 특수자가 된다는 의미이다.

128) 이들 규정, 곧 보편성, 특수성, 개별성이라는 개념의 계기들이기도 한 이들 규정이 그 상이한 내용에 따라 보편자, 특수자, 그리고 개별자로 구별되는 것이라는 의미이다. 다시 말해 개념의 계기들로서의 보편성, 특수성, 개별성은 그 내용의 측면에서는 보편자, 특수자, 개별자이다.

129) (원주)참조, 「3. 하급반을 위한 논리학(1809년/10년)」 §〔17〕
(역주)개념의 포섭과 내속에 대해서 「2. 중급반을 위한 논리학」 §〔60/92〕이나 「4. 상급반을 위한 개념론」 §5에서도 언급하고 있다.

130) '**자기 밑에**(*unter sich*)'는 포섭의 의미에서, '**자기 속에**(*in sich*)'는 내속의 의미에서 하고 있는 말이다. 즉, 보편자는 특수자와 개별자를, 특수자는 개별자를 '자기 밑에' 포섭한다. 그러나 개별자는 특수자와 보편자를, 특수자는 보편자를 '자기 속에' 내속한다. 그러나 『대논리학』에서는 포섭과 내속의 의미가 개념에서 다루어진다기보다는 오히려 판단에서 다루어진다(참조, Logik II, 270~271쪽).

그들보다 더욱더 넓은 규정들을 지닌다. 그와 마찬가지로 보편자에 대립하여 개별자는 특수자에 관계된다.[131] 따라서 보편자에 대해 타당한 것은 또한 특수자와 개별자에 대해서도 타당하다. 그리고 특수자에 대해 타당한 것은 개별자에 대해서도 타당하다. 그러나 그 반대는 아니다.[132]

§99

그러나 보편자는 특수자와 개별자보다 **더 넓으며**, 특수자는 개별자보다 더 넓다.[133] 보편자는 개별자와 특수자를 초월하여 간다. 이를테면 보편자는 이때의 특수자와 개별자에 귀속될 뿐만 아니라 또한 다른 것들에도 귀속하게 된다. 그리고 마찬가지로 특수자는 보다 많은 개별자들에 귀속된다.[134]

....

131) 개별자가 특수자나 보편자와 동일한 규정들을 지니거나, 또는 더욱더 넓은 규정들을 지닌다는 것은 그들의 외연과는 달리 내포와 내속의 의미에서 하는 말이다. 다시 말해 개별자는 그 내포의 의미에 있어 특수자나 보편자보다 더욱더 넓고 많은 규정들을 지니며, 특수자나 보편자가 개별자에 내속한다. 그리고 우선 개별자는 보편자에 대립하여 특수자에 관계된다.

132) 이 문장은 다음과 같은 의미로 이해해야 하지 않을까 한다. 외연과는 달리 내포가 더 적은 보편자에 있어서 타당한 내포는 특수자와 개별자에 대해서도 타당하며, 특수자에 대해 타당한 것은 개별자에 대해서도 타당한 내포인 것이다. 그러나 내포가 더 많은 개별자에 타당한 것이 특수자나 보편자에는 타당하지 않으며, 물론 특수자에 타당한 내포가 보편자에는 타당하지 않다.

133) (원주)〔여백에〕 개별자나 특수자는 보편성을 통하여 자기 자신을 초월해간다.
(역주) 이때 본문에서 '보편자가 특수자와 개별자보다 **더 넓으며**, 특수자는 개별자보다 더 넓다'는 말은 외연적인 의미에서 하는 말이다.

134) 이때 '초월해간다'는 포섭의 의미이며, '귀속되어간다'는 내속의 의미에서 하는 말이다. 즉, 보편자는 특수자와 개별자에 내속하게 되며, 특수자는 개별자에 내속한다(참조, 「3. 하급반을 위한 논리학」 §〔18〕). 또한 '보편자는 (……) 또한 다른 것들에도 귀속된다'는 말은 보편자가 포섭하게 되는 많은 다른 특수자나 개별자들에도 보편자 그 자신이 내속하게 된다는 의미이다. 그것은 '특수자는 보다 많은 개별자들에 귀속된다'에서도 같은 의미에서 하는 말이다.

§100〔94〕

그 동일한 보편자가 자기 밑에 지니고 있는 특수한 규정들은 상호 **동위적**(*koordiniert*)이다. 그리하여 동일한 개별자가 자기 속에 포괄하고 있는 그와 같은 특수한 규정들이 또한 마찬가지의 의미를 갖는다. 그러나 보편자 속에서 개별자이기도 한 그러한 특수한 규정들이 개별자에 있어서는 동위적일 수가 없는 것인바, 왜냐하면 이때 개별자는 배제적, 배척적이기 때문이다.[135)]

§101

보편자에 있어서 동위적인 두 규정은 **모순적**(*kontradiktorisch*)이다. 즉, 그 하나의 규정이 그 다른 규정일 수 없는 그것으로 존재하게 되는 본질적인 의미를 지니거나 또는 그들 규정이 긍정적인 규정과 부정적인 규정으로서 상호대립되어 있는 한에 있어서 그러하다. 그들 동위적인 두 규정이 단지 서로 상이한 것으로서 정립되어 있거나 또는 그 하나의 규정이 직접적으로 그 다른 규정에 대립되어 있지 않은 채 여전히 긍정적인 규정을 지니게 되는 한에 있어서는 그들 두 규정은 **반대적**(*konträr*)이다. 그러나 모순적인 규정들은 필연적으로 또한 그 다른 규정에 대한 무관여성의 계기를 지니며, 반대적인 규정들 역시 그들 자체 있어 상호

135) 참조, 「4. 상급반을 위한 개념론」 §7.
동일한 하나의 보편자 밑에 포섭되어 있는 특수한 규정들은 상호 동위적이면서, 마찬가지로 그 동일한 개별자 속에 그와 같은 특수한 규정들이 내속해 있을 때 동위적이다. 즉, 보편자 밑에 포섭되어 있고, 동시에 개별자 속에 내속해 있을 때 특수한 규정들은 동위적인 것이다. 그러나 특수한 규정들이 단순히 동일한 보편자 밑에 포섭되어 있다고 해서 그들 규정이 동위적일 수는 없다. 또한 특수한 규정들이 단순히 개별자 속에 내속해 있다고 해서 동위적일 수도 없다. 예컨대 동물 속에 포섭되어 있는 개와 고양이는 동위적이 아니며, 사람 속에 내속해 있는 사회성과 이성성은 동위적이 아니다. 하루라는 그 동일한 보편자 밑에 포섭되어 있는 특수한 규정들로서의 낮과 밤은 동시에 동일한 개별자 속에 내속해 있는 개념이며, 곧 그들 두 개념은 논리적으로 동위적이다.

대립의 계기를 지닌다.[136)]

모순적이란 원래 그러한 것으로서 – (즉, 그 고유한 의미에서 긍정자와 부정자인 것과 같은 그러한 것으로서) 상호대립적일 뿐만이 아니라, 어떠한 내용, 즉 동시적으로 긍정적이고 부정적이라고 하는 직접성을 의미한다.[137)]

상호대립적인 것 속에 타자와의 관계, 즉 전체적인 내용, 전체적인 규정들이 존재한다. 이때 관계란 동시적으로 자체 내로 반발해가는 반성, 곧 반발적인 자기반성(abstoßende Reflexion in sich)이다.

B. 판단

§102〔95〕

개념에 있어서 계기들이 이루고 있는 절대적인 통일은 판단 속에서 지양된다. 개념의 규정들은 저마다 각기 고유하면서도 대자적으로 존립하는 규정으로, 그리고 동시에 다른 규정들로부터 독립적인 규정으로 간주되는 한에 있어서, 판단은 개념의 규정들이 지닌 관계이다.[138)]

판단 속에서 타자존재는 개념으로 나아간다.

136) 참조, 「4. 상급반을 위한 개념론」 §8.
또한 모순개념과 반대개념의 차이에 대해 『대논리학』에서는 개념의 종류들을 언급하면서 다루고 있다(참조, Logik II, 256쪽).

137) 암시적이기는 하지만 이 보론에서 반성규정으로서의 모순개념에 대한 보다 명확한 의미가 정리되어 있는 것을 읽을 수 있다. '긍정성과 부정성의 동시적인 직접성'이란 말이 그것이다.

138) (원주)〔여백에〕 그와 반대로 나는 그를 통해 그들 규정을 어떤 보편자로 고양시킨다.
(역주) 위의 원주에서 언급하고 있는 말이 무슨 의미인지는 이해하기 어렵다. 다만 개념의 규정들이 개념 속에만 머물러 있는 것과는 달리 판단을 통해 보편자로 고양된다는 의미가 아닌가 한다. 또한 이 문단의 의미는 개념의 계기들이 개념 속에서 통일을 이루고 있지만, 그러나 판단 속에서는 주개념과 빈개념으로 분리된 채 그 자체로서 존립하면서도 그 두 개념의 관계를 문제 삼게 된다는 것이다.

판단은 어떤 주관적인 것이다. 주어와 술어는 무관여적인 것으로, 상호 외적이며 외면적인 것으로 현상하며, 그리고 우리에 의하여 비로소 외면적으로 결합되기에 이른다. 그것이 바로 '이다'(ist)의 의미이다. **우리는**(*Wir*) 여기에서 주어를 지니게 되며, 그리고 이때 **우리가** 저 주어에 **덧붙인** 술어를 지니게 된다.

판단은 **객관적으로** 이루어져야 한다.

(판단에 있어서) 주어와 술어의 분리, 사태와 반성의 분리.

— 판단은 개념을 파괴한다. 인간들은 자기 자신에 대해서 판단하는 것을 견딜 수 없다. 위력이 된다…… 〔?〕 — 왜냐하면 개별적인 규정이기 때문에. 인간들은 이와 같은 판단 그 이상으로 〔존재한다〕. — 개념은 역시 이와 같은 판단**이다**.[139)]

§103〔96〕

판단은, 1. 개별성이나 특수성의 측면에서 주어를 포함하며, 2. 보편성의 측면에서 술어를 포함한다. 이때 술어는 주어가 지닌 보다 많은 규정들 중의 어느 한 규정만을 포함하는 한에 있어서 규정된 보편성이거나 혹은 특수성이다. 또한 판단은, 3. 술어의 주어에 대한 단순한 무내용적인 관계를, 곧 계사인 **이다**(*ist*)를 포함한다.

외적 반성에 대한 관계에 있어서. 주어는 판단되는 대상, 즉 객관이다. 술어는 사유규정(die Denkbestimmung), 즉 주관적인 것이다 —

§104〔97〕

판단의 종류들은 그 상이한 단계들을 표시하게 된다. 즉, 그들 단계 속

139) 여기 헤겔이 덧붙인 보론은 매우 암시적으로, 암묵적으로 서술되어 있기 때문에 부분적인 문장들을 떠난 전체적인 문맥의 정확한 의미를 이해하는 것은 무척 난해하지 않나 싶다. 따라서 언표된 그대로 직역하여 덧붙이기로 한다.

에서 술어는 본질적인 보편성으로 고양되거나, 또는 주어와 술어의 외면적인 관계가 개념의 내적인 관계로 전환된다. 〈주어는 한편으로는 술어와의 직접적인 동일성 속에 존재한다. 주어와 술어 그 양자는 동일한 내용규정성(Inhaltsbestimmtheit)인 것이다. 그러나 다른 한편으로는 그 양자가 구별되기에 이른다. 주어는 추상적인 술어보다 더 많은 여러 내용을 의미하게 되며, 그 형식에 따라서는 어떤 우연적인 것(ein Zufälliges)이다.〉

a)판단들의 질, 또는 내속의 판단들[140)]

§105

판단에 있어서 술어는 직접적으로는 어떠한 특성을 의미하며, 이를테면 주어에 보다 많은 규정성들이 귀속하게 되는 그러한 주어의 어떤 규정성인 것이다. 이 특성은 단지 보편성의 직접적인 형식만을 지닌다. 이것이 질적 판단이다.[141)]

"이 집은 돌로 되어 있다." 이것은 집이 지니고 있는 보다 많은 규정들에 있어 하나의 개별적인 규정이다. 이 판단은 집의 내적인 보편성을 언표한 것은 아니다. — "이 집은 하나의 사물이다." 이 판단은 집의 고유성을 언표하고

140) 원문에 이 '판단들의 질'이 'a)'로 되어 있으며, §111 이하에서는 괄호 없이 'b', 'c', 'd'로 이어지고 있다.

141) 헤겔에 있어 질적 판단은 현존재의 판단이며, 내속의 판단이기도 하다(참조, Logik II, 272~273쪽). 따라서 이 문단에서 언급하고 있는 판단이란 내속의 의미에서 이해하면 좋을 것이다. 다시 말해 술어는 보편성의 형식을 띠고는 있지만 그렇다고 주어가 지닌 규정성들보다 더 많은 규정성을 지니고 있는 것은 아니다. 『소논리학』에서는 질적 판단에 대해 다음과 같이 말한다.
"직접적인 판단은 **현존재**의 **판단**이다. 주어는 그 자신의 술어이기도 한 보편성 속에서 정립되며, 이때 술어는 직접적인(따라서 감성적인) 질이다." (Enz. I, §172, 323쪽).

있는 것이 아니다. 집은 돌로 되어 있고, 집은 그와 같은 보다 많은 규정성들을 지닌다. 돌로 되어 있다는 것이 집의 **보편적인** 규정은 아니며, — 집이 무엇이라고 하는 바의 그것을 포괄하고 있는 보편적인 규정이 아니다.

§106

판단은, 1. 먼저 **긍정**판단이다. 왜냐하면 주어 일반에 그러한 술어가 귀속하기 때문이다. 이때 술어는 내용에 따라 규정성의 계기를 포함하며, 형식에 따르면 보편성의 계기를 포함한다. 그리하여 이 판단은 그 내용에 따라 다음과 같은 의미를 지닌다. 즉, 개별자는 그렇게 규정된다. 그리고 그 형식에 따를 때는 다음과 같다. 즉, 개별자는 보편적이다.[142)]

α)내용의 규정성은, $\alpha\alpha$)다른 규정들(붉은 것, 푸르지 않은 것)로부터 주어를 구별 짓는 것이다. 즉, 그것들의 배제이다. $\beta\beta$)판단, 즉 자기 자신(붉은 것, ……〔?〕 아닌 것 등등)으로부터 주어의 구별이다. 왜냐하면 술어는 **단지** 주어 그 자신의 규정성들 중에 어느 한 규정성만을 포함하기 때문이다. 주어의 자기 자신과의 분리, 분할.

β)형식의 규정, 즉 보편성은, $\alpha\alpha$)주어의 다른 규정들과의 동등한 정립이다. 다른 사물들 또한 붉은 것이다. $\beta\beta$)자기 자신과의 동등한 정립, 즉 동일화하는 것. 왜냐하면 술어는 주어가 무엇이라고 하는 그것이기 때문이다. 술어는 주어의 존재성을 의미하며, 곧 그 정립됨(das Gesetztwerden)이다.

§107

판단은 두 가지 관점에서, 〔2.〕 또한 부정적으로 언표되지 않으면 안

142) 질적 판단, 곧 내속의 판단에는 긍정판단, 부정판단, 무한판단이 속한다. 따라서 내속의 판단으로서의 긍정판단은 그 내용의 측면에서 '개별자는 그렇게 규정된다'는 것, 즉 주어인 개별자가 지닌 규정성을 술어로서 언표하는 것이다. 그러나 형식적으로는 술어가 보편성을 띠게 된다.

된다.[143] 이를테면, 1. 개별자는 역시 그렇게 규정되는 것이 아니고 다르게 규정된다. 2. 개별자는 보편자가 아니고 특수자이다. — 이것이 **부정판단**이다.[144]

§108

이 판단은 또한 두 가지 관점에서 긍정적이다. 첫 번째 관점에 있어서는 주어에 관한 어떠한 규정성만이 부정될 뿐이지만, 그러나 주어가 이와 같은 보편적 영역의 또 다른 영역을 갖는다고 하는 것이 나타나게 된다. 또 하나의 다른 관점에서는 부정은 단지 특수성을 향한 보편성의 제한이다.[145]

§109

부정판단은 동일판단(das identische Urteil)과 마찬가지로 전도될 수 있다.[146]

§110

그러나, 3. 개별자는 역시 특수자가 아니며, 개별자는 오직 개별자일 뿐이다.[147] 개별자는 그로써 그 자신에 관한 보편적인 영역의 어떤 규정

143) 이때의 '〔2.〕'는 §106에서의 '1. 긍정판단'에 이어 '〔2.〕부정판단'을 지칭한다. 그리고 §110에서 '3. 무한판단'으로 이어지고 있다.

144) 긍정판단에 이어 부정판단 또한 내용과 형식이라는 두 측면에서 언급하고 있다. '1'은 내용적인 측면이며, '2'는 형식적인 측면이다.

145) 이 부정판단이 두 가지 관점에서 긍정적이란 것은, 주어가 지닌 여러 규정성들에 있어 어느 한 규정성이 부정됨으로써 다른 규정성들이 긍정된다고 하는 점과, 술어의 보편성이 부정됨으로써 곧 그 특수성이 긍정된다고 하는 점이다.

146) 참조, 「4. 상급반을 위한 개념론」 §19.
이때 '동일판단'이란 형식논리학적인 의미에서 말한다면 주어와 술어가 그 내포와 외연이 일치하는 동의관계에 있는 긍정판단을 의미한다. 즉, 그와 같은 동일판단은 부정판단과 마찬가지로 주어와 술어가 전도될 수 있다.

성만이 아니고, 그러한 영역의 모든 규정성을, 따라서 일반적으로는 영역 그 자체를 지양하게 된다. — 이것이 **무한판단**이며, — 긍정적 형식에 있어서는 동일판단으로서, 부정적 형식에 있어서는 무의미한 판단으로서의 판단인 것이다.[148]

b. 판단들의 양, 또는 반성의 판단들

§111

양의 판단들은 술어와의 관계에 있어서 보다 많은 주어들의 비교를 포함한다.[149] 양적인 판단은, 1. **단칭**판단이다. 이때 판단의 주어는 **이** 사물이며, 이와 같은 주어에만 귀속할 뿐인 어떠한 질을 그 술어로 지녀야 한다.

§112

2. **특칭**판단은 **몇몇 개**라는 규정들을 주어의 규정으로 삼는다. 그 때문

147) (원주)〔여백에〕인격성의 손상 — 민법과 형법의 구별.
(역주) 원주에서 '인격성의 손상'과 관련하여 민법과 형법의 차이를 말하고 있으며, 그에 대해서는 『대논리학』에서도 언급하고 있다. 즉, 무한판단에 대한 좋은 예로서 민법이나 형법을 거론하면서 민법의 경우는 부분적인 부정이 적용되지만 형법의 경우 부분적이면서도 보편적인 부정이 적용된다는 의미에서 언급하고 있는 것이다(참조, Logik II, 284~285쪽).

148) 무한판단은 '개별자는 개별자이다'라는 판단 형식이며, 이와 같은 판단은 판단의 형식 그 자체가 지양되어버린 판단이다. 그런 의미에서 동일판단이나 부정적 형식, 곧 '개별자는 개별자가 아니다'라는 무의미한 판단이 되고 만다. 『대논리학』에서는 이에 대해 다음과 같이 말한다.
"무한판단도 하나의 **판단**이어야 하며, 따라서 주어와 술어의 관계가 포함되어야 한다. 그러나 그와 같은 관계는 **동시에** 그 속에 존재해서는 **안 된다.**" (Logik II, 284쪽).

149) '보다 많은 주어들의 비교'란 말은 주어들의 양적인 비교란 말이며, 단 하나인 경우, 몇몇 개인 경우, 그리고 모두인 경우를 의미한다. 그에 따라 단칭판단, 특칭판단, 전칭판단이 이루어진다.

에 특칭판단은 본래적인 의미에서 무규정적이며, 그와 같은 저마다의 긍정판단에 대해서 마찬가지로 그의 부정판단이 타당하게 된다.[150)]

§113

3. **전칭**판단은 전일성(Allheit)을 그 자신의 주어의 규정으로 삼게 되며, 이때 주어는 그를 통한 규정된 주어, 곧 특수한 주어이다.[151)]

필연성은 전칭판단에서 시작된다. 만일 **모든** 주어들이 **하나의** 질을 갖는다면, 그것은 필연성이다.[152)]

c. 판단들의 관계, 또는 필연성의 판단들

§114

관계의 판단들은 주어에 대한 술어의 내적이고 필연적인 관계를 언표한다.

정언판단은 주어의 본질과 그 보편적 본성을 술어로 삼는다.

....

150) 특칭판단에 있어서 어떠한 부분적인 것들이 긍정적인 것과 마찬가지로 어떠한 부분적인 것들이 동일하게 부정적이란 것을 의미한다. 예컨대 '몇몇의 장미꽃은 붉다'란 특칭판단에서 그 부정판단인 '몇몇의 장미꽃은 붉지 않다'란 판단도 마찬가지로 성립한다. 그런 의미에서 무규정적이기도 하다.

151) 전칭판단에 있어 주어가 전일성을 띤다고는 하지만, 그 전일성은 제약된 것이며, 아직 '개념의 즉자대자적인 보편성'에는 이를 수 없는 주어이다. 전칭판단의 전일성에 대해 『대논리학』에서는 다음과 같이 말한다.
"그러나 다수성은 그것이 아무리 크고 많다고 하더라도 오직 특수성에만 머무르는 것이며, 결코 전일성일 수는 없다."(Logik II, 291쪽).

152) '필연성은 전칭판단에서 시작된다'는 말은 전칭판단으로부터 '판단의 관계', 곧 '필연성의 판단'으로 이행한다는 것이며, 이때 필연성이란 모든 주어가 '**하나의** 질'을 통해 갖게 되는 '즉자대자적으로 존재하는 연관'을 의미한다(참조, Logik II, 293쪽).

§115

가언판단은 주어와 술어가 지닌 내용의 완전한 상이성에 있어서 그 양자 상호 간의 필연적인 관계를 포함한다.[153)]

§116

선언판단은 보편적 영역으로서의 어떤 것을 그 주어로 삼는다. 이 보편적 영역은 술어에 있어서는 그 자신의 완전한 특수화 속에서, 또는 그 자신의 상이한 규정들 속에서 언표된다. 이때 상이한 규정들은 주어의 관점에서는 상호 배제하는 것이지만, 또한 전체적으로는 보편자에 귀속된다.[154)]

d. 판단들의 양상[155)]

§117

판단들의 양상은 술어가 그 자신의 개념이나 보편적 본성에 대한 주어의 적합성(Angemessenheit)이나 부적합성(Nichtangemessenheit)을 언표하는 가운데 존립한다.

....

153) 완전히 상이한 내용을 지닌 주어와 술어에 있어서 주어와 술어의 필연적인 관계를 언표하는 판단이 가언판단이다. 예컨대 '만일 A라면, B이다'라는 가언판단에서 A와 B는 완전히 상이한 내용이지만, 그러나 그들의 필연적인 관계가 언표된다.

154) 선언판단에 있어서 술어로서의 선언지는 서로 배제적, 배척적이지만, 그러나 그와 같은 선언지는 보편자로서의 주어에 귀속해 있다.

155) 참조, 「3. 하급반을 위한 논리학」 §〔61〕~§〔64〕.
이 '판단들의 양상'을 『대논리학』에서는 '개념의 판단'이라고도 부른다(참조, Logik II, 301쪽 이하).

§118

실연판단(**實然判斷**, das *assertorische* Urteil)은, 주어 그 자신의 본질에 부합하는 성질이나 혹은 이때의 본질 그 자체가 언표되지 않는 한에 있어서, 따라서 판단이 한낱 주관적인 확증만을 지니는 한에 있어서 한갓된 확언(eine bloße Versiche-rung)만을 포함한다.[156)]

이것은 좋은 것이다. 왜냐하면 그것은 금이거나 혹은 이러저러한 규정을 지니기 때문이다.

§119

따라서 실연판단의 확언에 대하여 그와 마찬가지의 그 대립적인 것이 주장될 수도 있다. 그리하여 판단은 **개연적으로** 되며, 그리고 주어가 개념에 적합한 것인지 그렇지 않은지의 가능성만을 언표할 뿐이다.[157)]

§120

따라서 주어는 성질을 담지하고 있는 어떠한 규정에 의해 보편자로서 정립되지 않으면 안 된다. 그리고 이와 같은 성질 속에는 주어 그 자신의 보편적 본성에 대한 보편자로서의 적합성이나 부적합성이 깃들어 있다. 주어 그 자체는 이와 같은 방식으로 술어가 언표하게 되는 개념의 현존재에 대한 이러한 관계를 포함한다. — 이것이 **필연판단**이다.[158)]

156) 헤겔에 의하면 판단의 양상이란 "**계사**의 가치를 단지 **사유와의 관계**에 있어서" (Logik II, 302쪽) 문제를 삼게 된다. 따라서 실연판단은 긍정이든 부정이든 그 계사가 참되며 현실적이라는 주관적인 확언이나 단언만을 내포하고 있는 판단이다.

157) 실연판단은 그 긍정적인 확언에 대하여, 그와 마찬가지의 부정적인 확언도 가능하다. 따라서 이때의 개연성을 담지하고 있는 가능성만을 언표하는 것이 개연판단이다.

C. 추리

§121〔98〕

판단에 있어서는 개념의 두 규정들이 직접적으로 서로 관계된다. 추리는 그 자신의 근거를 지니고 있는 판단이다. 그 두 규정들은 추리에 있어서 그들 규정의 통일이기도 한 어떤 제3의 규정을 통해 통합된다. 〈따라서 추리는 개념의 완전한 피정립적 존재이다.〉[159)]

§122〔99〕

규정된 형식에 따른다면 추리의 양 항들(die zwei Extreme)은 개별자와 보편자이다. 그리고 특수자는 그 자신 속에서 이와 같은 두 규정들이 결합하기 때문에, 그들 규정의 중간자, 곧 매개념(die Mitte)이다.[160)] 〈만일 어떠한 규정 A가 어떠한 규정 B에 귀속하거나 귀속하지 않는다면, 그러나 그 규정 B가 어떠한 규정 C에 귀속하거나 귀속하지 않는다면, 그 규정 A는 역시 그 규정 C에 귀속한다.〉[161)]

칸트의 이율배반들에 있어서 직접추리. 즉, 공간은 여기를, 시간은 지금을 지니는 것이기 때문에(주어진 시점에까지 무한성이 경과해와 끝나버렸기 때문에),

158) 『대논리학』에서는 필연판단에 대해 다음과 같이 말한다.
"필연판단의 주어는, **첫째** 그 자체에 있어 **당위적으로 존재해야 하는** 보편자를 지니며, **둘째** 그 자신의 **성질**을 지닌다." (Logik II, 306쪽).

159) 참조, 「4. 상급반을 위한 개념론」 §39.
이때 '근거'라든가 '그들 규정의 통일', '어떤 제3의 규정'이란 추리에 있어서 매개념을 의미한다.

160) 여기에서 '양 항들'이란 말은 '양극들'이라고 번역할 수 있으며, 삼단논법의 추리에서 소개념과 대개념을 의미한다. 개별자로서의 소개념, 보편자로서의 대개념, 그리고 특수자로서의 매개념으로 구성된 삼단논법은 그 기본 형식인 제1격의 Barbara식을 지칭한다.

무한성은 한계 일반을 지니기 마련이다.

특수자가 귀속하게 된 것, 그것에 특수자 그 자신의 보편자 또한 귀속하게 된다.

§123〔100〕

추리에 있어 양 항들(**양극 개념들**, *termini extremi*)의 매개념에 대한 관계는 직접적인 관계이다. — 이 관계는 이중적인 관계이며, 그리고 두 개의 판단들(**두 전제들**, *propositiones praemissae*)을 형성하는바, 그 두 판단들은 저마다가 특수성의 계기를, 곧 중개념(**매개념**, *terminus medius*)을 포함한다. 나아가 그 하나의 전제는 술어로서 보편성(**대개념**, *terminus maior*)의 계기를 포함하고(**대전제**, *propositio maior*), 다른 하나의 전제는 주어로서 개별성(**소개념**, *terminus minor*)의 계기를 포함한다(**소전제**, *propositio minor*). 양 항들의 상호적인 관계(**결론**, *conclusio*)는 매개된다.[162)]

질적인, 가언적인, 선언적인 종류들. 곧 수학적, 귀납, 유비[163)]

---

161) 형식논리학의 삼단논법의 추리와 관련하여 이 문장이 정확히 어떠한 추리 형식을 의미하는지는 분명하지 않다. 대전제, 소전제, 결론이 긍정판단으로 이루어진 경우는 많으나 모두 부정판단으로 이루어진 추리의 경우는 없기 때문에 여기서는 다만 긍정판단과 부정판단이 그때마다 적절하게 결합되면서 결론에 이르게 된다는 의미로 받아들일 수 있다. 물론 A가 B에 귀속되고 B가 C에 귀속된다면, A는 C에 귀속된다.

162) 삼단논법의 추리에 있어 대전제의 매개념과 대개념과의 관계, 소전제의 소개념과 매개념과의 관계, 그리고 결론에서 소개념과 대개념의 관계를 언급하고 있다. 결론으로서의 '양 항들의 상호적인 관계는 매개된다'는 말은 결론의 주어로서의 소개념, 술어로서의 대개념이 그 매개념을 통하여 매개된 관계에 있다는 의미이다.

163) 여기 문단에서의 축약된 이 문장은 다른 곳에서와는 별개로 본문으로부터 한 칸 떨어져 있지 않고 그대로 줄만 바뀐 채 이어져 있으며, 다만 약간 작은 활자로 표기되어 있을 뿐이다. 여기서도 원문에서와 같이 그대로 덧붙인다. 그 내용은 추리의 여러 종류들을 언급한 것이며, 그 원문은 다음과 같다.
"qual. hypoth. disj. Arten: mathem. Induktion, Analogie"

§124

따라서 추리에 있어서 매개는 직접적인 관계를 전제한다. 직접적인 관계는 그와는 또 달리 근거를 갖추지 않으면 안 되며, 그리하여 매개되어야만 한다. 그러므로 직접성 그 자체에 있어 매개이기도 한 직접성에 대한 개념이 현존한다.[164)]

II. 목적, 또는 목적론적 개념

§125〔101〕

목적에 있어서 매개된 그것 혹은 귀결인 그것은 동시에 직접적인 최초의 것이거나 근거이다. 산출된 것, 즉 매개를 통해 정립된 것은 산출작용과 그 자신의 직접적인 규정을 전제로 삼는다. 그와는 달리 산출작용은, 근거이면서도 그 자체 활동성의 최초의 규정이기도 한 결과로 말미암아 발생하게 된다.[165)]

§126〔101〕

목적론적 행위는 하나의 추리이기도 하다. 그러한 추리에 있어 그 동일적인 전체는 주관적 형식 속에서 그 자신의 객관적인 형식과 통합되기에 이르거나, 즉 개념이 합목적적인 활동성의 매개를 통해 그 자신의

....

164) 추리에서 소개념과 대개념의 관계는 대전제에서의 매개념과 대개념과의 직접적인 관계, 소전제에서의 매개념과 소개념과의 직접적인 관계를 전제한다. 그러나 또 한편으로는 대전제 자체가 어떤 매개념에 의하여 매개된 것이며, 소전제 역시 마찬가지이다. 그리하여 대개념과 소개념에 대한 매개념이 갖는 직접성은 직접성 그 자체가 매개된 직접성이기도 하다. 『대논리학』에서는 "추리는 **매개**이며, 그 자신의 **피정립적 존재**에 있어서 완전한 개념"이라고 하며, 그리하여 "매개의 지양을 통해 출현하는 직접성"에 이르게 된다고 말한다(Logik II, 352쪽).

165) 참조, 「4. 상급반을 위한 개념론」 §57.

실재성과 통합되거나 혹은 개념은 그 자신을 통해 규정된 실재성의 근거이다.[166)]

목적이란 개념의 실현이다.[167)]

§127〔102〕

외면적인 합목적성이란 어떠한 현존재자가 그 자신의 개념을 자기 자신 속에 지니지 못하고, 오히려 타자에 의해, 곧 현존재자 그 자신의 외적인 형식으로서의 어떠한 목적에 의해 그 자신의 개념과 결합되기에 이른 한에 있어서 존재한다.

§128〔103〕

내적 합목적성이란 어떠한 현존재자가 그 자신의 개념을 자기 자신 속에 지니고 있을 때, 그리고 목적이 동시에 수단이고, 그 자체에 있어 스스로를 실현하고 실현되기에 이른 목적일 때 존재한다.

....

166) 『대논리학』에 의하면 개념이 주관성으로서의 개념, 판단, 추리를 거쳐 객관성으로 이행하는 것처럼 개념의 실현으로서의 객관성은 기계론, 화학론, 목적론을 거쳐 이념으로 이행한다. 따라서 '목적론적 행위는 하나의 추리이다'란 말은 직접적으로는 주관성에 있어서 추리가 객관성에 있어서는 목적론에 해당한다는 의미이다. 물론 개념이 실현되어가는 과정으로서의 객관성에 있어서 목적론은 주관성으로서의 추리의 연장선상에 있는 과정이기도 하다. 이때 '그 동일적인 전체(dasselbe Ganze)'란 말은 주관적인 형식에 있어서든 객관적인 형식에 있어서든 그것을 관통하고 있는 전체, 곧 개념을 의미한다. 따라서 주관적 형식 속에 있는 전체로서의 개념이 추리 속에서 객관성과 결합하게 된다는 것을, 또한 목적론 속에서 개념이 실현됨으로써 이념으로 이행하게 된다는 것을 말하고 있는 것이다.

167) 여기 문단에서의 이 문장 또한 앞에서의, 즉 §123〔100〕에서와 같이 그대로 줄만 바뀐 채 이어져 있으며, 다만 약간 작은 활자로 표기되어 있을 뿐이다. 여기서도 원문에서와 같이 그대로 덧붙인다.

Ⅲ. 이념, 〔또는〕 적합한 개념

§129〔104〕

이념은 개념과 실재성의 통일이다. 이념은, 개념이 스스로 그 자신의 실재성을 규정하는 한에 있어서, 또는 개념이 당위적으로 존재해야만 하는 그대로 존재하게 된 현실성과 현실성 그 자신의 개념 자체를 포함하는 한에 있어서의 그러한 개념인 것이다.[168)]

§130〔105〕[169)]

a) 이념이란 개념이 그 자신의 실재성과 직접적으로 합일되어 있는 한에 있어서, 그리고 동시에 그 실재성으로부터 구별되어 벗어나 있지 않는 한에 있어서 **생명**(das *Leben*)이다. 우연적인 현존재의 제약들과 제한들로부터 해방된 것으로서 서술되는 생명은 **아름다운 것**(das *Schöne*)이다.[170)]

················

168) 이 내용을 요약하면 이념은 개념과 실재성의 통일이며, 또한 개념이 그 자신의 실재성을 규정하는 한에 있어서, 또는 개념이 현실성과 현실성 그 자신의 개념을 포함하는 한에 있어서 이념은 곧 개념이기도 하다는 의미이다. 『소논리학』에서는 다음과 같이 말한다.
"이념은 **즉자대자적으로** 참된 것이며, **개념과 객관성의 절대적 통일**이다." (Enz. I, §213, 367쪽).

169) (원주)〔여백에〕이상이란 현실성 그 자신이 지닌 진리에 있어서의 현실성이다(Ideal Wirklichkeit in ihrer Wahrheit).
(역주) 위의 원주는 '이상이란 현실성이 그 자신의 진리를 실현한 바로 그러한 현실성을 의미한다'는 내용이 아닌가 싶다.

170) 『대논리학』에서 인식으로서의 진의 이념과 의욕으로서의 선의 이념 이외에 미의 이념에 대해서는 별다른 언급은 없다.
"철학은 예술 및 종교와 동일한 내용과 동일한 목적은 갖는다. 그러나 철학은 절대이념을 파악하는 가장 고차적인 방식이다. 왜냐하면 그 방식이 최고의 방식, 곧 개념이기 때문이다." (Logik II, 484쪽).

§131〔106〕

b) 인식 및 행위의 이념에 있어서 개념은 실재성에 대립하거나 또는 주관적인 것은 객관적인 것에 대립하며, 그리고 그 양자의 일치가 산출되기에 이른다. 인식에 있어서는 실재성이 최초의 것으로서, 그리고 근거에 대한 본질로서 그 속에 깃들어 있다. 그리하여 개념이 곧 **진리**이기 위해서는 개념은 스스로를 이와 같은 본질에 적합하도록 하지 않으면 안 된다. 그와는 달리 행위는 본질로서의 개념을 근거로 삼게 되며, 그리고 **선**(das *Gute*)이 성취될 수 있도록 현실성을 개념에 적합하게 다듬어간다.

§132〔107〕

c) 절대이념은 **학문**의 내용이다. 다시 말해 우주가 어떻게 개념에 즉자대자적으로 적합하게 존재하는가에 대해 이 우주를 고찰하는 것이다. 그런가 하면 이성개념(Vernunftbegriff)이 어떻게 즉자대자적으로 존재하며, 그리고 이성개념이 어떻게 세계 속에서 객관적으로나 실재적으로 존재하는가에 대해 그러한 이성개념을 고찰한다.[171)]

....

171) 우주와 이성개념의 즉자대자적인 통일이 절대이념으로서 '**학문**'의 내용, 특히 논리학의 내용이다. 이때 '이성개념'이란 말은 이성 그 자체로서의 개념, 또는 개념 그 자체로서의 이성을 의미하며, '이성성(Vernünftigkeit)'을 의미하기도 할 것이다. 『대논리학』에서는 절대이념을 '이성적 개념(der vernünftige Begriff)'이라고 말한다(참조, Logik II, 484쪽). 『소논리학』에서는 절대이념에 대해 다음과 같이 말한다.
"주관적인 이념과 객관적인 이념의 통일로서의 이념은 이념의 개념이다. 이와 같은 이념의 개념에 있어서 이념 그 자체는 대상이며, 객관은 곧 이념이다."(Enz. I, §236, 388쪽).

찾아보기

* 중요한 개념어들에 대한 색인에서, 예컨대 '1, §1'라고 표기한 것은 '「1. 상급반을 위한 철학 백과전서」의 §1'을 의미한다.

가

나

다

사

아

자

하

옮긴이 위상복

전남대학교 철학과 졸업.
독일 베를린 자유대학 철학박사 과정 수학.
원광대학교 철학박사.
전남대학교 철학과 교수.
현재 전남대학교 철학과 명예교수.
번역서로는 요헨 힐트만의 『미륵, 운주사 천불천탑의 용화세계』(학고재, 1997), 저서로는 『불화 그리고 불온한 시대의 철학—박치우의 삶과 철학사상』(도서출판 길, 2012)이 있으며, 그 이외에 헤겔 논리학에 대한 논문 다수.

김나지움 논리학입문

1판 1쇄 발행 2008년 8월 10일
1판 2쇄 발행 2009년 8월 15일
2판 1쇄 발행 2017년 10월 15일

지은이 G. W. F. 헤겔
옮긴이 위상복
펴낸이 강영선
펴낸곳 도서출판 용의 숲
주소 서울시 마포구 서교동 361-9 3F
전화번호 02-338-5113
팩시밀리 031-914-5113
휴대폰 010-9177-8210
E-mail dragonpc@hanmail.net
출판등록 2004년 3월 29일 제 313-2004-00078호

주문처 한국출판협동조합(일원화공급처)
전화 02-716-6032 | 팩스 02-716-3819~20

ISBN 978-89-93703-47-4 93160